谨以此书献给
每一位怀揣梦想的
粉冶新青年

新时代粉末冶金人文系列丛书

对话粉冶新青年

李卉淼 黄曦 著

中南大學出版社
www.csupress.com.cn
·长沙·

图书在版编目(CIP)数据

对话：粉冶新青年 / 李卉森，黄曦著. --长沙：中南大学出版社，2025.9. --ISBN 978-7-5487-6339-0

Ⅰ. K828.4

中国国家版本馆 CIP 数据核字第 2025US7630 号

对话 · 粉冶新青年

DUIHUA · FENYE XINQINGNIAN

李卉森　黄曦　著

□出 版 人　林绵优
□封面设计　李卉森
□责任编辑　杨　贝
□插图绘制　李卉森
□责任印制　唐　曦
□出版发行　中南大学出版社
　　　　　　社址：长沙市麓山南路　　　　邮编：410083
　　　　　　发行科电话：0731-88876770　　传真：0731-88710482
□印　　装　湖南省汇昌印务有限公司

□开　　本　710 mm×1000 mm　1/16　□印张 19　□字数 316 千字
□版　　次　2025 年 9 月第 1 版　□印次 2025 年 9 月第 1 次印刷
□书　　号　ISBN 978-7-5487-6339-0
□定　　价　58.00 元

序

Preface

在千锤百炼中寻找生命的韧性

两年前，我从中南大学法学院踏入了中南大学粉末冶金研究院的大门，陈列室中的航天摩擦件、飞机制动盘、硬质合金件，像沉默的史诗，等待一个文科生的解读。

彼时的我尚未真正理解“粉冶精神”——直到某天读到一段历史：一罐从湘江边挖来的黏土，几台苏联专家撤离后留下的老式压机，一群师生在物资匮乏的年代，用搪瓷缸搅拌原料，用铁锤手工压制坯体，最终让中国第一代粉末冶金材料在简陋工棚中诞生。

那一刻，我忽然意识到，粉末冶金的本质不正是关于“重塑”的哲学？将离散的微粒置于高温高压之下，让无序的粉末凝聚成超越原初强度的整体。这种在破碎中重构、在压力中升华的过程，何尝不是一代代粉冶人精神基因的隐喻？

于是，我们开启了这场跨越年龄界限的对话。

PMRI

这些青年的昂扬、奋发、不屈的精神给我留下了深刻的印象。我们设计打造了代表青年群体的“粉大冶”IP 形象，并将青年一代粉冶学子称为“粉小冶”。这些青年身上闪耀的，也恰是粉末冶金最深邃的启示。

科研是微粒的舞蹈——他们以创新思维勇攀学术高峰，在纳米级的精度里寻找撬动宏观世界的支点。

担当奉献是扩散粘结——他们以青年担当扎根实践沃土，用行动温暖更多未被照亮的角落。

综合素质是热等静压——他们以多元发展锤炼核心能力，让不同维度的能量在高压中熔铸成新的可能。

我始终记得刚到粉冶院时一位教授说的话：“我们检测断裂的零件，不是为了宣判终结，而是为了找到让下一代材料更坚韧的密码。”

这或许正是本书的意义——让那些在扫描电镜下才能观测到的奋斗轨迹，那些在实验日志里默默生长的理想，那些在担当奉献中升腾的温度，成为照亮后来者的显微图谱。

愿每位翻开这本书的读者，都能听见金属粉末在烧结炉中结晶的声音。

那是青春在淬炼下的歌唱，是生命在破茧后振翅的交响，更是一个学科对新时代青年的嘱托。

真正的卓越，从来不是完美无瑕的成品，而是敢于把自己投入时代熔炉的勇气。

黄曦

2025 年春于岳麓山下

目 录

Contents

第一篇章
但行笃行志，不负人间春

第二篇章
生而逢盛世，青年当有为

第三篇章
且行且随风，有趣亦有盼

后记

第一篇章

但行笃行志，不负人间春

01

向着梦想的每一步都算数

——访2021级博士研究生丰雪帆

始于兴趣，跨专业考研步履坚定
忠于热爱，逐梦材料学漫天星辰

粉小冶推荐语

“自强不息”是她科研之路的动力源泉。作为跨专业小白，她在科研道路上刻苦钻研、求实创新，将推动交叉领域进步作为奋斗方向，获国家发明专利授权5项，申请国家发明专利2项，以第一作者在*ACS Catalysis*等国际权威SCI期刊上发表论文3篇。

“知行合一”是她科研之路的指南针。她以前沿理论推动大尺寸纤维薄膜反应器制备技术，在重水分离领域取得突破；以承担单位负责人身份牵头湖南省部门联合基金项目。

“以梦为马，坚定前行”是她科研之路的写照。她坚定地选择交叉领域科研道路，且歌且行，一路繁花。“选择科研路，也许要面对的都是孤独的前进和不理解，甚至嘲笑。时代赋予了我们更好的资源，让我们可以相信未来是拨云见日后的光明。”

她就是中南大学粉末冶金研究院2021级博士研究生丰雪帆。

PMRI

与丰雪帆正式见面，应当是在2024年粉冶院研究生国家奖学金答辩现场。当时现场人头攒动，大家都在紧张地做着准备。丰雪帆答辩的顺序比较靠前。开场前，她穿着一身灰色西装，站在答辩室门口，时不时搓搓手，与我搭话说，“李老师，我好紧张啊，我就只有三篇文章”。

“没事啊，又不只看数量。质量更重要。”

她笑了下，笑起来眼睛弯弯的。那天，她笑着上台答辩，侃侃而谈自己的科研经历。大概是讲述中许多实验的科研创新点以及那股与旁人不同的潇洒劲儿格外吸引评委老师们。最终，她以排名非常靠前的成绩如愿获评研究生国家奖学金。

缘起：像个科研“原始人”

丰雪帆出生于“考公大省”山东，父母都是普通劳动者。用她的话来讲，“家庭氛围民主宽松”，父母虽不善言辞，但始终默默支持着她的学业、她的每一个选择。

采访中，我感受得到丰雪帆极强的环境适应能力，不管处在什么新环境，她都能迅速融入。比如刚到新课题组时，没几天她就和大家打成一片，对于陌生的设备，她也能快速学习操作并熟练使用，仿佛天生就有这种融入新环境的能力。

本科时期，丰雪帆就读于湖南工业大学包装工程专业。谈及这个专业，她感慨道：“我们当时要学八九个学科领域的知识，材料科学基础只是其中的一部分，而且我本科学校的包装专业所学内容大多是和纸包装、塑料包装相关，材料科学基础这门课教的大多也是纸相关的知识。像材料的晶体结构、材料性能的深层次原理这些，我们都只有简单的了解，远没有达到深入研究的程度。”

出于对材料学的热爱和对学术的追求，丰雪帆决定考研深造。备考材料科学与基础科目时，金属材料知识、晶体缺陷等概念让她备感困难，复杂相图也常使她陷入迷茫。“《材料科学与基础》里有很多金属材料的知识，对我来说都是全新的。像金属的晶体缺陷、位错运动这些概念，我理解起来特别困难。我不仅要重新学习教材，还要做题巩固，但很多图我都看不懂，只能去问别人，特别花时间。”丰雪帆回忆道。

然而，第一年考研，她的成绩并不是很靠前。虽然也有录取机会，但是出于自身希望在专业理论方面深造的考虑，她选择再战一年。

考研失利后，父母希望她考公务员，找一份安稳的工作。但丰雪帆对材料学的热情并没有因为首战失利而消减，她坚定地表示：“我真的不想考公务员，我还是想继续做材料相关的研究。本科的时候，我跟着老师做了一个材料学领域的创新创业项目，还拿到了国家级奖项，也是从那个项目开始，我希望自己能够通过研究生阶段弥补自己在理论方面的不足。”尽管面临着压力和迷茫，她依然凭借自己对材料学的热爱和坚持，选择了二战考研。

再次备考的丰雪帆调整了学习方法，遇到不懂的问题时便回归书本，一点点钻研。就这样，凭借着顽强的毅力和不懈的努力，她成功考入中南大学粉末冶金研究院材料科学与工程专业。

初入中南大学，丰雪帆便深刻感受到了自己与同专业同学之间的差距。“身边同学本科阶段大多系统学习过材料学相关理论知识，知识体系完备，而我却像个初入森林的冒险者，对很多知识一知半解。”

丰雪帆无奈地说：“有好多时候，在看文献、上专业课、听组会汇报时，师兄师姐和同级同学都能深入分析不同工艺对材料性能的影响，但是由于我自己在理论方面存在缺失，就只能一点点搜索、了解、记录。”

由于研究方向偏化学，许多同学有着扎实的化学背景，学过四大化学、固体物理、量子物理等课程，而她却只能从零开始。“看论文时，那些专业术语和复杂理论如同重重关卡，我常常要花费数周时间才能读懂一篇论文。”丰雪帆回忆起刚刚入校那年恶补理论的艰难时光，感慨万千。

为了尽快缩小与同级同学的差距，丰雪帆主动向组里本科是化学专业的师兄求助，“我导师、师兄师姐、同级同学，人都特别好！”在丰雪帆向师兄请教时，师兄感受到了她的吃力，并指出了她的问题主要在于基础知识薄弱。

于是，她跟着师兄穿梭在后湖小区的旧书店，淘来“四大化学”、固体物理等二手教材，利用课余时间自学。在学习绘图软件时，她找到同级同学，跟着他们一点点摸索，花了整整半年的时间，才熟练掌握了操作。“当我第一次用软件成功给XPS（X射线光电子能谱）分峰时，那种成就感很难用语言表达出来，但我真的做到了。”丰雪帆笑着说。

学习压力大时，丰雪帆也会把时间分给生活。她说自己其实特别喜欢玩，对爬山、打羽毛球这些活动也充满热情。“有时跟朋友们待在一起，说说话、换换思维，全身心都能得到放松，之前积累的压力也都烟消云散了。”

丰雪帆脸上带着温和的笑意说道：“我超爱撸猫，猫咪的毛发摸起来柔软顺滑，别提多治愈了。每次撸猫的时候，都觉得心里暖乎乎的。”

学业和生活都在有条不紊地进行着。有时，沉浸在做实验的过程中的丰雪帆深夜才走出实验室。月光洒在校园小径上，映在她的身上，她心中满是对获得新知识的满足和对未来的憧憬。

缘续：熟练度持续提升

在硕士研究生就读期间，丰雪帆逐渐积累了一定的理论知识，随后便迎来了科研路上关键的实验阶段。本科结束后的暑假，身边上手快的同学已经跟着老师进实验室做实验了，而丰雪帆还在努力补习基础知识。直到硕士研究生二年级上学期，她才真正开始自己的首次科研实验。

当时研究用尿素烧制g-C_3N_4（石墨烯型碳氮化合物）材料很热门，在师兄的建议下，丰雪帆也参与其中。“那时候大家都在做这个，我也想试试。”

丰雪帆回忆道：“可这实验进行得很不顺利，我按照要求把尿素放在炉子里烧到550 ℃，却怎么都烧不出理想的效果，而且那股味道特别难闻，整个实验室都是氨气的臭味。”多次尝试失败后，在师兄的提议下，硕士二年级下学期，她决定尝试烧制氧化锌。

一次，丰雪帆在阅读文献时受到了启发。“硕士二年级快结束的时候，我看到一篇文章，讲的是把氧化钛放在氢气中还原，能让白色二氧化钛变成黑色，还会形成很多空位。我就想，氨气和氢气都是还原性气体，氧化锌也要在炉子里烧，要是把氧化锌放在氨气氛围下烧，会不会也能产生类似的效果，形成空位呢？"带着这样的想法，她开始大胆尝试，将氧化锌放在氨气中烧制。

结果让她又惊又喜，"烧出来的氧化锌性能得到了极大提升！我特别兴奋，感觉像是发现了宝藏"，丰雪帆说道。

她继续深入研究，做了相关表征，并对比一篇发表于 PRL 期刊（*Physical Review Letters*）的文章的理论，发现自己材料的能带和文章中所述理论相符，"我觉得这是个很有价值的发现，赶紧把这个工作记录下来，在组会上汇报，向课题组老师和同学们请教"。

组会上，丰雪帆汇报了这个发现。她详细讲述了从尝试烧制 $g-C_3N_4$ 失败，到受文献启发用氨气烧制氧化锌，再到得到最终实验成果的过程，以及她所得出的实验结论与 PRL 上文章理论的关联。

导师看着她，认真地说道："雪帆，你这次的实验很有想法，能从不同的角度思考问题，这很难得。"

然而，导师在肯定了她的探索精神后，也提出了担忧。"但目前这个成果，两个材料之间的联系和实验佐证还不够明确。你是跨专业过来的，在论证这个理论方面还需要经验。我担心你在这个新方向上会因为对研究重点的判断不足，而使研究偏离核心，或者只是浅尝辄止，没办法真正挖掘出这个发现的潜力。科研不是简单的实验操作，每一个成果都需要有清晰的研究意义和价值支撑。你接下来要思考如何让这个研究更具深度和实用性。"

丰雪帆听后，心里有些失落，但她明白导师是为她好，是担心她在新方向上走弯路。"老师，我知道了，是我考虑得不够周全。我回去之后，深入学习这一发现的表征方法，设计准确的表征实验和科学的验证逻辑。"她诚恳地回应道。

那次会后，丰雪帆开始重新审视自己的研究。她查阅了大量物理、化学相关的文献资料，试图找到让这个发现更具意义的突破点。"那段时间，我几乎泡在图书馆里，不断寻找相关的理论和研究，反复思考实验现象背后的本质。"丰雪帆说道。

经过深入研究，她终于有了新的发现。"我发现 $g-C_3N_4$ 里的碳能够调控氧化锌中的一些关键因素，这对解释材料性能的变化有很大帮助。"丰雪帆说道："这不仅让我对自己的研究有了更清晰的认识，也让这个研究成果的意义更加突出。"

也正是这一次的实验结果，给丰雪帆带来了人生第一篇 SCI 论文。

随着经验的不断积累，丰雪帆在科研上逐渐得心应手，也开始尝试新的研究方向。在研究一种新材料时，她发现材料表面的官能团(材料表面的一些—OH、—SH 等化学基团)与水发生微弱的相互作用，进而影响材料性能。"这个发现让我特别兴奋，感觉打开了一个全新的研究领域。"丰雪帆说道："但要把这个现象研究透彻并写成文章，难度超乎想象。"

为了深入探究其中的原理，丰雪帆花费了一年多时间全身心投入到实验和分析中。"这个过程真的特别艰难，有时候为了一个准确的数据，我要反复做十几次实验。遇到难题我就查阅各种资料，向不同领域的专家请教。"丰雪帆感慨道："但我一直告诉自己，一定要坚持下去，不能半途而废。"

在撰写文章的过程中，丰雪帆也遇到了不少挑战。"写文章的时候，很多专业知识都需要深入理解和准确表达，像路易斯酸碱对这个概念，我一开始根本不懂，只能边做边学。"丰雪帆说道："我不仅要把实验过程和结果阐述清楚，还要用严谨科学的语言分析材料，提出全新的理论，这对我来说是一个巨大的挑战。"

文章完成后，投稿的过程同样不顺利。"老师让我从 *Nature* 子刊开始投，结果一直被拒稿。"丰雪帆无奈地说："不过我也没太气馁，毕竟自己在研究过程中收获了很多。"

幸运的是，最终在博士研究生三年级时，她的文章被 *ACS Catalysis* 期刊接收，这一结果让她备受鼓舞。"得知文章被接收的时候，我真的特别开心，所有的努力都得到了回报，也让我更坚定了在科研道路上继续走下去的决心。"丰雪帆说道。

随着科研成果的不断涌现，丰雪帆也得到了更多的机会和认可。她以学生第一负责人的身份，在导师的指导下牵头负责了学校的校企联合项目，并负责申请湖南省部门联合基金项目。"这个项目涉及很多方面的工作，从申请基金到与企业沟通合作，每一步都不容易。"

丰雪帆说道："通过这个项目，我不仅提升了自己的科研能力，而且还锻炼了团队协作和沟通能力。"最终，项目顺利申请到基金。

在科研之余，丰雪帆也在不断提升自己的综合能力。她意识到画图在科研成果展示中的重要性，便向同学请教。“画图真的很重要，好看的图能让文章更出彩。”

丰雪帆说道：“我一开始尝试用出图更专业的软件画三维图，但太难了，最后还是选择用 PPT 画二维图，虽然简单，但也能清晰地表达我的研究内容。”考虑到当下的时间投入产出比，丰雪帆选择一边学习，一边与绘图能力强的同学合作科研。

采访时，丰雪帆在回顾这段科研经历时，深感走过了一段充满挑战但也收获满满的道路，从而实现了从最初实验时的懵懂与迷茫，到如今独立开展研究、解决难题的转变。她明白，在科研这条道路上，每一次的突破都是成长的见证，而持续提升的科研能力将是她继续前行的坚实基础。

缘定：做有情怀的材料人

在材料学的科研征程中，丰雪帆一路笃定前行，她对科研的爱热烈而深沉，心中始终坚守着一份信念。

在和她聊天时，我又提起了研究生国家奖学金答辩那天的场景。也许是因为一直对自己不太自信，她对当天的评审结果感到很意外。

可是，在科研这条布满荆棘的道路上，她凭借着对材料学纯粹的热爱，一步一个脚印走得扎扎实实。从初出茅庐到逐渐崭露头角，每一步都凝聚着努力与坚持。这些都是她获评研究生国家奖学金的佐证。

“我一直的观点都是，一定要多想想自己的研究成果能给未来的实际生产带来什么改变，能不能切实推动研究领域向前发展。”丰雪帆在谈到自己对于专业领域的情怀时，眼神中透露出专注与执着。

“就像咱们学校校训所倡导的‘知行合一’，科研不能只停留在理论层面，更要让研究成果走出实验室，在实际应用中发挥作用，创造价值。”

在漫长且充满挑战的研究过程中，丰雪帆对材料学与实际应用之间的紧密关联有了越发深刻的感悟。她全身心投入的每一项实验，从材料的精心挑选，到制备方法的反复打磨，都蕴含着她对实际应用的殷切期望。

丰雪帆心里十分清楚，将科研成果从实验室推向实际应用的道路布满荆棘。“我在研究材料的时候，常常幻想它们能在实际生产中‘大展身手’。”

“从实验室里的微小样品，发展到大规模生产的产品，这中间的艰难超乎想象，到处都是亟待攻克的难关。起初，我理所当然地认为性能优良的材料制成有机无机杂化纤维布后效果肯定很好，可现实却给了我沉重一击。反而是之前被我淘汰的粉末材料，在有机-无机杂化后，展现出了意想不到的优良性能。这让我明白，实际应用远比想象中复杂，只能不断地尝试新方法、新思路，在失败中总结经验，在摸索中不断前进。”

即便科研路上困难重重，但这些挑战不仅没有击退她，反而让她的信念越发坚定。“谁说试错不算科研呢？我觉得每解决一个问题，对我来说都像是在通往成功的道路上又迈进了坚实的一步。我相信所有的努力都不会白费。”

在丰雪帆看来，材料学的发展对社会进步起着不可替代的推动作用。她认为，只要留心观察就会发现，无论是我们日常生活中随处可见的普通用品，还是高端科技领域那些决定核心竞争力的关键材料，材料学的进步都无处不在。

“之前在研究一种纤维薄膜时，我发现中性氢可以沿着有机高分子长链‘奔跑’，对氢同位素具有分离作用。”

为了彻底弄清楚其中的原理，并形成大尺寸纤维薄膜反应器，丰雪帆耗费了一年多的时间，全身心地投入实验和研究中，反复进行实验，仔细分析每一组数据，查阅大量的文献资料，向许多老师、同学虚心请教。对她来说，科研不仅是为了满足个人的求知欲，更是为整个行业的发展添砖加瓦，提供坚实的理论支撑。

在攻读博士学位期间，丰雪帆也曾因为科研进度感到压力倍增。她曾对母亲倾诉：“我不想读了。”母亲则回应：“那行，不想读就不读了。”母亲看似随意的话语，给予了她莫大的心理支持，让她能放下包袱，调整心态继续前行。

丰雪帆对师弟师妹们寄予厚望，真诚地希望大家在做科研时，能心怀远大理想，重视研究成果的实际应用。

“千万不要只把目光局限在文章数量上，一定要深入思考自己研究的价值和意义。”也许现阶段的研究成果无法立刻应用到实际中，但科研是一个长期积累的过程，只要坚持不懈，勇于探索，终有一天会取得突破。

在向着材料学领域逐梦的道路上，丰雪帆也遇到过无数次挫折，实验失败、数据不理想都是常有的事。但她始终相信：只要不放弃，保持对科研的热情和好奇心，就一定能迎来新的实验发现。

这份情怀如同永不熄灭的火种，始终在丰雪帆的心中燃烧，激励着她不断挑战自我，勇攀科研高峰。“以后，我还是会选择扎根在材料学领域，可能是在科研单位精耕细作，也可能是在企业发光发热。反正都是努力将更多的研究成果转化为实际应用，为社会发展贡献自己的一份力量。”

丰雪帆相信，只要每一位材料学科研工作者都怀揣着对专业的这份情怀，学科发展就必将迎来更加辉煌的明天。她也渴望成为推动这一伟大事业发展的中坚力量，见证并参与材料学领域的每一次进步。

“我觉得自己就是普通人，从专业基础到各方面的条件都很普通。但是，我能做到这些，大家肯定也能，而且能做得更好。我真心希望大家把我当成一个最低标准，激励自己做得更出色。我选择了科研这条路，虽然过程很痛苦，但在这个过程中我真的丰富了知识，也培养了独立解决问题、接纳失败的能力，更明白了自强独立的重要性。”

和朋友相处时的真诚、对兴趣爱好的投入、对材料学的热爱……这些都让丰雪帆散发着人格魅力，整个人“闪闪发光”。她努力生活、勇敢追梦，用自己的经历告诉大家，梦想并非遥不可及，只要坚持就能离它越来越近。

采访结束后，丰雪帆立即投入博士学位论文的撰写中。她说，她会带着她的冲劲和热情在材料学领域继续探索，说不定哪天就会给我们带来新的惊喜。

作者：李卉淼

02 做一块内藏璞玉的石头

——访2020级博士研究生王垚

从文献经验到实验试验，纸上得来终觉浅
从应用物理学到材料学，专业路上无畏行

粉小冶推荐语

他深入研究极端环境粉末冶金材料领域的前沿问题，深度参与国家自然科学基金重点项目等多项国家级重大科研项目，瞄准国家重大装备发展的需求，突破材料设计制备的理论瓶颈，通过原位构筑缺陷、纳米析出强化等方式实现钨合金强度和韧性的协同提升，助力我国装备更新换代。

他在 *JMST*、*JAC*、*MC* 等期刊发表论文6篇，获国家发明专利授权5项，获研究生国家奖学金，获中南大学优秀研究生标兵及优秀党支部副书记、优秀共产党员等荣誉称号。

他不仅是科研达人，还是暖心班长。他担任2020级博士班班长及班级朋辈心理互助队队长，积极组织破冰活动，宣传心理健康知识，做一束星光，以党员初心守护同学们的心理健康。

他就是中南大学粉末冶金研究院2020级博士研究生王垚。

PMRI

“这位校级‘优秀学生标兵’，现在有时间接受小李的采访吗?”

“来，迫不及待了。”

我常在与学生们的聊天中，自称为“小李”。在与王垚熟悉后，也就自然而然地成了这位博士兄长口中的“小李老师”。虽然平日里与王垚联系相对频繁，但大多都是学生工作相关内容，深度交流的机会很少。在梳理采访提纲时，我也是带着满心的好奇，很想知道这位优秀的博士研究生有着怎样的成长轨迹。

缘起：沁阳人与泌阳人

在沟通采访时间的过程中，王垚向我分享了一些最近网络上出现的“科研梗”，并且逐一向我解释“梗”的来源与使用场景。在和王垚的交流过程中，另一方永远不会有客套感与不适感。

“高中时还是没有好好学习，不然，也不会本科就读‘双非’院校。”如今，博士研究生四年级的王垚在回过头来看自己的求学经历时，不免流露出些许遗憾。似乎既有对曾经错过的机会的追悔，也有对一路走来的艰辛的感慨。

“高考”二字对于王垚这位河南省考生来说，意味着“沉重”与“艰难”。在知识经济时代，高考对于大部分普通人来说，是一生中最重要的考试，或许高考一“战”将会决定个人未来的人生走向。河南省作为农业大省、人口大省，不仅应届考生多，还有大量的复读生，激烈的竞争造成了高等院校的高录取分数与低录取率，这也使得许多考生难以突出重围。王垚亦是如此。因此，参加研究生招生考试便成了高考发挥失常的王垚第二次选择人生的宝贵机会。

2016年对于王垚来说，并不顺利。那一年，他第一次参加研究生入学考试，和大部分考生一样，最终以失利告终。本科毕业后，王垚进入某电子厂工作，每天在流水线的嘈杂声中忙碌，可他的内心却从未停止对未来发展方向的思索。在工厂的日子里，他看着周围机械地重复劳作的工人，心中涌起一股不甘，他知道这不是自己想要的生活，那个科研梦在心底从未熄灭。

无论是生涯难题还是学涯困境，遇到再棘手的事情，王垚都能巧妙地解决。在旁人眼中的王垚，是“柔软而又坚韧”的。他可以坦然接受当下的处境，即便生活艰苦，也能保持平和的心态。同时，他也能够冷静地思索心中所向为何。在无数个辗转反侧的夜晚，经过几番权衡之后，王垚毅然决定辞职，向着自己的科研梦再次勇敢进发。

这一次，王垚凭借着自己夜以继日的努力，以总分第一名的成绩如愿考取了郑州大学。从一名应用物理学专业的理科生转为材料物理与化学的工科生，也正是这一转变，悄然埋下了他与中南大学的缘分种子。

硕士研究生二年级时，王垚迎来了一次难得的机遇，有幸成为中国工程院化工、冶金与材料工程第十二届学术会议接待工作组的一员。在会议期间，他紧紧跟随中南大学的刘祖铭老师，与黄伯云院士一行交流学习。王垚总是全神贯注地聆听院士们的每一句话，眼神中充满了对知识的渴望和对前辈的敬仰。他积极提问，认真记录，谦虚好学的态度给黄院士一行留下了极为深刻的印象。会议结束后，黄院士亲切地向他抛出了“欢迎到中南大学粉末冶金研究院攻读博士学位”的橄榄枝。这次意义非凡的会议经历，就像给王垚的科研梦补充了“养分”，让他更加坚定了在材料领域继续深造的决心。

对于攻读博士学位的院校，当时的王垚有三个选择：天津大学、西北工业大学、中南大学。这三所学校各有优势，让王垚陷入了选择困境。他反复查阅资料，对比三所学校在材料领域的研究方向、师资力量以及未来发展前景，难以抉择。就在他纠结万分之时，一通电话促使他写下了这道单选题的答案。

王垚接到电话时，正在高铁站台候车，准备出差。站台上环境嘈杂，熙熙攘攘，他一手艰难地拖着行李箱，一手举着手机接听电话。“王垚同学是吗？我是马运柱老师。我看了你的研究方向，和我这个课题组很一致。而且我看你是泌阳人是吧，我也是泌阳人，老乡啊！”电话那头传来马老师带着惊喜的声音，由于信号断断续续，声音时有时无。王垚先是一愣，还没有完全反应过来，沉默半晌后礼貌地说道：“马老师好，我是沁阳人，但我们都是河南老乡。”

与王垚同届从郑州大学物理工程学院到中南大学攻读博士学位的还有三位同学。四位同学进入了不同的课题组，跟随不同的导师研究不同的课题。然而，相同的是他们面向国家重大需求矢志报国的初心与材料强国的科研梦想。他们在中南大学的校园里各自努力，又相互激励，为了心中的理想而拼搏。

在来到中南大学粉末冶金研究院任职之初，同事邀请我加入了学院博士班班长的微信群，王垚便是众多群友中的一个。他的魅力在于，始终以一种谦逊的姿态对待科研，对待生活，对待身边的每一个人。

在学生工作上，王垚给予了我极大的支持。当时还在新单位适应期的我，多次被工作量的砝码压得心力交瘁。王垚在感知到这一点后，选择以恰到好处的幽默带给我鼓励与安慰。

人与人之间是一撇一捺的缘分，沁阳也好，泌阳也罢，那颗王垚与中南大学的缘分的种子在这一刻发了芽，而在未来的日子里，这颗种子将茁壮成长，绽放出绚烂的科研之花。

缘续：书先读厚再读薄

每个学校的院系专业课程培养大纲有所差异，从郑州大学材料物理与化学专业到中南大学材料学专业的王垚体会颇深。“硕博阶段研究内容的差异还是很大的。研究对象以前是钢，现在是钨。金属性质不同，制备方法也不一样，以前是电阻点焊的‘熔炼派’，现在是烧结工作的‘烧结派’。”

在进入中南大学粉末冶金研究院极端环境粉末冶金材料研究所(以下简称“极环所”)马运柱老师课题组之初，王垚了解到：近年来，极环所在团队负责人刘文胜教授的带领下，从事极端环境服役材料与关键核心技术研究，科研方向始终瞄准国家重大需求，执着于重要材料技术上的攻关创新。

“立身以立学为先，立学以读书为本。”于王垚而言，科研往往机遇与挑战并存，增强自己的专业能力才是根本。博士研究生一年级的王垚比同级的其他同学都要忙碌。因为在入学确定培养计划时，他就为自己加了许多专业必修课。其中，张立老师的“粉末冶金原理”与宋旼老师的“材料力学行为”两门课程给王垚留下了深刻的印象。

我曾在粉末冶金研究院第一届教学技能大赛现场学习过张立老师的这门

课程。短短的15分钟内，张立老师清晰严谨的授课逻辑、深入浅出的理论阐释、富有激情的课堂讲解，让我这个建筑学专业的“外行人”真真切切地感受到了粉末冶金学科的魅力。“之前因为学科的差异，对粉末冶金原理还是了解得不够多，但是学习过这门课程后，确实更快速地理解了一些实验现象。”张立老师的课程对于王垚在课题实验中分析材料的失效行为有极大的帮助。

宋旼老师的课程是全英文授课，对于王垚来说更是难上加难。王垚说道：“我考了几次大学英语六级，最好成绩也只是刚刚过线，我硕博就读专业的差异摆在那里，何止是全英文授课听起来像天书，就连常用学科的专有名词的英文表达都是听得云里雾里。”为此，王垚开始恶补专业英语。只要一有空闲时间，他便会拿起词汇表反复背记。为了更熟练地使用这些专有名词，各大国际顶尖期刊的英文文献综述部分便成了王垚的精读材料，每一篇文献都被他拿来反复研究琢磨表达用词、语句用法，并将好的表达摘抄整理成自己的专业英语素材库。

“万丈高楼平地起。”就在这样一点一滴的积累下，王垚不仅能够听懂全英文专业课，更在学习文献的过程中了解到许多课题研究的新内容、新方法。

王垚的课题研究方向是高强韧新型钨合金的制备。刚进入课题组时的王垚对于钨合金的性能还有些难以把握，在探索新制备方法的过程中更是经历了漫长的实验室煎熬。

创新对于科研来说像极了“开盲盒”，科研人很难预估新工艺探索的创新性实验会产生什么样的结果，更无从知晓这个“冷板凳”的周期有多么漫长。

“钨金属的材料费对于我们学生来说是价格不菲的。实验肯定有尝试、有损耗，我开始做实验去摸索新制备方法也是做好了课题组经费‘燃烧’的心理准备的。”王垚的研究大致可以分为三个阶段。在初期探索阶段，钨合金制备性能水平甚至无法达到常规方法制备产品的标准，在经费的大量投入过程中，导师马运柱与王垚促膝长谈。

“钨金属加工很困难，经过理论论证后再开展实验，可能收效会比较明显。”在探讨的过程中，王垚加深了对钨合金的认识，也找到了初期探索阶段遇到的一些实验问题的新的解决方案。

“纸上得来终觉浅，绝知此事要躬行。”在逐步探索的过程中，王垚的钨合金制备实验迈向了第二阶段——达到常规方法制备产品性能。这一步对于王垚来说，无疑是个喜讯。能够与常规方法达到相当的实验结果意味着王垚所研究的新制备方法是行之有效的。那么，下一步便是将产品性能提升到新的高度。

为此，王垚查阅了几百篇学术文献。他在从文献中汲取前人经验的基础上，结合实验数据反复琢磨。“咱们实验到了这个阶段，可以试着少注重性能，多分析原因，去找本质。”这一阶段，课题组的刘文胜老师与王垚探讨颇多，正是这句话打开了王垚的实验思路。

缘定：好的材料是奠基石

“1100 MPa!”

现实生活中总是很难有侥幸的成功，王垚的人生就是在努力中不断地开花结果。王垚作为科研骨干，参与了国家重点基础研究项目、国家自然科学基金重点项目及中国载人空间站科学实验项目，瞄准国家重大装备发展需求，研究制备了高强韧新型钨合金。目前，他制备出的高强韧新型钨合金在保持高韧性的同时，强度大幅提高。

“有没有考虑过，也许新制备工艺不可行，到头来‘竹篮打水一场空’。”

“明知山有虎，偏向虎山行。我愿意接受科研带来的不确定性，如果是好的结果，那就是惊喜；当然，如果实验数据不理想，也是在为后来人排除一个错误选项。初期探索阶段，是在论证新制备工艺方法的可行性，类似于一块顽石摆在那里，也许它是璞玉，但很可能最后是‘一场空’；而第二阶段，其实是经验累积的过程，在知道了它是璞玉之后，要做的就是精雕细琢，让它有机会成为‘和氏璧’。当然，每一步都很艰难。”

从书本知识、实验数据到论文撰写，再到论文发表是一个漫长的过程。王垚的第一篇 SCI 论文的撰写并不容易，全英文写作的要求让他无从下笔。作为“卷王”宿舍一员的王垚，自然是努力寻找适合自己的写作方法。

在王垚的考量下，首要的是保证论文的逻辑性和数据的严谨性。对他来说，最好的方法是先以中文的行文方式撰写论文内容，再借助翻译软件将其翻译成英文。毕竟中文论文的撰写对于王垚来说难度不大，最难的是英文翻译这一关。翻译软件有两个弊端：一是软件的翻译逻辑是机器“识别式”翻译，容易造成翻译结果词不达意；二是软件无法识别专业词汇，论文表述的严谨性与投稿标准相去甚远。这时，他在宋旼老师课堂上所学的知识就起到了关键作用。

在打磨论文措辞的过程中，王垚从模仿到形成自己的风格，也少不了导师马运柱的支持。“马老师请专人帮我润色论文，我也学到了很多凝练语句的方法，而后的几篇论文便能够独立完成了。”

好的材料是奠基石，是装备实力的基础。好的材料制备方法是国外团队短期内学不会、拿不走的。2023 年 7 月，王垚受邀参加“中国材料大会 2022—2023”，并在会议期间做了口头报告。正是王垚的出色表现，让他获得了同行专家的高度肯定，其报告被评为“优秀学术报告”，会后交流环节中的思维碰撞更是让他受益匪浅。

王垚分析论证了会议中专家学者的一些思路，从烧结原理上思考改进自己的“雕刻手法”，并在之后的一个月内守在实验室，努力“雕刻着‘和氏璧’的细节纹理”。他不断挑战自己，在面对科研难题时也总能找到切实可行的解决方案，最终成功通过新制备工艺将钨合金的性能提升到了 1200 MPa。

在学术探索之路上，他从未停歇，始终“垚垚”领先。在日常生活中，他也乐于帮助组内的师弟师妹们解答科研上遇到的问题，积极带领师弟师妹们参与师生齐运动活动和院系组织的拔河比赛，丰富同学们的日常生活，活跃课题组气氛，增强课题组凝聚力和战斗力，为整个课题组注入了无限的活力与动力。

在问到王垚为什么“醉心”于材料领域的科研时，他向我阐述了从实验室材料的小样件到工程大样件的制备过程，而最终能够真正应用在武器装备上是他这个“军事迷”梦寐以求的事。发自内心的民族自豪感，兵器研究所的学习经历，击靶实验的真实体验，第一次见到装甲车的欣喜若狂……这些都是王垚在瞄准国家重大装备发展的需求、研究制备高强韧新型钨合金的科研路上坚定不移的原因。

与王垚的对话，持续了三个多小时。1993 年出生的王垚，已是三十多岁的年纪，似乎也有一定的年龄焦虑。他的身边不乏学术成果极为丰厚的同辈，抑或是早已成家立业的同龄人。王垚也曾想过是否暂缓科研进程或者降低一些科研成果的质量要求，先积累数量，早日完成博士学位论文的撰写。

但这些想法往往一闪而过。2025 年农历新年到来前，王垚终于在我隔三岔五的一句“你怎么还没毕业啊，王博士”的煎熬中，顺利通过了博士学位论文答辩，即将奔赴下一站。

在实现材料设计和制备的重大突破，为国防事业添砖加瓦的科研路上，王垚始终保持热忱，全力以赴，矢志不移。

作者：李卉淼

03 *Science* 是起点，绝不是终点①

——访2021级博士研究生王峰

无惧寒暑，凭高熵铸就科研之志
勇攀峰巅，以材料铺就学术华章

粉小冶推荐语

他潜心学术创新，是首位以中南大学为第一单位在国际顶尖学术期刊 *Science* 发表重磅成果的学生第一作者，创新性地研发出一种新型低密度的高熵钢，解决了国家重大工程中钢铁材料强度与塑性互斥的核心难题，引起国内外学界的广泛关注并获多方媒体报道。

他服务国家需求，主持和参与多项国家级、省部级重大课题，在国内外学术期刊上发表学术论文8篇，影响因子累计达76.3，申请国家发明专利2项，获得博士研究生国家奖学金等多项荣誉，并成为中南大学研究生校长奖学金卓越奖首位获得者。

他就是中南大学粉末冶金研究院2021级博士研究生王峰。

① 本文为初稿执笔人姜雨坤的采访视角。

PMRI

作为首位以中南大学为第一单位，在国际顶尖学术期刊 *Science* 发表重磅成果的学生第一作者，王峰的科研经历让人十分好奇。

再加上同样都是东北老乡，心的距离自然而然地拉近，我便向李老师自告奋勇：“淼姐，我和你一起采访王峰师兄吧。”

缘起：素履科研寻真知

王峰是我所在课题组的大师兄。2024 年我刚进组时，偷偷给组里坐在同一排的四位博士师兄取名叫“四大金刚”。因为不管什么时间去办公室，他们都雷打不动地坚守工位。王峰是“四大金刚”那一排最靠里面的一位。

我们都是吉林老乡，这让我心里自然对他有了许多好感。相处下来，我看到的大多是他在 *Science* 上发表论文光环下更平常的生活的一面。

采访之前，我其实并未和王峰有过太深入的交流。从前都只是见面打个招呼，但在采访过程中，王峰没有一点架子，我俩也像早就熟识了一样，聊家常、聊成长。

王峰毫不吝啬地与我分享各种宝贵的科研经验，向我讲述他在 *Science* 上发表论文的心路历程。对于大部分研究生来说，科研论文能够发表在 *Science* 上几乎是科研路的终极目标了。

但对于王峰来说，*Science* 是起点，绝不是终点。

王峰是吉林人，身上满是东北人的热情与豪爽。我眼里的他，是一个很典型的东北“老大爷”形象。他会在接水的时候在办公室到处“溜达”，时不时地闲聊几句；也会在聊天时，偶尔蹦出来一两个谐音梗；师弟师妹们在科研上遇到难题时，他总是主动凑过去，耐心又细致地帮忙分析，从实验步骤的优化到文献资料的筛选，毫无保留地分享自己的经验。

体贴、慷慨、热心肠，这些都是东北人的典型特点，也在王峰身上体现得淋漓尽致。

“所以，师兄你今年就要毕业了吗？”我好奇地问道。

王峰是“实打实”地在中南大学成长了十年。自 2015 年入学以来，便在粉冶院扎下了根，而后十年，生根、发芽。这十年间，他从初入校园的青涩学子，成长为如今组里人人敬佩的大师兄，见证了粉冶院的四季更迭，也在这里留下了自己奋斗的足迹。

说是采访，三个东北人硬是“扯”成了闲聊。

王峰笑了笑，回答道：“按理说是这样的，但我还打算再积累一下论文和产出，多打磨打磨，也不知道明年几月才能毕业。”他的眼神里透着坚定，对科研的执着与追求，让他甘愿在学术的道路上再多沉淀一下。

漫长的十年科研路，每一步都藏着故事，足够我细细挖掘。“师兄是什么时候开始进入实验室，接触科研的呢？”

能够有机会硕博连读，王峰的成绩自然是名列前茅的，但他可不是那种只知道埋头苦学、“内卷”绩点的人。大学三年级时，在“材料科学与基础”专业课程授课教师张利军的悉心指导下，他牵头申报了大学生创新创业项目。

可以说，张老师就是他科研道路上的领路人。当时他们做的正是铝合金项目。从项目的选题、方案设计，到实验的具体操作，每一个环节，王峰都全身心地投入。最终，这个项目成功获批国家级立项，并且顺利结题。

这份当时看起来极为不起眼的成功，却是王峰日后在铝合金方向上一系列成就的开端。

他也在心底种下了科研的梦想。

确定保研以后，王峰面临着选择课题组的关键节点。由于先前有过铝合金的科研经历，而宋旼老师的课题组又正好有一个铝合金的项目，王峰便加入了宋老师的团队，本科毕业论文也就顺理成章地定为铝合金方向。

我们课题组主要做表征分析，没有那些天马行空的想象，也很少有灵光一现的奇妙想法。实验内容更多的是枯燥与重复，每天都要花费大量时间阅读文献，从密密麻麻的英文文献里寻找灵感与方向；精心设计实验成分，反复斟酌每一个参数；制样、磨样的过程更是需要极大的耐心，稍有不慎，就可能前功尽弃；拍摄电镜时，更是要全神贯注，捕捉每一个细微的结构变化。

大部分实验都是机械而又重复性的工作，因此更需要努力与刻苦、耐心与细心。每一个数据的背后，都是无数次的尝试与坚持。

王峰回忆起实验经历，感慨道："最开始对做实验还是很感兴趣的，毕竟只从本科时《材料科学与基础》的教材上了解过相关的知识，真正实践起来，才发现理论和实际还是有不小的区别的。不过现在熟练了，一切也就都按部就班了。"

"师兄对你的第一篇论文还有印象吗？"我将话题转到了论文发表上。

王峰说道："我第一篇论文是硕士一年级发表的。研究生刚入学那半年，我接着本科毕业设计的内容做了许多实验，整理了不少数据。刚好那段时间'宅'在家里，就一门心思琢磨着用手头的数据发表研究生生涯的第一篇小论文。"

那段"宅"家时光，成了他学术成长的关键时期。我问道："那这篇文章发表的过程中遇到过什么困难吗？"

王峰有些不好意思地挠挠头，答道："确实折腾了蛮久。因为是从零开始，当时对英文表达，尤其是专业术语的英文表达并不是很熟练，在英文撰写上花了很多时间，一个句子常常要反复修改好几遍。"

听到这儿的时候，我的脑海里满是那句"My English is so poor."似乎对于大部分人来说，英文都是一大难关。

王峰接着说道："而且像咱们这种学科，写科技论文还要精通许多专业术语，所以阅读大量文献也是必不可少的。我每天都埋在文献堆里，就为了能准确地表达自己的研究内容。"

在王峰第一篇小论文的发表过程中，导师宋旼提出了很多中肯的意见。从实验数据的分析到论文结构的调整，宋老师都耐心地指导着王峰。虽然这篇论文的发表过程算不上顺利，但过程中的每一块拦路的石头都垒到了一起，成了王峰成长的阶梯。

虽然他的第一篇论文并没有投到顶尖的期刊，但他依然收获颇丰。王峰更深刻地理解了自己的研究方向，熟悉了论文撰写的流程，学会了撰写论文的方法，同时也督促自己提高科研水平以及论文的质量。

他说："一开始写的时候只是想着完成论文，但后来就开始思考如何提升自己的水平，发表一篇更优秀的文章。"也正是这种对学术的不断追求，让他在科研的道路上越走越远。

这篇文章发表之后，王峰也迎来了科研生涯的第一个重要变动。当时王章维老师刚从国外留学回来，带着前沿的研究理念和方法。而宋老师为了支持王老师的科研发展，便将王峰推荐到王老师的研究组。自此，王峰开始转而研究钢。

王峰说他现在主要是研究轻质奥氏体高熵钢。"这种钢可不得了，它强度高、塑性好、密度低、成本低，还有很多优势，一出现就成为一种受到广泛关注的轻量化材料。"

随着"双碳"目标在我国的深入推进，各行各业对绿色、低碳材料的需求越发迫切。轻质奥氏体高熵钢凭借其独特性能，可为相关产业降低能耗，减少碳排放，实现节能减排提供有力支撑。

例如，在汽车制造中使用该合金，可减轻车身重量，进而减少燃油消耗和尾气排放；航空领域应用后，能提升飞行器的燃油效率，减少碳排放。在这个追求绿色发展的时代，轻质奥氏体高熵钢就像一把钥匙，为许多行业打开了可持续发展的大门。

"那具体的研究方向是什么呢？"我追问道。

王峰耐心地解释说："说白了就是对钢铁进行高熵化，借鉴高熵合金在合金元素选择上较高的自由度，设计出具有新型微观组织结构特征的高熵钢，从而显著提升钢铁性能。它本质上还是钢，但是融入了轻量化设计思路。"

在这个过程中，铝含量对轻量化效果影响显著，铝含量越高，钢材就越轻量化。目前，行业内已有部分科研团队尝试将低铝含量的轻质钢投入应用。然而，从实际应用效果来看，低铝含量轻质钢的轻量化效果并不显著。有鉴于此，王峰正致力于更高铝含量轻质钢（高熵钢）的研究工作。这种轻量化高熵钢的应用前景广阔，不少企业十分看好，尤其在汽车制造、航空航天等对材料性能和重量控制要求严苛的行业，有着极大的潜在需求。

在聊到自己熟悉的科研工作时，王峰的眼中闪烁着光芒，仿佛已经看到了这种新型材料在各个领域大放异彩的样子。

这些变化，也为王峰日后在 *Science* 上发表论文埋下了伏笔，推动着他更加坚定地走在科研的道路上，并越走越远。

每一次的转变，都是他对科研的新探索；每一个困难，都是他前进之路的垫脚石。在科研的海洋里，王峰就像一艘勇往直前的帆船，向着未知的领域，不断进发。

缘续：科研漫漫苦为歌

宋旼老师是这样评价王峰的："在我看来，王峰可能不是我们课题组里最聪明的，但他一定是最踏实、最能干的。他能坐得住搞学术的冷板凳，天生就是搞科研的料。"

这一番评价，恰似一支精准的画笔，细致入微地勾勒出了一个科研人最朴素却又最珍贵的底色——踏实与耐心。王峰并非凭借天赋异禀，风风光光地闯入学术殿堂，而是稳稳地以"冷板凳"为坚实跳板，在寂静无声中默默积蓄力量。每一分每一秒的积淀，都铸就了他如今的科研成就。

而王章维老师的出现，则为这幅冰冷的素描注入了炽烈的灵魂。

王峰眼中的王老师特别痴迷科研。哪怕每日的工作量堆积如山，也始终满怀热忱，保持着高度的专注，浑身散发着一股不服输的拼劲。与之相匹配的，是王老师极为出众的科研能力，这一点在帮他修改论文时展现得淋漓尽致。

"每次修改论文，王老师总能从独特新颖的视角给出建议，有时候经王老师一点拨，我就会有新的思路。"

王老师在国外留学多年，积累了大量宝贵的经验，这使他在指导学生时，能够从多元视角出发，给出深刻而独到的见解。

在修改论文的过程中，从实验设计的优化、创新点的精准提炼，再到论文写作的细节打磨，王老师都给予了王峰细致入微的指导。王老师耐心地教会他如何设计合理科学的实验，确保实验数据的准确性和可靠性；如何从繁杂的数据中敏锐地挖掘出创新点，让研究成果脱颖而出；怎样深入分析研究内容，突出研究的价值与工作量，让论文更具说服力。这些宝贵的经验和方法，都是王峰从未涉猎的，因此王峰对王老师充满了深深的崇敬之情。

在工作中，王老师对科研的要求十分严格，这种严格并非无端的苛责，而是源于对科研事业的敬畏和对学生成长的负责。

组会一般两周一次，每次组会，大家都会围坐在一起，认真而热烈地探讨科研进展和遇到的难题。王老师总是鼓励大家积极发言，分享自己的想法和见解。在思维的碰撞中，许多难题都迎刃而解了。

而在生活里，王老师却有着截然不同的一面，他充满了人情味。每逢放假前夕，王老师总会请大家聚餐，让大家在忙碌紧张的科研之余，能够放松身心，享受片刻的惬意时光。

吃饭时，王老师也会兴致勃勃地给大家分享自己在国外的有趣经历，那些风土人情听起来既新鲜又有趣。他一路走来的科研历程，那些艰辛与坚持、成功与喜悦，都深深吸引着包括王峰在内的每一位同学。

有王章维老师这样的榜样在前，王峰更加注重将科研与生活紧密结合起来。即使刮风下雨，他也会准时抵达工位。这份对科研的执着和坚守，从未因外界因素而动摇。

当然，实验的安排往往受到仪器预约情况的影响，因此王峰养成了提前规划的好习惯，一般会提前几天就精心规划好实验的安排，以确保实验能够顺利进行。并且，他每天都要花半天时间阅读最新的文献。

“你不可能只做实验不看文献，科研是一个不断学习和进步的过程。有的时候思路受阻了，就看看同行们是怎么做的，学习一下他们的先进经验，这对自己的研究有很大的帮助。”在他看来，文献就是科研的前沿窗口，通过阅读文献，能够了解到行业的最新动态和研究成果，为自己的研究提供灵感和借鉴。

作为组里的大师兄，王峰也很体谅老师的辛苦。每一个承接的项目背后，都伴随着巨大的压力和工作量。于是，他总是积极主动地承担起项目中的一部分工作。我调侃道：“谁让你现在算是咱们课题组的学生‘大管家’呢，看来只能是能者多劳了。”

采访进行到这里时，王峰的话匣子也打开了：“我之前也参与过课题组其他类型的工作，比如课题相关的课件制作等。在这个过程中，我需要将复杂的专业知识以通俗易懂的方式呈现出来，这不仅考验了我对知识的掌握程度，还锻炼了我的逻辑思维和表达能力，这些都在一定程度上提升了我的可迁移技能。”

科研需要传帮带。在这漫长的十年时间里，王峰也肩负起了培养师弟师妹的重任，陪伴数十名硕士研究生、本科生完成了毕业设计。

从课题规划的精心指导，帮助他们确定研究方向和目标；到实验指导的全程陪伴，手把手地教他们实验操作技巧和注意事项；再到数据分析的耐心讲解，引导他们从数据中挖掘有价值的信息；最后到论文撰写的细致把关，逐字逐句地修改论文，确保论文的质量。

他的辛勤付出，让许多师弟师妹在科研道路上少走了弯路。

除此以外，他全力投身课题组实验室建设，拟定仪器设备的使用规程，让每一台仪器的操作都有章可循；定期检查仪器设备的使用状况，及时发现并解决潜在的问题；排除仪器设备的安全隐患，为实验室的安全稳定运行保驾护航。

他所做的这一切显示出，他真真切切地担当起了课题组里的学生“大管家”一职，成了师弟师妹们的坚实依靠。

我们几个课题组的学生是在同一个办公室混坐的，大家总是能遇见，即便是不同老师课题组的学生，相处得也十分融洽。王峰就像一个粘合剂，将大家紧紧地凝聚在一起。

科研需要一个好身体，运动不仅能够强身健体，还能缓解压力，提高工作效率。王峰平时会积极地和组里的师弟师妹们一起运动。

他说：“组里的同学们都很厉害，有的会拍扫描，有的会拍透射。大家做实验的时候就可以互相帮忙，而好关系就是这样‘麻烦’出来的。”在他的带动下，组里形成了一种互帮互助、共同进步的良好氛围。

我有些好奇地问道：“那你平时都有什么爱好呢？闲暇的时候都怎样放松呢？”

“我其实没有什么特别的放松方式，也就是玩玩手机、看看剧，顶多就是晚上十点离开课题组办公室以后去操场跑跑步。”

到这里，王峰的形象在我心中更加立体起来。

以前只是觉得王峰没有那么多的架子，是个很亲切的人。现在更加发觉他是一个十足的“淡”人，即使在 *Science* 上发表了一篇论文，取得了如此耀眼的成绩，他也依然保持着自己的本心，没有那么多外露的锋芒，反而向内求，处世淡然。在这个浮躁的时代，他就像一股清泉，虽静静地流淌，却蕴含着无尽的力量，用自己的行动诠释着科研人的执着与坚守、谦逊与淡然。

缘定：学术征程无尽时

王峰笑着坦言，自己是个感性的人，对那种按部就班、井井有条的生活并不热衷，更多时候是走一步算一步。

不过，在科研这件事上，他却有着无比坚定的信念，那就是科研必须脚踏实地，要能耐得住寂寞，坐得住冷板凳。

在与王峰交谈的过程中，他从未提及自己到底做过多少努力、多少样品，也没说起过自己如何披星戴月，在宿舍与实验室之间来回奔波。他只是轻描淡写地说，和科研相比，自己投入生活中的时间确实较少。他只是偶尔在周末和朋友们出去聚聚餐，放松一下，而其他大部分时间，都在实验室。

他说，2021 年刚刚"硕转博"时，便一头扎进了高熵钢体系的研究中。

最开始，他开展了室温拉伸实验，为了获取准确的数据，他制备了大量的样品，每一个样品都倾注了他的心血。在那段时间里，实验室里摆满了他精心准备的样品，他每天都在忙碌地整理、分析着那些密密麻麻的数据。

然而，经过多轮实验和反复的数据分析，虽然在样品性能方面有了一点点的提高，但始终没能找到那个能让研究成果大放异彩的创新点。

那段日子对他来说是灰暗的，他陷入了深深的迷茫之中，不知道自己的研究方向是否正确，也不确定自己的努力是否能换来想要的结果。

但王峰骨子里就有着一股不服输的劲儿，他没有选择放弃，而是毅然决然地尝试不同的处理方式。就在他四处寻找突破口的时候，恰好得知粉冶院实验室能做低温拉伸实验，这个消息就像一道光，照亮了他黑暗的世界，让他看到了一丝希望，实验的转机也悄然来临。

确定好实验条件以后，他便开始查阅大量相关文献。通过这些文献，他了解到温度对高熵钢的变形机制有着很大影响，这让他更加期待即将开始的低温拉伸实验。在 77 K（−196 ℃）的低温环境里，实验难度陡然增加，需要格外留意实验设备的运行状况和样本状态，稍有疏忽，就可能使实验结果出现偏差。

他时刻保持着高度的专注，眼睛紧紧盯着实验设备和样本，不敢有丝毫懈怠。经过一番艰苦的努力，他终于成功完成了低温拉伸实验。

从初步的性能分析来看，样品性能达到了预期的基本水平，但并没有特别亮眼的表现，这让他心里有些失落，但他并没有气馁，反而激发了探索“钢”的奥秘的决心。

为了探究更深层次的变形机制，他和王老师进行了深入的探讨，最终决定做进一步的表征分析。刚好，学院拥有双球差透射电镜这种高精度的实验设备，这为他的研究提供了有力的支持。

他充分利用扫描电子显微镜（SEM）、透射电子显微镜（TEM）等先进设备，仔细地观察、分析高熵钢样本的微观结构。在那一个个微观世界里，他仿佛进入了一个全新的领域，每一次的观察都让他充满期待。

就在他全神贯注地进行实验观察时，一个惊人的发现让他激动不已。他发现了一种独特的变形机制，样本内部微观结构呈现出前所未有的金属间化合物的位错切过机制，这与他在书本上学到的知识完全不同。

在传统的理论中，B2 相金属间化合物在轻质钢中都是绕过机制，而王峰的实验结果却表现出切过机制，就像一把锋利的剪刀，精准地剪断金属内部结构，这一发现颠覆了传统“绕道而行”的变形理论。

为了确认这一发现的创新性，他不敢有丝毫马虎，在国内外各大数据库中进行了地毯式搜索。那几周的时间里，他几乎每天都泡在数据库里，眼睛紧盯着屏幕，不放过任何一个可能的线索。

经过数周的不懈努力，他终于确定这种变形机制的解析此前从未被报道过。这一发现让他既兴奋又深感责任重大。既然是前人未涉足的领域，他就暗下决心，一定要把研究做到尽善尽美。

于是，他充分利用实验室现有的先进设备和技术条件，在宋淼老师的帮助下，完成了高精度的透射拍摄。为了使研究结果更加全面、准确，他不仅增加了测试样本的数量和项目，还对不同处理条件下的样本进行了对比分析。每一个样本的测试，他都亲自参与，每一组数据的记录，他都认真核对，力求全面、准确地揭示这种独特变形机制的本质。

然而，新的难题接踵而至。

如何解释这一现象产生的原因成了摆在他面前的一座大山。王章维老师也曾在课堂中讲到过，作为世界最顶尖的期刊，*Science* 的文章写作与其他期刊截然不同，要在短短的 3000 个单词中把实验结果讲解清楚，难度可想而知。

王峰再次踏上了查阅文献资料的征程。这一次，他从材料科学的经典理论到最新的研究成果，每一个细节都不放过，试图从浩如烟海的文献中找到破解难题的线索。在查阅文献资料的过程中，他深刻地认识到材料科学基础理论的重要性，尤其是临界剪切应力等基础概念，这也为他提供了关键性的研究思路。

他从书本中写到的基础理论出发，结合自己的实验数据，深入地分析了高熵钢在低温拉伸过程中强度与塑性的关系，探寻独特变形机制产生的内在原因，以及该机制对材料性能产生的影响。在不断的思考和尝试中，他逐渐构建起一套相对完整的理论解释框架。

其间，他不知道经历了多少个日夜的煎熬，遇到了多少难以解决的问题，但他始终没有放弃。历尽千辛万苦，他终于成功在国际顶尖学术期刊 *Science* 发表重磅成果。

我好奇地问道："师兄，你发表了这篇论文后，心态上有什么变化呢？"

他认真地解释说："其实，在 *Science* 上发表论文后我更焦虑了。因为大部分时间都耗在了这篇文章上，实际上我两年前就做完了实验，但文章足足改了两年才得以见刊。这就导致我的成果并不丰富，现在就想再多做些实验，多写一些小论文。"

在王峰心里，科研原本只是一项他比较感兴趣的活动，他也只是抱着走一步算一步的心态。因此，成功在 *Science* 上发表论文并不是他给自己博士研究生生涯设立的终极目标，但是给他打下了一针强心剂。

他坚定地说："文章见刊以后，我才下定决心争取'博士后'进站，继续研究那些还没'开花'的课题。"

我打趣道："那你这不就算是'继承王老师的衣钵了'，追随他的脚步去深造。然后再回来，把更多的 *Science* 论文写在祖国大地上。"

王峰目光坚定，充满信心地说："是的，这篇 *Science* 论文是我科研的起点，绝不是终点。"

凌晨三点的实验室里，透射电镜的荧光屏映着王峰专注的脸，像一簇不眠的星火。十年间，他磨过上千个样品，读过数万篇文献，却在发表 *Science* 论文后选择将"功勋章"锁进抽屉，因为"它只是告诉我，未知的边界又向外挪了一寸"。

在信息技术快速迭代的时代，有人被算法驯化成数据劳工，有人被流量异化为学术“网红”。而王峰选择成为“逆时针行走的人”，不被褒奖裹挟，不向浮躁妥协，只将科研信仰熔铸成两种姿态：躬身实验台时的专注与仰望星空时的灼热。

王峰合上电脑，走向摆满试样的陈列架。那些银灰色的金属静静躺在晨光中，如同未启封的信笺，等待被新的问题开启。他知道，真正的科学从不需要“终点”作为注解——因为答案的尽头，永远站着下一个追问者。

作者：姜雨坤、李卉淼

04

莫浮莫躁慢慢来

——访 2020 级本科生董学成

坚定追梦，缘起粉冶勤学早

探索无止，缘定清华展鹏程

粉小冶推荐语

他成绩优异，凭借着不懈的努力，连续三年获得校级学年一等奖学金，屡次获得国家奖学金，并顺利获得了清华大学材料学院的推荐免试直博资格，现已迈向更高的学术殿堂。

他乐于探索，以“科研报国”的责任感，积极参与并成功结题国家级创新创业项目 1 项，申请国家发明专利 3 项，获校级以上荣誉 30 余项，凭借出色的团队领导力和项目创意，作为项目负责人获第九届湖南省“互联网+”大学生创新创业大赛一等奖，作为第二负责人获湖南省青年创青春大赛科技创新专项第一名。

他始终秉承“笃行求是，勇立潮头”的精神，向着更广阔的天地奋斗，充分展现了新时代粉冶青年敢为人先、勇于创新的风采。

他就是中南大学粉末冶金研究院 2020 级本科生董学成。

PMRI

其实，对董学成这个名字的最初印象，来源于学院官方微信公众号“粉冶达人”系列推文。推文封面图上的他一袭白衫，呲着白牙，笑容灿烂。本以为他会同一些刻板印象中的书呆子一样，木讷、内向、成绩极佳，然而面前这个男孩开朗阳光的样子，“狠狠”地击碎了这样的刻板印象。

采访前，我和董学成漫无边际地聊天，他说，在保研过程中，还是做了一次艰难的取舍的。他拒绝了北京大学老师提供的稳定的科研机会，最后选择前往清华大学圆自己的一个梦想。

缘起：热爱可抵岁月漫长

从和董学成约时间采访，到采访稿写出来，历经七个半月时间。当时，董学成是我所在本科生党支部的一名中共预备党员，经常会有谈心谈话，了解他近期思想与学习工作的机会。慢慢地，我也会借着党日活动或其他契机和他闲聊几句。

2024 年的寒假，我跟董学成说：“想采访你一下，你有什么事迹材料，可以发给我仔细学习下不？”他马上说他整理下资料，明早发给我。第二天早上八点半，我收到了一条“小作文”式的微信消息。

“董学成，男，20 岁……”事无巨细的个人基本信息，三个完全对仗的小标题，配合上小作文结尾的一句“昨天有事耽误了”。看到消息后，我对着手机屏幕笑了出来。我说：“那你给我发几张近照吧，我到时给采访稿配张图。”

于是，我收到了各种“神奇”构图、奇怪角度的高糊人像。“你不会报考清华大学直博生的时候，用的就是这些照片吧？”董学成又发给了我一张报考时的证件照，照片中的他和我印象中的他判若两人。他说，报考时他的身高183 cm，体重大概也是183斤。而现在的他，只有150斤。

我想，能够有意志力减重的人，做其他事时也不会轻言放弃吧。

当我们聊到高考后学校、专业的选择时，他说也许是缘分，中南大学冶金材料类的录取位次刚好和他的排名差不多，想着试一下，碰碰运气，也就结下了如今与学校、学院的缘分。

收到中南大学的录取通知书后，董学成方才对材料学科相关专业有了一定的了解。和多数本科新生一样，初入大学时，董学成也很迷茫，并没有清晰的生涯规划。高中三年的学习压力，让刚刚获得“自由”的他对电子游戏上了瘾，以至于大学一年级上学期不仅以惨淡的成绩收场，身体更是“圆润”得一发不可收拾。

“简直是小说剧情，你是怎么逆袭的?”董学成长期“霸榜”专业第一，如今已被推荐免试至清华大学材料学院直博。要知道，成绩单中每一门科目的分数都对加权成绩有着举足轻重的影响，想要逆袭并不容易。

面对我的疑惑，董学成聊起了大学一年级下学期所学的“计算机程序设计基础(C++)”课程。“我对学习的兴趣源于此，也许代码看起来只是冰冷的字符，但对我而言却像是探索的路标。”董学成的学习热情来源于知识获取所给予的正向反馈，正是在C++课程学习期间自己所写的代码不断修改、不断尝试的过程中，董学成发现了所修课程的趣味性，也意识到了自己必须对学习有一定的主观能动性。

自此，董学成正式开启了他的“狂飙”之路。

学习成绩的上升速率与体重的下降速率开始呈正相关。董学成的体重也从“巅峰”时期的200斤重回大学刚入学时的160斤，对所修课程产生浓厚兴趣后带来的能量淘洗了他曾摆烂的思想，让他找回了自我。命运不会辜负任何一个努力的人，大学一年级结束后，董学成拿到了不错的奖学金。对他来说，这不仅是对他努力付出的肯定，也激发了他学习的欲望。

“先有兴趣，而后广博，广博而后深邃，深邃而后学有所用。”发现兴趣并追逐心之所向是董学成“逆袭”的制胜法宝。从兴趣中发掘出源头活水，在日常积累中将涓涓细流汇成浩瀚汪洋。

大学二年级是董学成进步最快的一年。他不仅拿到了多门专业课的高分，还受邀参与了学院星学会帮助其他同学理解课程内容的工作，并担任了班级学习委员。谈到学习的诀窍，董学成说："学习离不开问，我非常喜欢向老师请教，这便是我动力的来源。"

学起于问，每个人天生都有好奇心和求知欲，喜欢对不知道的事物发问，对事物发问，说明对它感兴趣。正因为有了疑问和兴趣，所以想要对事物进行探索，从而解开心中的疑问，这才有了学习的过程。

董学成对所学专业最基础的认知来源于"材料科学基础"这门课程。由于网络舆论环境的影响，许多人一听到"材料学"的第一反应就是"四大天坑"之一，没人能准确追溯"四大'天坑'"的帽子是什么时候"扣"在材料学专业头上的。在知乎和豆瓣等社交平台上，随意浏览可见天坑专业的"劝退帖"和"自救分享"。一众"报志愿咨询机构"也来拱火，"家里没钱千万别选'天坑'专业"，"生化环材专业慎入"。

面对这些并不客观的标签，董学成却显得很豁达。"学'材料科学基础'课程的时候，我并没有想过它具体的功利性用途，但是探究材料性质的过程是愉悦的，这是无法量化的。"也许专业性的知识会随时间淡忘，但始于兴趣的探索所带来的快感是与生命体验直接相关的，即使是别人眼中所谓的"天坑"专业，也有其独特的魅力。也许学习的前方正是因为未知，所以无量。

缘续：瓶颈终将突破

董学成的科研之路离不开其班导师刘锋教授的帮助。当还是本科生的他进入课题组后，最初的感觉更多是迷茫与无助。如何使用仪器？师兄口中的SEM是什么意思？如何选择研究方向？这一系列难题并没有击败董学成，他养成了"爱问"的好习惯，经常主动与老师讨论实验方案、与师兄交流专业知识。在无数次的学术交流与讨论后，他最终选择了镍基高温合金作为研究方向。

科研的过程并不轻松。从最开始的粉末制备到工艺参数优化等相关工作都需要仔细考量。实验安排一般是理想化的，等真正到了实验阶段就会有很多细节需要去调控和把握。这些都关乎实验是否成功、结果是否理想。面对这一难题，董学成有自己的秘诀："我做实验前都会有一个系统的规划，并将其制作成PPT和老师讨论，在老师的指导下逐步开展。这样既有逻辑性，也不至于手足无措。”

科研之路最熬人的不是体力上的苦和累，而是心理上的“煎熬”。毕业学年，董学成所做的实验较为基础，仅是制备粉末，测定粉末特性、成分等。但每个实验流程走完至少要三四天。在漫长的等待中，董学成已然习惯了多线程工作。

“测量粉末特性的同时也可以制备其他粉末，至少不能闲着，做科研的人很容易怀疑自我，一旦预期的数据规律无法被解释，就会怀疑自己的能力。”科研遇到瓶颈几乎是老生常谈的话题，董学成也不例外。“有时候原料卡在路上，项目就没法开展。有时候设备坏了，前面几小时可能就白干了。”说到这，董学成形容自己在研究中最无助的时刻就像一个孤独的面壁者。然而，这种面壁时刻几乎是每一个科研人都无法避免的。

“有时候测了100多个数据，只有两三个结果是想要的。”董学成如是说。虽然早已接受“出不了结果是正常的”，但他的心完全拴在了实验上。新制成的粉末性能测试优良，可以让他拥有一整天的快乐，而当被某个问题卡住，并且试了多种方法都解决不了时，他便会陷入自我否定的状态。

走出这种负能量状态并不容易，董学成选择了求助于老师。“有时候辛辛苦苦到处修改都解决不了问题，但是过来人的一个建议就可以让你茅塞顿开，所以不要回避老师。”董学成所在的课题组有两位导师，一位是班导师刘锋，另一位是谭黎明。

“我从两位老师身上学到了很多，一方面是在科研这一块要有一个乐观向上的心态，两位老师一直很强调这一点，希望我们开开心心地做科研。另一方面，也要有面对未来攻读博士学位的枯燥生活的心理准备。”科研道路上，一时的“停滞”并不会产生太大影响，重要的是拥有不断尝试并坚持下去的勇气。要知道，流水不争先，争的是滔滔不绝。

在材料研发的过程中，老师们鼓励学生将自己的发现以专利的形式保护起来。但是，撰写发明专利申请书的过程十分坎坷。“遇到的最大问题就是我们写的东西更像描述性的文字，很难让人理解。后来，两位老师便手把手地教我们专利申请书的写作方法，指导我们修改。最终，在老师与师兄师姐的帮助下，我顺利申请到了专利。”

谈及竞赛之旅，董学成说自己与竞赛的缘分始于一次偶遇。在岳麓山校区三一大楼自习的董学成偶然遇到了刘锋老师，交谈中董学成对“互联网+”大学生创新创业大赛产生了浓厚的兴趣。

随后，刘锋老师便介绍了课题组一位同样有参赛意愿的师姐给他。初战的董学成虽然生涩，但凭借着强烈的兴趣和积极的学习，在一个又一个挑灯夜战的夜里反复修改、打磨计划书，最终获得了“升华杯”校级创新创业竞赛银奖。

很快，他便投入了下一个比赛之旅，可惜的是，由于项目基础还不够扎实，大多套用前人的模板，最终止步于校级一等奖。

大学三年级时，董学成在积累了相对较多的参赛经验的同时，围绕镍基高温合金的成分设计、工艺优化、组织调控三个方面展开研究并成功获得三项发明专利授权。他决定以此为基础，再次参赛。有了之前的参赛经验，董学成顺利地进入了省级竞赛项目的角逐。省赛的成绩是实时更新的，在等待成绩的过程中，董学成的内心充满忐忑。不负众望的是，董学成负责的项目最终以小组第三名的成绩荣获第九届湖南省“互联网+”大学生创新创业大赛一等奖。

缘定：长阶逐“清”

大学期间，董学成不仅积极参加各种经验分享会，从外界汲取经验，也主动结识学长学姐并结伴参与比赛。大学二年级后，董学成便开始突破舒适圈，以队长的身份参加比赛，在一次次实践中提升自己的能力。

“当时是学期末，距离学院规定的材料提交期限只有最后几天，我那几个晚上基本没睡觉。”董学成在备赛的磨炼中，拥有了更强的定力和信念。对董学成来说，任何机会都弥足珍贵。

经历过一段“摆烂期”的董学成更加懂得珍惜时间。课前做好预习计划，课后高效利用时间完成学习任务，是他经历“涅槃”后对学习一事的切身体会。即便是没有课程安排的时候，董学成也有充实的学习计划，看文献、查资料、问问题、做作业……每一步有条不紊，踏实完成。在他眼中，时间像不同粉末堆积而成的小山，从中提炼出相同的原料，施以特定的条件烧结、处理，就能获得期望的成品。

有时候，其他事情也会打乱董学成的学习计划。不过，制订计划的他并不会被计划所束缚，只要能沉住气，一步步解决问题，同时保持效率，用他的话来说，“再多的事情也只是流水线上的一个个产品而已”。

学生工作也锻炼了董学成的能力。学生组织的工作培养了董学成的团队精神和工作能力。“我很感谢之前的学生工作经历，这让我习惯性地把老师交代的事情办好，也增强了我的决策能力。”把老师交代的事情办好，让董学成在后来的学习中精益求精、臻于完美，为其在此后的创新创业竞赛中的优秀表现奠定了扎实的基础。

保研是一场持久战，有一分耕耘就有一分收获。董学成在课程学习过程中，一直保持着勤坐第一排的习惯。他课上通过积极与老师互动保持高度的专注力，课后通过与老师交流沟通解决有疑问的难题。这种“好问”精神让他逐渐摆脱内向，开始大胆地与人交流。

当我问董学成保研有什么秘诀时，他没有直接回答我，却回忆起了谭黎明老师与他聊过的话。“谭老师经常告诫我，在学习、科研的过程中会遇到很多问题。但是身心健康最重要，哪怕最后无法毕业，也没关系。还有很多路可以走。我非常认可这句话。”即使是他人眼中的“学霸”，董学成在日常的学习中也会有碰壁的时候。遇到困难时，董学成也会打打游戏、跑跑步，发泄一下自己的情绪，但不久之后他又会“满血复活”，继续理清思绪、解决问题。“我始终相信，明天的实验肯定可以成功。”

回忆起他的保研之旅，董学成说：“到了大学二年级下学期末，我就相信自己肯定有机会保研。那个暑假，我主动留校跟着老师学习，希望能够丰富自己的经历，全方位提升自己。”

暑假过后，加权排名与综测排名均为年级第一的董学成开始搜集国内材料学科实力强的高校的信息。经过一段时间的调研，董学成的目光锁定在了上海交通大学、浙江大学、北京大学、清华大学四所学校上。

“从 5 月份开始，我就在给清华大学、上海交通大学、北京大学的几位老师发送邮件。我联系了各个研究方向的老师。开始时，邮件大多石沉大海，没有回音。”努力总会有收获，陆续有上海交通大学、北京大学、清华大学的老师与董学成进行线上面试并对他表示欢迎。在生产实习期间，清华大学的老师邀请董学成进行了第二轮面试，虽然老师对他的表现表示认可，但也没办法保证他一定会被录取。

“我也想过要不就不去清华大学了。我还是差点火候嘛。”虽然嘴上这么说，董学成还是在积极准备“互联网+”大学生创新创业大赛，希望通过取得更好的成绩来证明自己。8 月中下旬，北京大学的老师向董学成抛出了橄榄枝。

“我当时很纠结，要不要为了北京大学这块金字招牌，选择这条一定能成功上岸的路。后来，我咨询了刘锋老师的意见，意识到我对北京大学那位老师的研究方向并不是很感兴趣，且工程硕博并不适合我以后想要留在高校工作的学术追求。所以我毅然决然地拒绝了。”

之后，董学成对清华大学有了更强烈的向往。“8 月底，我再一次联系了清华大学的心仪老师，了解到他今年只有一个博士招生名额，但是很期待我报考。我知道，我的机会来了。”

面试那天，董学成紧张得连午饭都吃不下去了。

专业课面试时，董学成游刃有余。然而，到了他最薄弱的英语翻译环节，他立刻觉得自己“要凉凉了”。“我当时越读越心惊，这么多单词不认识该怎么办。好在快读完的时候，我终于意识到这是在讲‘均匀形核与非均匀形核的异同’，发现了段落的核心，我的自信也找了回来，顺利地完成了英语翻译考核。”

次日，董学成在火车上收到了录取信息，他的清华之旅即将启程。

“你好啊，清华学子。”董学成听罢笑了笑。相比于本科阶段“疯狂卷自己”的学习状态，现在的他已然适应了清华园的生活节奏。每周保证充足的时间探索科研，也保持着对生活的热爱，探索周边世界，张弛有度地感受读博时光的美好。

采访结束后，我说：“感觉你现在的心境和之前完全不一样了。现在更像是每天禅坐、心如止水的僧人。”他笑着答道：“可不就是研究‘僧’嘛。”我很喜欢他在“粉冶达人”专栏推文中的对学弟学妹的寄语：“不必强求，但不可不求。”董学成告诉我：“刘锋老师经常说，不要因为去了清华大学，就忘记自己是毕业于中南大学的了。我对这句话印象深刻。中南大学给予了我一个好的平台，带给了我极大的成长。我们在外面的言行也从某些方面代表了中南大学，代表了我们粉末冶金研究院。所以，未来的我也会更加努力，展现我们中南粉冶人的风采。”

作者：焦翊、李卉淼

05

你只管种自己的漫天花海

——访 2020 级博士研究生田甜

专注实干，为科研提供市场生命力

不疾不徐，迎接属于自己的一路繁花

粉小冶推荐语

她将国防需求作为奋斗方向，参与多项国家重点基础研究课题；以第一作者身份在 *Corrosion Science* 等国际顶级 SCI 期刊发表论文 9 篇，累计影响因子达 44；获国家发明专利授权 10 项；研究生期间获得国家奖学金 2 次、中南大学校长奖学金 2 次(拔尖奖、创新奖各 1 次)、湖南省优秀硕士学位论文、校优秀毕业生、校优秀学生等荣誉。

她以创新的思维与顽强的意志完成了研究生期间对新型超高温陶瓷基复合材料的结构设计、制备与性能研究的工作，其科研成果对热防护材料的制备与优化具有重大指导意义；以项目负责人身份申报了湖南省研究生创新项目一项，并被推荐为省级重点项目。

她就是中南大学粉末冶金研究院 2020 级博士研究生田甜。

PURI

这场采访约了整整一年。

那时，我和田甜将采访时间约到了过年期间，结果成家了的她忙着操持家里的大小事宜，一来二去就搁置了下来。

2024 年国庆节前后，田甜的师妹来办公室向我递交了他们两人的奖学金申请材料。我看到后随口说了句："田甜咋还没毕业?"过了一会儿，田甜给我发来了微信信息："我师妹说李老师今天问我为什么没毕业，一言难尽呢!"

我笑着回道："哈哈，拔尖奖选手，我以为你早就毕业了，还等着采访你呢。"

年底，田甜顺利完成博士学位论文答辩相关事宜，这次采访也终于再次提上日程。

缘起：逐阳而生的向日葵

"李老师好呀。"

田甜一开口就是甜甜的声音，让我瞬间回想起之前看到的学校研究生院微信公众号单篇推介田甜获评校长奖学金(拔尖奖)事迹时，曾一同发出的一张图。图上，田甜戴着遮阳帽，一手扯着枝丫，一手拿着园艺剪刀，甜甜地笑着修剪藤架上的花草。

"我发现你很爱种花呀，看你分享的那些照片，每一盆花都养得特别好，感觉你对花草真的很有研究!"我笑着说道。

她的眼睛一下子亮了起来，原本稍显拘谨的神情瞬间放松，嘴角上扬，露出了灿烂的笑容。"哈哈，真的吗！我真的超级爱种花，我家院子都快被我种满啦，有茶花、月季，还有木香。木香开花的时候可美了，满架子都是，香气扑鼻！”她边说边用手比画着，眼里满是对那些花草的喜爱，仿佛每一株植物都是她精心呵护的宝贝。

田甜成长于农村那片充满泥土芬芳的土地，儿时的她，在父母的关爱与支持下，怀揣着对世界的好奇。

谈及父母，她的言语间满是温暖与感激：“我爸妈是那种很朴实的人，文化程度不高，爸爸在装修队负责木工工作。他们虽然没法给我学习上的指导，但给予了我充分的自由，让我能按照自己的意愿去探索。”

这份毫无保留的爱，成了她成长路上最坚实的后盾，让她在面对未来的挑战时充满勇气。

在田甜的生活中，妹妹是个充满活力与个性的存在。聊了会儿，我说：“你真的好可爱啊，整个人都热情洋溢的。”“我有个妹妹！我妹妹比我还逗！”

妹妹和她性格不同，胆子特别大，动手能力也很强，“她很喜欢在家修这个修那个，做饺子、包包子、做手工、磨珠串”。

比田甜小 8 岁的妹妹高考后选择了护理专业。对于妹妹的这个选择，田甜十分理解。田甜曾对妹妹说：“你只要把你喜欢的事情做好，就能找到一份稳定的工作，就能养活自己，只是说你可能要比别人多吃一点苦，但是结局都会是好的。”姐妹俩相互理解、支持，亲密无间。

田甜的父母虽然学历不高，却给了她和妹妹充足的爱与支持。田甜回忆道：“他们就只有一句话，你们想要做的事情我们都支持啊，反正我们会努力给你们创造条件，到我们实在没有办法的时候，就只能靠你们自己去努力了。”

在这样的家庭氛围中成长，田甜养成了独立且积极向上的性格。

初中开始的寄宿生活，大抵是田甜成长路上的一个转折点。“刚住校的时候，我特别不适应。晚上躺在宿舍的床上，四周安静得让人害怕，陌生的环境让我格外想家，只能躲在被子里偷偷地抹眼泪。”

这段经历不仅锻炼了她的生活能力，更让她的性格越发坚韧，曾经那个遇到困难就哭鼻子的小女孩逐渐成长为一个独立、坚强的少女。

高中时，田甜的热心肠就已被大家熟知。

“我有个同学性格特别内向，课间总是一个人坐在座位上，很少主动和同学们交流。”田甜回忆起当时的情景，“我看到他孤单的样子，心里特别难受，就想着一定要做点什么，让他能更融入集体。”

于是，她经常主动邀请这位同学一起玩耍，“一开始约他去打球，他总是有些犹豫，不太愿意去，但我每次都拉着他，慢慢地，他就答应了”。在相处的过程中，田甜用自己的热情和真诚，逐渐打开了这位同学的心扉，这也让田甜收获了珍贵的友谊，更让她懂得了关心他人的重要性。

高考放榜的日子，田甜大概会一直印象深刻。她预期能取得不错的成绩，模考时即使面对最难的题目也能应对自如，可高考那几天她身体突发不适，状态不佳，导致成绩与预期相差甚远。

“但后来我想通了，复读的压力太大，而且也不能保证一定能考得更好。”于是，她决定收拾好心情，选择了湘潭的一所二本院校，开启了新的学习之旅。

本科选专业时，田甜经过了深思熟虑。“选择机械系焊接技术方向，是综合了多方面的因素的。当时学校开这个专业，招生人数少，竞争相对较小，而且这个专业在制造业、航空航天等领域有着广泛的应用前景，结合我的高考分数，我觉得它很适合我。”

入学后，专业课程为她打开了一个全新的世界。“我们属于机械与材料复合的一个方向。在第一堂材料科学基础课上，老师讲到了金属材料在不同温度下的结构变化，我一下子就被材料世界的奇妙吸引了。那些微观结构的变化，就像一个个神秘的宝藏，激发了我强烈的探索欲望。”

然而，随着学习的深入，大二时她陷入了迷茫。“那时我对未来感到很迷茫，不知道这个专业毕业后能做什么，看着身边有些同学准备转专业，有些准备考公务员，我也开始动摇了。”

为了寻找答案，她花了大量时间去了解其他专业，还向许多已经毕业的学长学姐咨询。“他们给我分享了很多实际的工作经验和行业发展趋势，让我对各个专业有了更深入的了解。”在这个过程中，她也静下心来，认真思考自己对材料专业的热爱。

“我回想起上专业课时的那种兴奋与好奇，想起自己对探索材料奥秘的执着与渴望，最后还是决定留下来。”她深知，自己真正热爱的就是这个专业，想在这个领域深耕下去。

为了追求更高的学术平台，田甜报考了中南大学的硕士研究生。“我知道中南大学在材料领域的实力很强，这里有浓厚的学术氛围、顶尖的科研设备，还有许多知名的专家学者。我特别渴望能在这样的环境中学习，接触到最前沿的科研成果。”

想象着能在先进的实验室里做研究，能向优秀的学者请教问题，她充满了动力。进入中南大学后，她积极投入到科研项目中。

来到学校后，田甜心里只有一个念头：笨鸟先飞。

她每天都在查阅大量的国内外文献，学习本科期间没有学到的专业基础知识，熟悉一个又一个大型仪器的操作。

在一个又一个实践项目中，田甜不仅掌握了扎实的专业知识和科研技能，还深刻体会到了课题组共同探究科研难题的力量。

田甜对花草的热爱，源自儿时在院子里的美好时光。她回忆起小时候的一件小事。“当时我想做一个木质小摆件，爸妈虽然不懂手工制作，但他们全力支持我。爸爸特意去寻找合适的木材，妈妈还和我一起挑选颜料，他们比我还上心。”

“我在我们家院子里种下了各种各样的花。我会小心翼翼地给它们浇水、施肥，看着它们从小小的幼苗逐渐长成娇艳的花朵，那种成就感是无法用言语形容的。”看着花儿在微风中轻轻摇曳，她的心里便满是欢喜。

研究生期间，种花成了田甜生活的主要乐趣。“那段时间，我一到放假，就会花好几个小时在院子里，研究不同花卉的种植方法，尝试培育新的品种。我种了百合、绣球、木香，以及一些叫不出名字的小花。”

说起花草种类时，田甜如数家珍。看着院子里五颜六色的花朵竞相开放，她领悟到了生命的顽强和成长的不易。每一朵花从播种到开花，都经历了许多风雨，就像我们在生活和科研中会遇到各种困难一样，但只要坚持下去，总会迎来绽放的那一刻。

“种花需要耐心和细心，每一个步骤都不能马虎。其实做科研和种花很像，科研同样需要足够的耐心和专注力，要一步一个脚印地积累。就像培育花朵一样，科研成果也需要时间和精力去‘浇灌’，不能急于求成。”

“科研压力大的时候，实验失败、论文被驳回，我的心情会低落到极点。这个时候，我就会在周末回家照顾我的那些花儿。给花儿浇水、修剪枝叶，看着它们在自己的照料下生机勃勃，所有的烦恼都烟消云散。”

离家住校期间，她不能天天和院子里的花草打照面，插花便替代性地成了她缓解科研压力的良方。

“如果用一种花来形容自己，你觉得是哪一种？”

“或许是向日葵吧！因为我总是喜欢乐呵呵的，就像向日葵一样不屈服于困境，向阳而生，逐阳而行。”像向日葵一样的田甜在科研道路上不断求索，不疾不徐地向着自己的目标坚定前行。

缘续：像坐过山车一样

2017 年 9 月考入中南大学粉末冶金研究院的田甜，从事超高温陶瓷基复合材料相关学术研究工作。田甜的科研与成长之路，犹如乘坐过山车，充满了起起落落。

初入中南大学，她便被科研的挑战“迎头痛击”。她由于本科期间实验积累匮乏，对实验设备和检测仪器操作规程的学习较少，刚刚着手课题研究时，面对实验室的精密设备，常常不知所措。

第一次使用高精度测量仪器的田甜，连电源开关在哪都找不到，更别说进行精确调试了。“看着别人操作熟练，我心里又着急又难受，觉得自己差太远了，对实验和分析工作很是迷茫，内心经常有一种很想努力却无从下手的焦灼感。”田甜苦笑着回忆道。

制作组会汇报时的 PPT 也成了她的难题，“我们课题组熊翔老师特别好，我第一次做的 PPT，文字密密麻麻的，排版毫无美感，逻辑也不清晰，根本没法用于汇报。熊老师就让我多试、多做、多练、多讲。”

田甜骨子里那股不服输的劲被激发了出来。“别人能做到的，我为什么不行！”她主动向师兄师姐请教，紧跟在他们身后仔细观察每一个操作步骤，并把重点详细记录下来。

“师兄师姐们都特别好，不仅耐心演示，还分享了很多实用技巧。”同时，她利用课余时间反复观看操作视频，不断练习。遇到不懂的地方，就暂停视频自己琢磨，或者再次向他人请教。就这样，在不断地学习和实践中，她逐渐掌握了设备操作方法，PPT 制作水平也显著提高。

几次组会后，田甜的汇报表达能力飞速提升，熊翔老师也在组会上给予了她莫大的肯定。

在田甜的科研生涯中，导师孙威是极为重要的引路人，也是硕博士科研之路上对她帮助与指导最多的人。“孙老师特别有冲劲，对我们学生真的是尽心尽力。”田甜满怀感激地说。巧妇难为无米之炊，做科研是需要不计成本而无限探索的事业。因此，每个研究生的课题研究均需要有大量的经费支持，才能心无旁骛地重复着试错、反思又重新投身研究工作。孙老师从来不限制学生对新思路的探索。孙老师通过努力申请了各类科研经费，为课题组创建了一个设备完善、实验材料丰富且委外检测资金充足的科研环境。

“有一次，我想开展一个新的实验项目，但由于设备的特殊性，课题组不具备条件。我跟孙老师说明了情况，他很快就帮我解决了设备问题，让我能够顺利开展实验。”当自身所学知识不足时，孙老师也会给她进行技术指导，同时还会为她联系相关老师，给予她向外界求助的机会，为她的科研之路扫除障碍。

在田甜对科研感到迷茫时，孙老师以彭峥为例开导她。彭峥可以称得上是学院学生的榜样，在新型超高温陶瓷及其复合材料领域的关键技术上取得了重大进展，获评 2021 年中南大学大学生年度人物等荣誉。她也曾作为国际志愿者前往非洲支教一个月，在多个方面都充分展现了中南学子的使命担当。

孙老师说：“你看彭峥，她学习、科研、公益各方面都很出色。你可以多向她学习，善于反思才能更好地成长。而且做科研不能只知道埋头苦干，得把成果展示出来，只有这样别人才能看得到你的努力。”这番话点醒了田甜，让她明确了努力方向，也明白了成果输出的重要性。

田甜的第一篇中文论文是用老师的实验数据练手写出来的，这让她初步掌握了论文写作的规范和技巧。“写那篇中文论文时，我仔细研究了很多优秀论文，学习它们的结构和表达方式。虽然是练手，但我反复琢磨每一句话、每一个段落。”

刚读研的那一年，她一直在等待老师对实验数据进行指导，却忽略了成果输出的重要性。“老师提醒我之后，我才意识到不能再等了，必须开始行动。”

自此，田甜每次都会对失败的实验结果进行分析和总结，对每一系列实验结果进行汇总和分析，不断优化实验方案和研究手段。为写好基于自己的实验数据整理发表的第一篇英文论文，田甜付出了巨大努力。

在科学研究与论文写作中，田甜一开始缺乏写作经验，但她知道笨鸟先飞，通过阅读大量理论书籍和具有行业影响力的国际学术期刊，从中获取有用的知识点并做相关笔记。

万事开头难，“数据整理就花了很长时间，从一堆复杂的数据中找出有价值的信息，真的不容易”。她说：“论文结构的搭建也很费心思，我参考了同领域的很多高水平论文，才确定了适合自己的结构。”

摘要和前言更是反复修改，“我写第一篇学术论文时，为了保证一个150字的摘要做到简要突出并具有创新性，硬是来来回回修改折腾了将近半个月，并花了三个多月撰写文章初稿。摘要和前言是论文的门面，得吸引读者的兴趣，我改了八九遍，每一遍都从不同角度思考怎样突出研究亮点”。在学习透射电镜数据分析方法时，她把相关资料打印出来，学习其数据整理的完整性与作图的美观性，同时逐句拆分其语言表述，学习其分析思路，最终通过这种笨拙的方式模仿并提升自己对该类数据的分析和写作能力。

“我每次阅读文献时，首先会评判这篇文章是否需要精读。评判依据是该文献的摘要和数据展示是否有创新性。针对精读论文，我会制作阅读笔记，同时把研究相关的创新性思维和方法用PPT的方式进行记录。等我需要的时候我就重新拿出来学习，仔细琢磨别人是怎么分析图片、怎么用语言表达的。模仿得多了，也就慢慢有了自己的思路。”随后，当她的第一篇文章被期刊接收时，她信心倍增。“我顿悟了老师所说的，只有你获得了相应的成果，你的努力才会激励你继续前行。”

随着经验的积累，她逐渐掌握了论文写作的窍门，也在不断地实验中获得了许多新的数据与创新成果，陆续发表了多篇论文。

专利申请也是田甜科研路上的重要经历。她拥有10项国家发明专利，然而申请过程并非一帆风顺。“有个专利因为被质疑创新性被驳回了，当时我特别沮丧，觉得自己的努力都白费了。”

但她没有气馁，深入研究前沿技术，与审查员多次沟通。“我查阅了大量文献，找到了很多能证明专利创新性的资料。然后向审查员详细解释，强调我们的创新之处，经过多次沟通，这个专利才被成功授权。”

2022年底，田甜靠着自己一步步的努力，终于拿下了当年的校长奖学金（拔尖奖）。

获奖后的两年，田甜将重心放在了由老师主导并与自身课题背景紧密相关的科研项目上。在与甲方的技术交流与探讨、项目申报、中期检查和结项等一系列工作中，她提升了综合能力，却也花费了大量时间，而且在各种客观因素的影响下，没能如期毕业。

田甜无奈地说："看着同届同学都能顺利毕业，我心里特别着急，特别自责，觉得自己没平衡好两边的工作。"

延期的半年中，老师希望她将手头的实验继续做好，再写两篇小论文，积累更多博士期间的科研成果。"当时压力大到极点，一边要分析数据、补做实验，一边还要写小论文和毕业论文。"

田甜回忆道："更糟糕的是，在毕业论文预答辩后返回修改的那几天，我爸爸意外受伤了，我还要照顾他。"但她没有被困难打倒，选择日夜奋战。"那几个月，除了照顾爸爸，我的眼睛几乎没有离开过电脑，每天晚上都在写论文。累得不行了，就趴在桌子上眯一会儿，醒来接着写。"

在老公的陪伴和开导下，田甜逐渐调整好了心态。"他一直鼓励我，让我别着急，一件事一件事慢慢解决。他的话给了我很大的力量，让我能坚持下去。"最终，她成功完成了小论文的撰写与发表、毕业论文的撰写与答辩。"答辩通过的那一刻，我感觉所有的付出都值了。这段经历让我成长了很多，也让我学会了如何面对压力和挫折。"

此外，田甜还以第一负责人身份申报了一项湖南省研究生科研创新项目，由于该项目的创新性，被推荐为省级重点项目。整个项目从项目书撰写、经费预算、实验设计与实施、团队建设与任务分工、数据分析与成果输出，到结项工作，均由个人完成。她从实践中学习到了项目申报、过程实施到结项工作所需的相关技能，为将来的科研项目工作积累了经验。

在科研这条充满挑战的道路上，田甜常常感受到巨大的压力。

"做科研真的很枯燥，而且经常遇到挫折，实验失败、论文被拒都是常有的事。"每次面对实验失败、成果产出慢等问题，田甜内心都承受着巨大的压力。"有段时间，实验一直出问题，我特别焦虑，晚上都睡不着觉。"她逐渐学会接受，通过与课题组同学们交流、参与团队活动等方式缓解压力。

田甜在这趟"过山车"之旅中，不断成长，变得越发坚韧。

缘定：一个组好多群

“你应该是团队中的小太阳吧，我和你说话时，会觉得很开心。”在中南大学的课题组生活中，田甜经历了许多难忘的瞬间，组内丰富的交流形式以及和老师、同学们的互动，构成了她科研生活的重要部分。

课题组里有不同功能的群，让成员们的沟通更加便捷紧密。

“我们课题组现在只有三名女生，专门有一个女生群。”田甜说道，在这个群里，女生们会分享彼此的生活点滴，交流护肤心得，讨论最近追的剧，还会倾诉各自的心事。

同时，还有一个是经常能喊得动群友一起吃饭的群。“大家在群里约着一起去吃饭，边吃边聊，有时候会分享生活趣事，有时候也会交流科研想法，氛围特别好。”田甜笑着回忆道。

除此之外，科研讨论群是大家探讨学术的重要阵地，成员们会在群里分享实验进展、研究成果，遇到问题时也会在群里求助，大家共同出谋划策。

不过，这些群也闹出过不少笑话。“有时候我都迷糊了，不知道自己将消息发在了哪个群里。”田甜无奈又好笑地说：“有次我着急分享一个科研灵感，结果发到了吃饭群里，大家一开始还没反应过来，后来发现是我发错群了，便都在群里打趣我。”

这些小插曲不但没有影响大家的感情，反而让课题组的生活更加有趣，成员之间的关系也越发密切。

田甜觉得自己是感性又乐观的人，会因为实验失败而委屈大哭，也会因为实验成功而开怀大笑。她很爱热闹，在大家科研压力较大的时候，会组织同门去爬岳麓山，去唱歌，去麓山南路美食街吃爱吃的小吃。

课题组定期举行的组会，是学术交流的重要场合。在组会上，成员们会依次汇报自己的科研进展并分享成果。田甜回忆道：“大家都很认真，会详细展示自己的实验数据、分析过程，遇到问题也会坦诚地提出来。”

组会上，熊老师、张老师、孙老师等老师会凭借丰富的知识与科研经验，给学生们提供建议和帮助。有一次，田甜在组会上提出自己在材料实验中遇到的难题，“当时我在实验中遇到了瓶颈问题，试了很多方法都解决不了，特别苦恼”。

田甜说道："没想到在组会上一说，老师们都很热心地帮我想办法。"经过热烈的讨论，她得到了新的实验思路，并按照新的思路去做，顺利解决了问题，少走了许多弯路。

除了科研上的互助，课题组的成员在生活中也相互关心。田甜在延期毕业时心情低落，师弟师妹们察觉到了她的情绪，申雨竹、余巧等师妹便经常陪伴在她身边，安慰鼓励她。他们还和其他几名关系好的同学组成了"小夸夸团队"。

"我们这个小夸夸团队可管用啦！"田甜笑着说："谁要是在科研上遇到挫折，或者心情不好，其他人就会使劲儿夸她，帮她找回自信。"大家互相打气，一起分析实验失败的原因，探讨解决办法，分享生活中的小确幸，让彼此在科研的压力下感受到温暖与力量。

在田甜所在的课题组里，像这样的互动并不少见。研究生期间，田甜负责指导楚宇昊同学的本科毕业论文。刚接到这个任务时，田甜充满了期待，但在收到楚宇昊撰写的第一稿毕业论文时，田甜却犯了愁。因为那段时间他无法返回学校实验室做实验获取实验数据，他的论文逻辑不够清晰，内容也比较单薄。

田甜看到初稿后，心里有些着急，但她还是决定耐心地指导。她找到楚宇昊，先是严厉地指出了问题："你看看你这写的是什么？这么简单的逻辑都理不清楚，我之前都教过你多少遍了！"

"我那次真的把话说得太重了，虽然现在宇昊已经硕士毕业了，但是想起那次我跟他说的话，批评他的状态，还是觉得很对不起他。"田甜严厉批评了楚宇昊后，开始一遍遍阅读手中的毕业论文，一点点地找出需要修改的内容。

于是，整理好修改意见后的田甜再次拨通了楚宇昊的电话，为自己话说得比较重而真诚道歉，紧接着详细地跟他分析了论文的结构和内容，"你要知道，科技论文最重要的就是逻辑严谨。引言部分应该引出研究问题，正文部分要详细阐述实验过程和结果，结论部分要总结研究成果。还有，你引用的文献要准确，不能随意拼凑……"

在后续的修改过程中，楚宇昊遇到了一些新的问题，他又及时向田甜请教。田甜总是不厌其烦地解答他的问题："做科研就是要一步一个脚印，不能浮躁。你觉得这个地方应该怎么改？你可以说说你的想法。"楚宇昊也在交流中逐渐找到了方向，开始认真修改论文。

经过多次修改和完善，楚宇昊的论文终于达到了要求。在这个温暖的大家庭里，老师不仅传授知识，更关心学生的成长，学生也在老师的指导下不断进步。这些故事也成为课题组宝贵的财富，激励着每一个人在科研的道路上不断前行。

组会之外，整个大课题组的毕业聚餐也是充满温情的时刻。田甜印象深刻的是，聚餐时大家都很放松，笑声不断。聚餐期间，不管是学生还是老师，都会预先准备几个节目。课题方向带头人熊翔老师以及课题组其他老师均会参与其中，和大家打成一片。虽说是毕业分别之际，有很多学生之间、学生和老师之间的离别伤感，但更多的是老师对学生的真诚寄语，以及学生对老师的诚挚感恩。

熊老师总是语重心长地对大家说："科研的道路上会遇到很多困难，但只要坚持下去，不断探索，就一定会有收获。你们都是很有潜力的学生，要相信自己。"他还会细心询问每个学生的未来规划，给予有针对性的建议和鼓励。

"熊老师虽然学术地位非常高，但一点架子都没有，特别和蔼可亲。"田甜说道。有一次毕业聚餐，大家聊到科研和学习，她对熊老师说，自己特别感谢熊老师在当年她还是什么都不懂的"小白"时不断地鼓励她，给她很多非常受用的指导意见。

在田甜看来，无论是日常的群聊交流，还是严肃的组会、轻松的毕业聚餐，都让她感受到了课题组像家一般温暖。在课题组，大家不仅在科研上共同进步，而且在生活中也相互关心、彼此支持，让她在科研的道路上不再孤单，充满力量地不断前行。

谈到未来规划，田甜说先休息一段时间，好好想想日后的道路。她希望先在材料领域的相关企业积累实践经验，"我们一定不能只做纯粹的实验室研究，要结合实际应用，通过将实验室的科学研究与市场应用相结合，为科学研究提供市场生命力"。

田甜想把自己在科研过程中积累的知识和技能应用到生产实际中，解决实际工程问题，推动材料技术的创新与发展。"我非常希望自己能在材料领域拥有独特的研究成果，为行业发展贡献一份力量，也为更多师弟师妹提供指导和帮助。”

导师孙威也十分支持她的想法。孙老师不管是在科研上还是在就业选择过程中，都对田甜给予了充分的肯定和帮助。孙老师曾鼓励她：“只要你一直努力，永不放弃，那么你就能弯道超车，超越自己，超越他人。不要放弃，大胆去尝试，你就能成为你想成为的人。”

面对即将毕业并开启新征程的田甜，孙老师也给予了非常温暖的赠言：“在将来的工作中遇到任何问题，需要老师帮助时，你都可以找老师。记住，你永远都是课题组的一员，课题组的怀抱永远为你敞开。”这番话让田甜深受鼓舞，也更加坚定了她在材料领域不断奋进的决心。她将带着家人的支持、导师的期许，勇敢地朝着目标不断前行，努力书写属于自己的科研篇章。

作者：李卉淼

06 一步步靠近硕果满枝

——访2020级博士研究生韦鸿铭

于材料领域，情不知所起，一往而深
于科研之路，梦终会成真，静待花开

粉小冶推荐语

他潜心笃学，孜孜不倦，专注于高性能粉末冶金铜基复合材料受电弓滑板的研发，开发了可与目前应用于受电弓滑板性能最优的浸铜石墨复合材料相媲美的铜-石墨-MAX三元复合材料，抗压强度、抗折强度、冲击韧性、电导率、摩擦系数和磨损率分别可达260 MPa、100 MPa、0.24 J/cm^2、10^6 S·m、0.15和10^{-6} mm^3/N·m。

他不畏艰苦，勇于创新，以攻克受电弓滑板卡脖子问题为奋斗目标，博士期间以第一作者身份在*Tribology International*等国际学术期刊发表SCI论文12篇，获国家发明专利授权5项。

他夙夜匪懈，热衷科研，注重产学研相结合，以学生负责人身份完成了在行业内具有突出竞争优势的羟基磷灰石多孔材料雾化芯的研发，并实现了产业化；开发了旋转化学镀铜制备工艺，实现了应用于射孔弹制备的钨含量为70~90 wt.%的高均匀性铜包覆钨粉的可控制备。

他就是中南大学粉末冶金研究院2020级博士研究生韦鸿铭。

PMRI

“韦鸿铭，拟申请校长奖学金(拔尖奖)。”2023 年 9 月，初次负责学院研究生奖助评优工作的我，第一次和韦鸿铭有了交集。获评这一奖项，意味着要从近两万五千名在校研究生中脱颖而出。换句话说，只有在学术科研等各个方面拔得头筹，才能成为获评的 0. 12% 的学生。韦鸿铭便是研究生群体中的佼佼者。

那时，我刚到粉末冶金研究院工作，对于学科性质与相关工作还知之甚少，对于每个人口中经常说起的“做实验”三个字所代表的任务量更是没有概念。

于是，在研究生奖学金答辩评选会这天，我便打算“悄悄地”在角落里专心听每一位申报人的答辩内容。会前，刚刚做好会务工作的我，抬眼便看见韦鸿铭站在门口等着。我说：“同学，可以进来坐。”他不好意思地说：“对不起，老师。打扰您了，我是等下参加答辩的学生韦鸿铭，我可以试着讲一下吗?”

也正是这一问，让我对韦鸿铭的参评实力产生了好奇。我想，如此有礼貌的博士研究生，对待科研工作应该更加充满敬畏。

缘起：一往而深的材料情

“你怎么天天都做实验啊? 我们这儿上班打卡的人可能都没你勤快。”韦鸿铭所属的课题组与我所在的办公室在同一栋楼里，每天上下班见到都会打个招呼，上下楼时也会聊上几句。

刚开始，我还有些不大理解，心想他到底有多少科研任务要完成，才能这么寒来暑往、日复一日地坚持。直到有一天中午，我在去岳麓山校区西苑那条街吃饭的路上，路过旁边一个也卖米粉的图文店，听到了熟悉的声音——

“老板，最简单的粉就行，吃完我回去做实验了。”

那家店离学院最近。也是在那个时候，我才真真切切地在现实生活中感受到了一个普通科研人对研究的那种发自内心的热爱。

出生于广西山区的韦鸿铭在踏上大学之路前，对各个学科和专业的认知犹如雾里看花，一片朦胧。但他对“动手制作”的热爱，却如同山间清泉，源源不断，自幼便在心底扎根。

捕鱼大爷手中那张满是岁月痕迹的网，父辈们骑过的吱呀作响的自行车，在韦鸿铭眼中，都是散发着神秘魅力、值得深入研究的“宝贝”。

每当看到新奇好用的工具，他的眼睛便会亮起求知的光芒，脑袋里开始不停地思索它的制作原理。而后，他便一头扎进自己的“小天地”，就着身边能找到的材料，一点点尝试模仿、组装，哪怕过程中遭遇无数次失败，他也从不气馁，直到亲手打造出那个令自己满意的成品，脸上才会绽放出灿烂的笑容。

韦鸿铭的小学时光是在宁静的村里度过的，学校离家很近，步行只需五六分钟。他回忆起当时的数学老师，讲起课来绘声绘色，妙趣横生，那些复杂的数学知识在老师的讲解下，变得简单易懂。后来才知道老师只是初中毕业。

每天放学后，他总是迫不及待地跑回家，拿出自己的小工具，继续捣鼓那些未完成的“作品”。

初中时，韦鸿铭的学校在乡下，单程步行大概需要 40 分钟。凭借优异的成绩，他被分到了“重点班”，也开启了两周回一次家的住校生活。在学校的日子里，学习成了他生活的主旋律。

遇到做不出的题目，他吃饭时也会眉头紧皱，筷子停在半空，沉浸在思考中；遇到背不下来的定理，他就反复在题目中运用，加深理解。

就这样，在日复一日的刻苦努力中，韦鸿铭的成绩始终名列前茅，他很争气地考上了县城最好的高中。

“我确实很喜欢读书，也是我们小学班里唯一一名大学生。可惜，我在进入大学后的很长一段时间里，都找不到努力的方向。”韦鸿铭本科就读于西安理工大学。初入大学，面对丰富多彩的校园生活和复杂的专业课程，他仿佛置身于一片茫茫森林中，迷失了方向。

或许是还没有找到专业课学习的“窍门”，那几年他的学习状态并不理想。

他经常独自在校园散步，不知不觉就走到了学校对面的西安交通大学门口。望着那扇紧闭的大门，他满心好奇，渴望走进校园，看看那些先进的实验室，感受浓厚的学术氛围，可内心的自卑与胆怯却让他一次次止步不前。

本科毕业后，韦鸿铭踏入社会，工作了一段时间。但随着时间的推移，那颗渴望继续读书深造的心越发躁动不安。夜深人静时，他常常躺在床上，望着天花板，思考自己究竟想要什么，未来的路该如何走。

经过一番深思熟虑，他终于明确了方向，决定在材料学科领域继续钻研，开启了备考硕士研究生的艰辛旅程。

功夫不负有心人，韦鸿铭成功考入昆明理工大学，成为一名硕士研究生。在那里，他仿佛找到了一片肥沃的土壤，开始尽情提升自己的实验技能。儿时爱动手组装、动脑思考的经历，为他在实验室的研究打下了坚实的基础。

踏入实验室的那一刻，他就像一只归巢的飞鸟，对材料学科有了更直观、更具体的认知。用他自己的话说，算是真正“入了门”。

在昆明理工大学的实验室里，韦鸿铭进行了无数次科研尝试。即使导师没有硬性要求，他也总是第一个到达实验室，最后一个离开。

清晨，他迎着朝阳走进实验室，打开仪器，开始一天的实验准备；夜晚，月光洒在实验台上，他还在认真记录实验数据，分析实验结果。他对实验充满了热情，每一次实验都像是一场冒险，对实验结果的好奇驱使他一遍又一遍地重复模拟实验，他完全沉浸在属于自己的科研世界里。在这里，他不仅收获了丰富的知识和科研成果，还幸运地遇见了一生的知己。他们一起探讨学术，分享生活，相互鼓励，共同成长。

硕士研究生毕业后，韦鸿铭去了火力发电厂工作。在那里，他体验到了不同的工作环境和生活节奏，但心中对做实验的热爱却丝毫未减。

每当他看到工厂里的机器设备，脑海里就会浮现出实验室里那些精密的仪器和未完成的研究课题。与家人的一次次深入交谈，让他更加坚定了继续深造的决心，家人的鼓励成为他前进的动力，给予了他攻读博士学位的勇气。

在硕士同学李小亚的引荐下，韦鸿铭攻读博士期间，有幸师从邹俭鹏教授，主要研究铜-石墨复合材料。踏入中南大学的那一刻，他的心中满是激动与自豪。

他说，有幸成为中南大学的一员是他一辈子的骄傲，能够在粉冶院浓厚学术氛围的熏陶下茁壮成长，倍感幸福。科研生活虽然枯燥，但对他来说却无比充实。校园里的一草一木、一砖一瓦，都仿佛在默默陪伴着他完成一次又一次实验，见证着他的成长与蜕变。

缘续：生活化的科研日常

作为博士研究生辅导员，韦鸿铭是我接触过的性情相对平和的博士。在他看来，虽然科研很难，但并没有给他带来过多的烦恼。

在回归实验室环境后，面对堆积如山的科研任务，韦鸿铭的眼神中从未闪过一丝畏惧，而是一步一个脚印，坚持每天一点一滴地积累知识与经验，让科研工作自然而然地融入自己的日常生活，成为不可或缺的重要部分。

“来到中南大学之后，在科研方面，真的是‘质’的飞跃。”韦鸿铭感慨道。如果说硕士期间的实验室生活是他科研旅程的起点，那如今的他已然踏上了一条高速跑道，向着更高的目标飞驰而去。

我笑着打趣道：“你可不是上了跑道，你是上了发条。跑办公室比我还勤快呢！”听到这话，韦鸿铭微微红了脸，有些不好意思地挠挠头说：“我没什么天赋，只能算是努力型科研人。我特别怕实验思路被打断，想着每天待在实验室里，至少可以保持科研的感觉，不让灵感溜走。”

在整个采访过程中，韦鸿铭给我留下了极为深刻的印象，那种“君子端方、温良如玉”的气质从他身上自然地散发出来。当我问到他与导师的关系时，他微微沉思片刻，缓缓说道：“我和老师之间的日常相处有种君子之交的平淡感，但这并不意味着我们关系不亲近。邹老师是一位非常负责且睿智的导师，在我有需要的时候，他总是能第一时间敏锐地察觉到，然后毫不犹豫地提供帮助，在我的科研事业上起到了极大的推动作用。”

他眼中闪烁着感激的光芒，继续说道：“邹老师经常提到的‘言必信，行必果’这句古话，就像一座明亮的灯塔，渐渐成了我的人生箴言，时刻指引着我在科研这条充满挑战的道路上前进，也鞭策着我努力成为像邹老师一样有责任心、有担当的科研人。”

在邹老师的悉心教导和积极影响下，本就刻苦钻研课题的韦鸿铭变得更加勤奋努力，对科研工作也充满了前所未有的信心。

“如果我们课题组去聚餐，坐一张四人桌就足够了。”韦鸿铭笑着说道，脸上洋溢着亲切的笑容。他所在的课题组规模不大，只有三位同学，但组里的氛围却十分融洽，师兄弟之间的关系无比亲密。

作为高年级博士研究生，韦鸿铭深知自己肩负着责任，他希望能够带好头，带好师弟师妹，给邹老师、给课题组争光。

我说：“是的，以身作则，这一点很重要。”韦鸿铭听后，立刻认真地点点头，诚恳地回应道：“我刚才的表述不太恰当，‘以身作则’这个词更准确些。”

看着他那认真的模样，我不禁笑了笑，轻声说道：“放松一点，不要太过拘谨，咱们就是随便聊聊。”

然而，韦鸿铭却始终保持着他一贯的细心与谦逊。在整个采访过程中，他说得最多的就是：“不知道这样回答方便您理解吗？”他的每一个回答都经过深思熟虑，力求准确清晰，这种对交流的尊重和认真的态度让我十分感动。

我试图探寻他更丰富的一面，便旁敲侧击地问他是如何和师弟师妹相处的，希望找到他不那么平和、更活泼的一面。

他微微思考了一下，温和地说：“具体也没有什么特别值得提及的大事，虽然大家很少聚餐团建，但只要谁吃到什么好吃的，就会多准备几份带到办公室，大家围坐在一起，一边分享美食，一边交流科研心得，那种氛围特别温馨。做实验的周期比较长，过程中难免会遇到各种问题，大家都是‘你帮我一把、我帮你一把’的。虽然都是些琐碎的小事，没有什么特别之处，但我觉得课题组同学之间，就应该这样相互扶持，这种相处方式让我感到特别温馨。”

在韦鸿铭看来，自己从攻读博士学位至今，与这里的一切都充满了奇妙的缘分。他说：“我硕士毕业后便参加了工作，但在工作的那段时间里，总觉得心里空落落的，好像缺了点什么，浑身都不自在。”

后来，他慢慢地意识到，那份工作本身确实很不错，薪资待遇、工作环境都很好，但那并不是他真正想要的生活。恰好之前的同学来读邹老师的博士，和同学交流之后，韦鸿铭这才鼓起勇气联系了邹老师，也因此有机会跟着邹老师一起做研究，开启了人生中这段宝贵的科研之旅。

谈及对科研的看法，韦鸿铭的眼神中透露出坚定与执着：“生活中所用到的各种材料，它们的性能潜力巨大，但亟待挖掘。在研究过程中，似乎大部分实验现象都是偶然产生的，很多重大成果也是在不经意间被发现的。但科技创新绝不是偶然的幸运，它需要每一个从事科研工作的人全身心地投入研究领域中去探索，耐得住寂寞，守得住初心。”

缘定：努力自会有花开

“在科研中我明白了两件事，一件事是要对科研抱有激情，足够勇敢，只有这样才能好好地在科研这条路上走下去；而另一件事就是要抱有平常心，无论做什么事都胜不骄、败不馁。”韦鸿铭说道。

韦鸿铭十分谦逊地说着他与老师、与材料科研的缘分，却很少提及自己的努力。科研工作往往会面临成百上千次的实验失败，韦鸿铭也不例外。对于实验是否能很快得出理想结论，他似乎并没有什么执念。他说：“我想，我们都是独一无二地存在于这个世界上的，只要相信自己，勇于在自己喜欢的领域里精耕细作，认真把每一件平凡的事情做好就足够了。”

在平时的实验中，像各个成分的配比、参数的设计都是要实验员一点点尝试的。失败是常态，成功是意外之喜。在粉冶院攻读博士学位的过程中，韦鸿铭对于“不畏艰苦，勇于创新”的科研精神的理解越发深刻，并且希望自己能够在未来的科研过程中去践行、去传承。

当我问及韦鸿铭的科研规划时，他说在过去的五年时间里，邹老师给予了他很多锻炼的机会，除了自己的课题，还作为学生骨干参与了多项横向课题的研究工作，比如钨-铜合金材料、羟基磷灰石多孔材料的研究，以及撰写项目申请书初稿等。在这些过程中，他的科研视野变得更为开阔，自己的耐力与意志都得到了极大的磨炼，也提高了解决实际问题的能力。

因为韦鸿铭是我接触过的少数工作后又重返校园攻读全日制博士的学生，我对他从事科研工作的契机十分好奇。

他分享道：“要说科研领路人的话，我更倾向于是我自己。原本我是不敢来学术氛围浓厚的中南大学攻读博士的，但内心又十分渴望科研，于是鼓足了勇气、克服了内心的忐忑，才开启了博士阶段的学习生活。”

勤奋常常使我们把事情做得还不错，而要精益求精，将事情做到极致，往往需要源于内心的热爱。科研本身或许是枯燥无味的，只有对它爱得深沉，才能在取得些许突破时感受到惊喜和幸福。

在开发可应用于电子烟和医疗行业，具有生物活性的雾化芯，制备具有一定强度的高孔隙率羟基磷灰石多孔材料的时候，韦鸿铭进行了数百次试验，压制了上万个压坯，最终成功研发了能够满足电子烟雾化芯应用需求的羟基磷灰石多孔材料，得以满足产业化需求。

曾几何时，为了尽早查看实验结果，早上 5 点不到，他就赶到了实验室。他每日披星戴月地往返于住处与实验室之间。虽然这只是他的横向课题，而且压制的过程十分机械而枯燥。可是凭着他对科研的一腔热血，每一次烧结，他都满心欢喜地期待着调整参数配比后出现新的成果。

当话题聊回参评奖学金一事时，我问道，当他获评校级、院级各项奖学金时有什么感想。他说，在参评肯特奖学金（院级奖学金）和研究生国家奖学金时，内心是比较平静的，没有太多波澜。但参评校长奖学金（拔尖奖）那次，却是高度紧张的。

对于韦鸿铭来说，肯特奖学金和国家奖学金只涉及他个人的荣誉，只需要顺其自然，一点点去做好就足够了。至于最终是否能够获评，都要以平常心对待。而校长奖学金（拔尖奖）是代表学院到学校去进行参评答辩的。他很担心，最终没能获评会辜负学院老师的期望。

正如开头所述，为尽可能获得最好的答辩结果，韦鸿铭做了大量的准备。他不仅向曾获评这一奖项的同学逐一“取经”，充分了解答辩流程和细节，更是在答辩前不断地到拟进行拔尖奖答辩的会议室模拟练习。在临近答辩前的一星期，韦鸿铭每天坚持练习六七次，而当天负责会务工作的我，只是见证了其中一次罢了。

花有花期，人有时运，努力自会有花开。在山区长大的韦鸿铭对农业仍然保有极大的兴趣，对他来说，兴趣是人生最好的领航员。他愿意为了热爱去努力，努力做到极致，不苛求结果，顺其自然，静候花开。

在采访中，韦鸿铭对他博士期间的科研工作进行了详细阐述。而后，我便好奇地问到了他科研以外的生活。韦鸿铭说，科研是他日常生活的大部分，而另一小部分便是运动。

“我是真心喜欢锻炼，之前不忙的时候可以说是一周不练浑身难受的程度了，爬山、篮球、羽毛球都是我的爱好。”我有些纳闷地问道：“打篮球，是去凑人数吗?”“不用凑人数的，我就到篮球场上加入已经在打的队伍，他们也都欢迎。”

前面的采访中，我更倾向于认为他是一个内向的“I”人，没想到他还有如此外向的一面，这也让他的形象在我心中更加立体起来，而不只是前面提及的“端方君子”的模样。

他说：“换一个地方，也是在换一种心情。运动，其实是很好的放松方式，能够帮助自己调整状态、保持动力、开阔思维。运动也会增强人的自我控制感，我想，能够熟练掌控自己身体的人，也一定能够控制自己的生活节奏。”

“以我之力，追我所愿。”无论是横向课题研究中，还是在自身科研道路上，韦鸿铭始终用自己的行动，脚踏实地、奋勇争先，为材料事业贡献粉冶青年力量。

作者：李卉淼、姜雨坤

07 在成长的路上自我雕琢

——访 2022 级硕士研究生衣秋燕

小镇启程，凭坚持一路披荆斩棘
逐光前行，奋进中收获点滴成长

粉小冶推荐语

她潜心科研。硕士期间，就压电陶瓷的制备及催化应用研究，以第一作者身份发表学术论文 3 篇，参与申报国家重点研发计划项目、国家自然科学基金面上项目各一项，获评 2024 年研究生国家奖学金。

她勤勉工作，先后担任粉冶院团学会网宣部干事、中南大学易班中心干事、粉冶院本科生二支部组织委员、粉冶院研究生会宣传部部长，曾获校“优秀学生”“优秀学生干部”“优秀毕业生”等荣誉称号。

她就是中南大学粉末冶金研究院 2022 级硕士研究生衣秋燕。

PMRI

“李老师下午好，打扰您，我想就上回说的采访相关事宜与您进行简单沟通，需要 10 到 15 分钟，请问您近几天有时间吗？”

在采访前，我跟衣秋燕说，可以先把自己的过往经历整理一下发给我，我提前了解一下她的基本情况，并大概整理下采访提纲，以提升采访效率，避免浪费她的时间。我说，列条目也可以，随便写一些自己的成果也可以，想说点什么用语音转文字也可以。

秋燕向我要了一份别人的采访提纲，我本以为她只是想粗略看一下会有哪些问题，直到接到这份非常有礼貌的电话邀约。我秒回了她：“现在就有。”

“老师，我感觉自己在写这些经历的时候，脑子乱糟糟的，好多事都不知道从何说起。”电话这头的我，听着衣秋燕略带苦恼又有些焦急的声音，仿佛能看到电话那头的她微微蹙着眉，眼神中满是纠结。在知晓了她的想法之后，我深切地感受到这个女孩身上的那种认真劲儿。

“秋燕，你真的不用紧张，就当聊聊天。”

缘起：弥补出厂空白

庄河，这个名字或许对很多人来说有些陌生，但它在衣秋燕心中的分量却无比沉重。

当同为辽宁人的我在电话中轻轻问起她的家乡是大连的哪里时，电话那头先是短暂的沉默，随后传来轻柔却饱含情感的声音：“它是一个离市中心很远的地方，是一个县级市……”那语气，像是在努力寻找最恰当的词语，向我描绘她深爱的家乡。

我追问道，是不是像瓦房店那样呢？她顿了顿，接着说道："像，但是我的家乡可能没有瓦房店那么大，这个地方叫庄河。"

她把"庄河"两个字说得格外清晰，言语间满是对家乡的熟悉与眷恋。那是一种深入骨髓的情感，就像海边的礁石，历经岁月的冲刷，却依然坚定地扎根在那里。

衣秋燕毫不避讳自己"小镇做题家"的出身，"作为一个'小镇做题家'，我没有非常广阔的见识或者足够自信的姿态，处事不够圆滑，为人不够讨喜。所以我一直都在学习如何成为一个人格更加完善的人。"

初入大学校园时，这份经历带来的影响清晰可见。

那时的她，就像一只刚离巢的小鸟，面对广阔的天地，既好奇又有些不知所措。在见识和自信方面的欠缺，让她在与人交往时，总是显得不够游刃有余。

"那时候，我真的很不自信，说话做事常常不顾及别人的感受，现在想想，确实有些不懂事。"衣秋燕回忆往昔，语气中带着一丝感慨，仿佛又回到了刚入学的时候。

在她的本科生涯中，有三段学生工作经历。大一那年，她成了粉冶院团学会网宣部干事；大二时加入了中南大学易班中心，担任宣传部干事，负责值班与微信公众号推文编辑工作；大三时担任了粉冶院本科生第二党支部组织委员。她很感谢在学生工作中遇见的每位指导老师与共事的"战友"，娓娓道来从他们身上学到的东西。

在党支部参与学生工作成为她成长的关键节点。当时，上一任党支部组织委员是林钰杰老师，负责党支部手册的填写工作。林老师用一本近乎完美的党支部手册，为衣秋燕树立了工作标杆。

"看到林钰杰老师的党支部手册，我瞬间明白了做好这份工作的标准。每一页都填写得工工整整，内容翔实，格式规范。"衣秋燕说道。

那本党支部手册就像是一份珍贵的宝藏，每一页都透露着林老师对待工作的认真与负责。从目录的清晰规划，到每一次活动的详细记录，再到字迹的工整书写，无一不让衣秋燕感受到严谨与细致的力量。

从那之后，她对待工作有了更明确的目标，也学会了以更严格的标准要求自己。此后在撰写其他材料时，她都会努力做到尽善尽美。每一个字、每一句话，她都反复斟酌，力求表达准确、条理清晰。为了让材料的格式更加规范，她还专门去学习了相关的公文写作知识，不断调整和完善自己的写作方式。

与党支部书记陈林老师共事的经历，同样让衣秋燕受益匪浅。“陈林老师工作起来特别高效，自己能处理的事情绝不麻烦他人，跟着他做事，我学到了很多实用的技巧和为人处世的道理。”

在秋燕的眼中，陈老师就像一台精密运转的机器，总能有条不紊地处理各种复杂的事务。在协助陈老师开展党务活动时，衣秋燕看到他提前制订了详细的计划，合理分配任务，并且在执行过程中严格把控每一个环节。遇到突发状况时，陈老师也总能冷静应对，迅速找到解决问题的方法。

在她讲述大三参与党支部工作，受到两位老师影响，努力提升自己的工作能力，养成了高效做事的习惯，工作效率大幅提升时，我不禁赞叹：“你真的很善于从身边优秀的人身上汲取力量，而且能够将这些学到的东西转化为自己的能力，这样的学习能力和执行力太可贵了。”

同时我相信，正是因为这些经历和收获，衣秋燕在后来的求学道路上走得更稳、更远。

大四进入课题组后，衣秋燕迎来了新的挑战与成长契机。2022 年参与第八届中国国际“互联网+”大学生创新创业大赛时，作为团队第二负责人的她，承担起了撰写项目申报书的重任。

“当时项目时间紧迫，我不仅要查阅很多资料，还要反复琢磨申报书的结构和内容，新手‘上路’，压力真的很大。”衣秋燕说道。

那段时间，秋燕的视线不会离开电脑超过五分钟。通过不断的努力和完善，项目申报书逐渐成形。这段经历虽然充满艰辛，但也让她积累了宝贵的经验，为之后撰写其他项目申报书奠定了坚实的基础。

对于那年校赛的答辩环节，衣秋燕印象极深。不过，是糟糕的印象。

“那次答辩对我来说是一次很痛苦的经历。虽然大四了，但是那天是我第一次上台答辩。而且因为一直把重心放在申报书的撰写上，答辩环节准备得实在不够充分。上台后我才发现，那次答辩的主办方没有使用 PPT 的演讲者模式，而我确实对文稿不够熟悉，紧张得大脑一片空白，表现得很不理想。”

回想起当时的场景，衣秋燕仍觉得有些遗憾。走上讲台的那一刻，她看到台下众多评委和观众的目光，心跳瞬间加速。原本准备好的内容在脑海中变得混乱不堪，她结结巴巴地开始演讲，声音也因为紧张而微微颤抖。

她深知，这次失败是一次宝贵的教训，只有正视自己的不足，才能不断进步。

这次经历之后，衣秋燕开始更加积极地反思和改进。“我深刻认识到自己在答辩方面缺少经验，所以后来每次答辩前，比如李老师你知道的，这次研究生国家奖学金的答辩，我都会提前很久开始准备。”

把稿子打印出来，反复诵读。衣秋燕不仅要求自己做到熟练复述，还要注意演讲时的语气、语速和肢体语言。她还会进行模拟答辩，邀请同学扮演评委，提出各种问题，通过不断地练习，提升自己的应变能力。

衣秋燕也会根据同学们的反馈不断调整自己的回答方式和表达方式。经过一段时间的努力训练，她在后续的模拟答辩中表现得越来越出色。

尤其是在这一次研究生国家奖学金答辩中，她自信地走上讲台，用清晰的思路、流畅的语言和得体的肢体语言，完美地展示了自己的研究成果，赢得了评委们的高度评价，最终以第一名的成绩顺利获评该奖学金。

在生活中，衣秋燕也在不断学习和成长。

受朋友的影响，她开始尝试拓展自己的兴趣爱好。“有朋友跟我分享她对香水的热爱，给我讲述不同香调的特点和故事，我觉得特别有意思，就也想尝试一下，说不定能发现新的乐趣。”

于是，闻香买香水成了她生活中的“to do list”。她利用课余时间查阅各种香水资料，了解不同品牌的历史和特色。她还会前往线下专柜，亲自试香，感受不同香水在皮肤上散发的独特气息。

同时，衣秋燕在“E 人”室友的带动下，开始走出宿舍，参与各种活动。“以前我的周末大多是在忙碌或者宅着中度过的，跟着室友出去玩之后，我才发现原来周末生活可以这么丰富多彩。”

他们一起去爬山，在攀登的过程中欣赏沿途的风景，感受大自然的魅力。当他们登上山顶，俯瞰脚下的美景时，衣秋燕感受到了前所未有的自由和放松。

他们还会穿梭在大街小巷，品尝各种美食，从街头小吃到精致甜点，每一口都是生活的甜蜜滋味。在品尝美食的过程中，衣秋燕不仅满足了自己的味蕾，还了解了不同地方的饮食文化。这些经历让衣秋燕变得更加开朗，也让她重新认识了身边的老朋友，收获了许多美好的回忆。

一路走来，衣秋燕通过不断学习和自我提升，努力弥补自己的“先天不足”。她从一个略显懵懂的小镇女孩，逐渐成长为一个在学习、工作和生活中都能独当一面的成熟青年，在成长的道路上留下了坚实的足迹。

缘续："我只是闲不住"

在衣秋燕的生活里，“闲不住”早已成为一种刻在骨子里的特质。也正是这种“闲不住”的特质，驱使她不断在各个领域忙碌，绽放属于自己的光芒。

“有时候，我很感激自己这种‘闲不住’的状态。”回想起大一时光，刚踏入大学校园的衣秋燕对未来充满了好奇与期待。

那时的她，看着校园里丰富多彩的社团活动，心里痒痒的。“当时就想着，大学是一个全新的开始，一定要好好利用时间，让自己的生活充实起来。”怀着这样的想法，她毫不犹豫地加入了院团学会。

在院团学会的日子里，她积极参与各种活动的策划与组织，虽然因为一些个人因素，这段经历并没有持续太久，但她心中却种下了一颗渴望忙碌的种子。

“尽管我只在这里待了一年，但这段经历让我感受到了忙碌带来的充实感，也让我明白了自己不喜欢无所事事的状态。”

到了大二，这颗种子开始生根发芽。在中南大学易班中心的面试现场，当被问到为何想要加入时，衣秋燕给出了“我不喜欢闲下来的生活，我想找点事做”的回答。

后来，她顺利成为易班宣传部的一员，开启了一段更为忙碌且充实的旅程。

在易班工作期间，值班和编辑微信公众号推文成了她生活的重要组成部分。每一次值班，她都认真对待，耐心解答同学们的问题。而对于微信公众号的推文编辑工作，她更是投入了大量的精力。为了找到一个吸引人的选题，她常常在网上浏览大量优质微信公众号，关注符合大学生身份定位的各式校园内外的热点话题。

本科毕业后，衣秋燕选择继续在本校攻读硕士学位。面对巨大的科研压力，她并没有选择退缩，反而在忙碌的科研生活中，找到了更多让自己“闲不住”的机会。

“我其实也在不停地问自己：我真的能做到只专注于科研吗，答案是我不能。那如果科研以外的时间注定被虚度，为什么不做一些更有意义的事情呢？”

几番思考后，衣秋燕来到了院研究生会面试现场。

于是，在院研究生会面试当晚，她紧张又期待地找到师兄方浩煜，怯生生地问道：“现在还能报名吗？我还有机会吗？”

凭借着不错的面试表现，她成功加入了院研究生会宣传部，并担任部长一职。指导老师彭仕亨对院研究生会寄予厚望，希望他们能办出具有创新性的活动。

“彭老师特别鼓励我们创新，希望我们宣传部能办出一些与众不同的活动，给同学们带去不一样的体验。”为了不辜负彭老师的期望，衣秋燕和部门成员绞尽脑汁。经过多次讨论，考虑到研究生群体的时间安排，他们最终选择举办一场照片征集活动，希望通过收集同学们的照片，展现校园生活的丰富多彩，并为参与者提供精美的奖品。

活动策划阶段，衣秋燕亲力亲为，从活动规则的制定，到宣传海报的设计，再到奖品的挑选，她都严格把关。然而，活动发布后，参与人数却远低于预期。

“我们原本以为会有很多同学参与，可现实就摆在那里。除了研究生会的同学，参与者少之又少，大概只有十几个。”这次活动的遇冷让衣秋燕感到十分失落，但她认真分析活动失败的原因，与部门成员一起讨论下一次创新活动的改进方案。

通过这次经历，她深刻地认识到，活动策划不能仅凭自己的想法，还需要充分考虑同学们的兴趣和需求。此后，她在策划活动时，都会提前通过问卷调查、线上讨论等方式，了解同学们的喜好和建议，确保活动能真正吸引大家参与。

参与学生活动，是她大学生活中一段无比充实的经历。从最初策划时的绞尽脑汁，到组织过程中协调各方的忙碌，她付出了诸多心血。活动成功举办时，那种油然而生的成就感，以及和伙伴们并肩作战结下的深厚情谊，成了她大学生活中最耀眼的收获。

她深刻地感受到，这些经历不仅锻炼了自己的能力，更让自己学会了如何在团队中找到自己的位置，与大家携手共进。

除了学生工作，衣秋燕在科研之余还积极承担各种事务性工作。导师交办的工作，她总是爽快地接受。“我知道这些工作对整个课题组来说很重要，既然老师信任我，我就一定要把它做好。”

安排会议座位、订水果、订水、与各方沟通协调……每项由衣秋燕负责的活动事务，都被她安排得井井有条。在这个过程中，她不仅锻炼了自己的沟通协调能力，还学会了如何在复杂的事务中保持冷静，有条不紊地解决问题。

在科研方面，衣秋燕的研究方向有些“小众”。但她并没有因此而放弃，反而更加努力地投入科研工作中。

她每天早早地来到实验室，准备实验所需的材料和设备，认真进行每一次实验操作，仔细记录实验数据。实验结果不理想的时候，她会反复检查实验步骤，查阅大量的论文资料，寻找可能存在的问题。

有时候，为了得到一组准确的数据，她会在实验室里连续奋战几天几夜。“科研的道路虽然充满了艰辛，但我就是不想轻易放弃，我相信只要坚持下去，就一定能取得成果。”在不断的努力下，她成功发表了 2 篇 SCI 论文、1 篇中文 A 级论文。这些论文的发表，不仅是她科研能力的体现，更是她“闲不住”的最好见证。

“闲不住”的衣秋燕，在忙碌的生活中不断成长和进步。她在学生工作、科研等各种事务中积累的经验，让她变得更加自信、成熟。

缘定：总会有好兆头

“淼姐，我还想多说一件事，我总觉得我的内心不够强大。比如做选择时会瞻前顾后，需要别人帮我去选。”

“你真的已经很好了，不要再给自己施加压力。凡事没有对错，只是当下作出了怎样的选择。”

在写小标题时，我总觉得前面两个小标题有些悲观，在衣秋燕的人生字典里，“总会有好兆头”这几个字应当被深深镌刻，成为她前行路上的坚定信念。

无论面对科研的重重阻碍，还是就业的艰难困境，抑或是生活中的种种波折，这份信念都将如同一盏明灯，照亮她前行的道路，给予她坚持下去的勇气和力量。

其实科研这条道路，对于每一个科研人员来说，都布满了荆棘。

秋燕也不例外。她的第一篇论文投稿之旅，经历了6次被拒稿。第一次收到拒稿通知时，她受到了沉重的打击。

“那种滋味真的不好受，感觉自己的努力都付诸东流了。但我心里一直有个声音在说，这只是暂时的，只要不放弃，就一定能成功。”于是，每次收到拒稿通知，她都会迅速调整状态，把自己“固定”在实验室，一头扎进密密麻麻的拒稿意见中。她逐字逐句地分析，不放过任何一个细节，试图从这些意见中找到论文的症结所在。

无数个夜晚，当大家都已进入梦乡，她还坐在电脑前，对着论文冥思苦想，不断调整论文结构和论述逻辑。终于，她的坚持和努力得到了回报，成功发表了3篇论文。

2024年9月以前，衣秋燕从来没有计划过一定要在硕士阶段发表3篇论文去争取研究生国家奖学金。但是9月2日那天，当她的第三篇论文被接收的时候，她欣喜若狂。

“我突然觉得可以尝试一下。在申请材料提交截止日当天，我在‘Web of Science’网站上检索到了这篇论文，便觉得这是一个好兆头。”

只要坚持，就一定会迎来好的结果。

科研成果为她的学术之路添上了浓墨重彩的一笔，然而，就业挑战又赤裸裸地摆在眼前。

作为一名没有落地项目经历、专业小众的女工科生，衣秋燕在求职的道路上四处碰壁。“那段时间真的特别难熬，投出去的简历就像石沉大海，杳无音讯。甚至还有面试被爽约的情况，真的让我感到无比迷茫和焦虑。”

但衣秋燕并没有被这些现实境遇打倒，在她看来，放弃就意味着彻底失败，只有坚持下去，才有可能迎来转机。

于是，她整理好心情，继续积极地投递简历，参加各种面试。终于，在一次双选会上，她凭借在党支部的工作经历，成功吸引了一位HR的注意，对方留下了她的简历。虽然没有后续进展，却让她坚信，好兆头一定会出现。

在不断的努力和坚持下，衣秋燕终于迎来了华为公司的面试。这次，她做了更加充分的准备。她不仅仔细回顾了自己参与过的每一个项目的细节，将项目背景、实施过程和最终成果烂熟于心，并能够清晰流畅地阐述；还全面梳理了专业知识，密切关注行业动态，尤其是华为的最新动态和前沿技术。

“我告诉自己，这是一次难得的机会，一定要全力以赴，把最好的自己展现出来。”面试过程中，她沉着冷静，自信满满地回答了每一个问题。面对面试官抛出的各种“难题”，她都能条理清晰地给出自己的见解，展现了扎实的专业知识和出色的应变能力。最终，她成功拿下了许多人都梦寐以求的华为公司录用通知。

回想起之前面试 A 单位时，对方面试形式简单，只是询问了几个基本问题，根本没有深入了解她的能力；B 公司面试后便没了消息，她发的询问邮件也石沉大海；C 公司面试时，岗位又与她的研究方向并不完全匹配，让她空欢喜了一场。相比之下，这份来自华为公司的录用通知显得尤为珍贵。

“真的，只有勇敢地迈出第一步，才能在不断的尝试中找到真正适合自己的方向。”她回顾自己的求职历程时发现，从最初对职业方向的迷茫，到逐渐明确自己的目标，这个过程充满了探索与思考。她庆幸自己没有被地域、薪资等因素所局限，而是勇敢地投递简历，积极争取机会。

“这一路走来太不容易了，好在最后有一个好结果，我相信以后的日子也会越来越好。”衣秋燕的言语间满是对未来的憧憬。

在忙碌的科研和求职生活之余，衣秋燕也在日常生活中收获了许多温暖和幸福的瞬间。这些美好的瞬间，成为她心中的“好兆头”。

2024 年过生日时，师姐陪她逛宜家商场、吃重庆火锅，简单的庆祝方式让她感受到了真挚的友情。“那天我特别开心，虽然没有什么特别隆重的庆祝仪式，但和师姐在一起就是很幸福的事。”

在宜家，他们一起挑选可爱的小摆件，想象着未来生活的美好模样，每一个小物件都承载着他们对生活的热爱和期待。吃火锅时，他们分享着彼此的喜怒哀乐，那些温暖的话语和欢快的笑声，成了他们记忆中最珍贵的片段。

在课题组里，她与师兄师姐的关系也越来越融洽，大家一起逛街、品尝美食，这些日常的点滴，让她感受到了团队的温暖。

这些生活中的小确幸，与科研、就业中的坚持、收获相互交织，共同构成了衣秋燕丰富多彩的硕士生涯。她用自己的经历诠释了“总会有好兆头”的信念，也激励着身边的人在面对困难时，始终保持乐观，相信美好的事情总会发生。

即将告别中南大学，衣秋燕深深眷恋着校园里的每一个角落。在岳麓山校区散步时，“校园的每条路、每栋楼都见证了我的成长”。

在科研这件事上，衣秋燕深感主动的重要性。她回忆起这几年主动探索知识的日子，无论是查阅论文，还是在学术讲座中汲取知识，都让她不断突破自己认知的边界。面对科研的重重困难，她始终保持积极的心态，因为她明白，困难只是暂时的，只要不断尝试，就能离成功更近一步。

投身科研的日子里，她在无数个日夜里钻研。实验室里，仪器的运转声、记录数据的沙沙声、电脑打字撰写论文时的按键声，构成了独属于衣秋燕的科研乐章。即便实验一次次失败，她也从未想过放弃。每一次与课题组同学围坐在一起热烈讨论，思维碰撞出火花，难题迎刃而解时的那种兴奋和满足难以言表。探索未知的乐趣让她坚信在科研这条路上的每一步努力都是一种自我雕琢，而这些雕琢也陪伴着她一点一点地成长，让她一步一步地触摸到那个更好的自己。

作者：李卉淼

08 一个工科博士的典型七年

——访2020级博士研究生湛紫章

于高温炉下沉淀，终迎科研曙光
七年如一日坚守，方得硕果盈仓

粉小冶推荐语

他将航天关键材料的重大需求作为奋斗方向，主持/参与国家重点研发计划课题、国家自然科学基金项目等多项国家级重大课题；以第一作者/通讯作者身份在 *Composites Part B* 等国际顶级SCI期刊发表论文8篇，获国家发明专利授权10项。

他五年如一日地不断试验，在航天领域关键热防护技术上取得重大突破；以项目负责人身份完成湖南省研究生创新课题、中南大学研究生创新课题各一项。

“风物长宜放眼量”是他科研之路的信念。

他毅然选择了跨学科研究的道路，心怀热忱，步履坚定，沿途绽放出绚丽的学术之花。“踏上科研之路，或许要面对孤独的探索与外界的质疑，甚至是误解。但时代赋予了我们前所未有的机遇与资源，让我们有理由相信，未来的道路终将拨云见日。”

他就是中南大学粉末冶金研究院2020级博士研究生湛紫章。

PMRI

第一次采访湛紫章是在刚向出版社上报《对话·粉冶新青年》一书选题的时候。他是本书的第一位采访对象，也是拟定采访名单时，我在纸上写下的第一个名字。我刚刚接手学院博士研究生工作时，看着长长的五百多人的名单，目光自然就停留在了一个特别的名字上："哇，他姓湛。"

我们在一个周六的晚上对湛紫章进行了长达三个半小时的采访。采访的前半小时，湛紫章刚刚从外地学习回来。虽是周末休息日，博士四年级并已达到毕业要求的他却丝毫没有放慢自己的科研脚步，而是步履不停地为毕业后的工作生活做打算。

缘起：电子显微镜

其实每一次深度采访，都是一场与学生扎扎实实的谈心。每每采访后，双方总是更为热络。之后的一年，因为学生工作的关系，我也会与湛紫章时有联系。2024 年毕业季，他不小心摔断了手指，我调侃他："怕不是因为答辩紧张吧?"他说："毕业太激动了，怎么说也是在这儿奋斗了七年。"

中南大学粉冶院国重楼的二楼是粉末冶金国家重点实验室电镜室。那里的一台扫描电子显微镜作为检验材料性能的必备实验器材，陪伴着无数中南学子走过科研岁月。湛紫章与这台显微镜相处了 7 年。实验的失败与成功，他都是从这台显微镜中得到答案的。年轮一圈圈加深，显微镜慢慢老旧，湛紫章稳扎稳打地夯实着自己的科研功底。

2017 年 6 月，毕业季，告别，相遇。刚刚结束大学本科生活的湛紫章，没有给自己一场说走就走的毕业旅行，而是拿着中南大学的录取通知书，开始了

"新一轮"的实验室生活。初入中南大学，走进岳麓山校区，湛紫章感受到的是和本科期间完全不同的科研氛围。这里的人似乎总是匆匆忙忙，好像眼前就是努力的目标。

"院里的实验设备真的很先进，我之前没怎么见过。"刚开始进实验室时，湛紫章感受着这既陌生又熟悉的实验环境，也在向自己发问。他不知道，自己会在这里经历什么，会和这些人和物有怎样的故事。他也不知道自己可以在科研这条道路上走多远，他的未来又会是哪般模样。

刚进入实验室，湛紫章便被琳琅满目的实验器材、设备吸引住了。虽然已经成了实验室的一员，但研究生期间的科研要求远比本科期间更为严格。毫无科研积累的他对这些新奇玩意儿一无所知，想着快些"上手"，却又不知从何学起。很快，他的导师孙威和师兄便带着他走出了困境。2017 级博士研究生徐永龙，是当时课题组大组实验室里的大师兄。他手把手地教初入实验室的湛紫章做科研。同时，孙威老师也会经常到实验室来，与学生们一起做实验。

开学不久后，湛紫章初次接触了电子显微镜。由于电子显微镜数量有限，在做实验前需要提前很久预约。但这预约也需要拼"手速"，要是没有抢到好的时间段，就只能早上五六点起床去实验室。

一次，湛紫章好不容易约到了电子显微镜。在师兄的带领下，湛紫章和几位同学一起上手进行实际操作。虽是七年前的事，湛紫章还是真切地记得那天使用仪器时的紧张感。他一边操作显微镜，一边翻阅自己做得密密麻麻的笔记，生怕哪一步错了、漏了，耽误了操作，影响了结果。湛紫章花了 3 个小时才完成所有的操作，自己的衣服也汗湿了。

虽然这一次实验没有获得任何科研突破，但是对湛紫章来说，那是他第一次触摸到具象化的科研成果。"科研"这两个字不再是课本或是新闻报道中的简短词语，而是透过显微镜这个媒介感受到的触及心灵的浪漫。也正是这一次使用电子显微镜的经历，给了他极大的动力。他暗暗发誓："总有一天，我也能在这上面检测出了不起的材料。"

得益于良好的学院氛围和师门环境，湛紫章很快适应了边上课边做科研的生活。不到半年，湛紫章已经掌握了基本的实验操作与规范，从科研门外汉正式成长为"科研小白"。

从早上 8 点到晚上 11 点，没课的时候基本都在实验室，这是湛紫章从硕士研究生一年级坚持至今的生物钟。很多时候甚至需要五六点起床做实验，待到实验室的同学都收工离开，楼管阿姨开始催促时才离开实验室，结束一天的科研工作。

湛紫章的研究生生活在硕士研究生二年级时发生了转变。当时黄伯云院士团队研发的C/C复合材料成功应用于C919大飞机的刹车片上，很好地解决了耐高温材料的摩擦性能问题。然而，陶瓷材料如何抗热腐蚀依然是当时的一大困扰。

注意到这一点的湛紫章开始思考：是否有可能合成一种把耐烧蚀性能和隔热性能结合起来的材料呢？湛紫章将自己的想法向导师孙威提出后，孙老师鼓励他继续深入研究和实验。于是，他开始全身心地投入相关研究中。其间，湛紫章每周都至少使用电子显微镜进行2~3次实验，尽管每次检测出来的材料结构都不尽如人意，但他还是一次次地进行尝试。

“高兴而往，失望而归，说不感到挫败是不可能的。”正如他所说，不能因为做不出来就不做，科研的词典里从来没有“放弃”二字。从硕士研究生二年级到博士研究生二年级，湛紫章瞄准一个研究方向，花了接近4年的时间，终于合成了较好地兼具两种性能的材料。同时，他也以第一作者的身份将这种高达2400 ℃的新型隔热、抗烧蚀材料的研究成果撰写成论文，并发表在领域顶刊*Composites Part B：Engineering*上。

虽然现在不如之前那么频繁地使用电子显微镜了，但每每路过自己当初做实验的教室，看到里面在认真做实验的学弟学妹，湛紫章都会想起自己曾在实验设备前，或期待或失落或高兴的模样。电子显微镜就好像他论述科研这道大题的参考答案，他欣然地接受每一次实验结果，并不断向正确答案靠近。

粉末冶金国家重点实验室的电子显微镜和高温石墨化炉等设备，陪伴他度过了在中南大学的七年科研生活，回答了他关于实验结果的问题，也回应了他第一次使用大型仪器设备时暗自许下的誓言。

缘续：再试试吧

在湛紫章的回忆里，他的求学之路满是顺遂的印记。

本科时，课堂上的他总是全神贯注，不放过老师讲解的任何一个细节，课后也积极查阅资料，深入钻研专业知识。凭借着扎实的知识储备和优异的成绩，他一次性考上了中南大学硕士研究生。

在硕士阶段，他幸运地成为孙威老师的学生。在孙老师的悉心指导下，湛紫章的学术能力飞速提升，颇为顺利地继续攻读博士学位，“也在自己感兴趣的科研领域做出了还不错的科研成果”。

我想，这顺遂的背后，应当是他七年如一日的三点一线的生活和不断调整状态、重新出发的科研匠人心态。

每天，他都在宿舍、教室、实验室之间来回奔波，单调的三点一线生活，他却甘之如饴。面对科研中数不清的难题，他始终保持着科研匠人的心态，不断调整状态，一次次重新出发，从未有过一丝退缩之意。

当被问及为何选择来中南大学读研时，湛紫章眼神中闪过一丝怀念，缓缓说道：“我本科学校里，好多专业课老师都是毕业于中南大学的。他们都说中南大学特别好，考研的时候我也就只选择了中南大学。”

在湛紫章的描述里，中南大学就像一座学术的理想国，充满了吸引力。

回忆起自己的科研初体验，湛紫章不好意思地挠挠头，苦笑着说：“那真是往事不堪回首啊。”第一次在课题组组会上做 PPT 汇报，毫无经验的他就像只无头苍蝇，虽然提前向师兄师姐请教了，并花了整整一周时间查阅文献，可汇报结束后，还是被导师严厉批评内容不够深入。

那一刻，他只觉得脸上发烫，满心羞愧与失落。但他没有气馁，而是把这次批评当作前进的动力。

第一次向 SCI 期刊投稿时，他本以为自己的文章还不错，可没想到被不同期刊的编辑老师退回来五六次。

每一次收到退稿通知，他心里都沉甸甸的，但他没有被困难吓倒，而是认真研究编辑的意见，一遍又一遍地修改论文框架，反复打磨英语语法。无数个夜晚，他都沉浸在文献的海洋里，逐字逐句地推敲，只为让自己的研究成果得到认可。

做好科研，不仅仅是埋头做研究，而是要把自己的想法和成果通俗易懂地讲给别人听。不会做，那就从模仿开始。

于是，湛紫章开启了他的学习之路。他每天都会花大量时间从各类顶级期刊上搜集图片配色、流程图等素材，仔细研究每一个细节，分析其设计思路和表达效果。然后自己动手尝试制作、优化，不断尝试新的方法和技巧。

一开始，他做出来的科研图色彩搭配不协调，流程图也不够清晰，但他没有放弃，而是一遍又一遍地修改。到了硕士研究生二年级，经过长时间的积累和练习，他在制作科研图方面越来越得心应手。他的汇报 PPT 也因为设计精美、逻辑清晰，经常在组会上被老师们夸赞。

湛紫章巧妙地把做科研比作讲故事，他说："做科研其实就是要讲好故事，而讲好故事的关键，就在于日常的积累。每一份实验数据、每一项研究发现，都是故事的素材，只有把这些素材精心整理、巧妙编排，才能讲出一个引人入胜的科研故事。"

除了科研，湛紫章的校园生活似乎没有太多其他色彩。他清楚自己不是天赋异禀的人，只能一步一个脚印，稳稳地走好每一步。

学期内，除了上课、睡觉、吃饭，其他空闲时间他几乎都泡在实验室里。实验室里摆满了各种精密的仪器设备，这里就是他的"战场"。

有时候实验设备紧张，预约不到好时间，他就得早上五六点从温暖的被窝里爬起来，顶着寒风匆匆赶到实验室。冬日的清晨，天还没亮，路灯昏黄的光洒在校园的小路上。他骑着自行车，径直骑行的身影在安静的校园里显得格外坚定。

而有时候实验全程需要人值守，他就只能一直在实验室里等。长时间的等待既枯燥又乏味，但他始终坚守岗位，眼睛紧紧盯着实验仪器，生怕错过任何一个细微的变化。

以前的实验室条件没现在的好，有时候做实验做到很晚，一不留神就会有老鼠跑进来，吱吱的叫声在安静的实验室里格外刺耳；有时候担心实验出问题，他又得天没亮就起床去实验室盯着。在那些漫长的夜晚，实验室里只有他一个人的身影，孤独却又充满力量。

就在这样日复一日看似枯燥的日子里，湛紫章完成了初步的科研积累：12 篇 SCI 论文、7 项专利成果、1 项省级课题……这些成果是他七年辛勤付出的最好见证。

但在他看来，这七年科研生涯最大的收获，不是这些荣誉和成果，而是自己具备了独立思考科研问题的能力，并且深知自己所做的研究对国家、对社会有着重要意义。他明白，科研之路没有尽头，这些只是他前进道路上的一个个里程碑。

谈到为什么会读博士，湛紫章说自己刚进学校时并没有确定要继续深造。比起刻意规划出一帆风顺，他更喜欢顺其自然。

硕士研究生毕业时，他手里已经拿到了几份不错的工作录用通知书。在当时的就业形势下，很多人都羡慕他有这样的好机会，可他却陷入了纠结，不知道该不该放弃待遇优厚的工作，再花几年时间去“赌”一个不确定的未来。

那段时间，他常常一个人在校园的湖边散步，看着湖水发呆，心里反复权衡着利弊。

“那么，是什么让你选择了继续读博呢？”

“大概是那种在迷茫之后顿悟的获得感。”

对未来感到迷茫的时候，不妨坚持得久一点。2021 年的五一假期，对湛紫章来说是一段特别的日子。当时，一项重要实验一直没有结果，他根本无心放假休息。他留在学校继续做实验，可接二连三的失败让他感到无比迷茫，甚至产生了放弃做科研的念头。

那几天，他心情低落到了极点，觉得自己好像在黑暗中迷失了方向，开始怀疑自己是否真的适合走科研这条路。但一想到自己已经没有退路，湛紫章咬咬牙，逼迫自己重新振作起来，继续做实验。

“再试试吧！”他一遍又一遍地在心里给自己打气。没想到，就在快要放弃的时候，他成功试出了性能极佳的材料。那一刻，他激动得差点跳起来，感觉黑暗中突然出现了一道曙光。

“我开心得简直要跳起来了，马上就跑去孙老师办公室让他看！”孙老师看完后，对湛紫章连连称赞，还坚信他能写出一篇优秀的文章。

“当时有没有奖励自己一下呢？”我好奇地问。“当然没有，我的第一反应就是赶紧继续接下来的步骤，为撰写论文做准备。”他回答道。

这七年来，不是每一次说“再试试吧”都能得到想要的结果。但正是无数次的坚持，“再试试吧”让正经历科研“七年之痒”的湛紫章每一步都走得扎扎实实。

缘定：从中南启航

和中南的缘分究竟体现在何处?

或许，是在这里遇到了很好的人，经历了很难忘的事情。

湛紫章的导师孙威只比他年长十多岁，亦师亦友。湛紫章是他名下的第一届学生，是名副其实的“开山大弟子”。

在实验室里，孙老师是严谨的学术引路人，耐心指导他攻克科研难题；走出实验室，孙老师又如同亲切的兄长，时常带着湛紫章和同门一起打篮球。

篮球场上，大家挥洒着汗水，尽情释放青春活力，孙老师的精湛球技和爽朗笑声，总是能感染每一个人。打完球后，他们会一起去吃夜宵，围坐在热气腾腾的餐桌旁，抛开学术的压力，畅聊生活中的点点滴滴。

孙老师的“三杯酒”，更成了湛紫章记忆深处难以磨灭的名场面：“第一杯祝祖国繁荣昌盛，第二杯祝中南越来越好，第三杯祝大家平安喜乐。”

在一次次“三杯酒”的熏陶下，湛紫章的内心也悄然发生了变化，他逐渐将个人发展与国家需求紧密结合起来，立志要做对国家、对社会、对学校有用的科研。

2018 年的冬天，长沙的气温骤降至零下几摄氏度，冷得刺骨。

当时，湛紫章负责的一个科研项目需要做构件交结果，时间紧迫，任务艰巨。温度高达 2000 多摄氏度的炉子在烧制的 20 多个小时里，必须时刻有人盯着，容不得半点疏忽。夜里，做好了一个人通宵守炉子准备的湛紫章，正全神贯注地盯着炉子。

突然，实验室的门开了，孙威老师走了进来。

“你先去休息吧，我们轮流守着，身体才是革命的本钱。”孙老师一边说着，一边轻轻地将湛紫章往实验室的铁架子床边推去。那一刻，湛紫章的心里涌起一股暖流，他看着孙老师坚定的眼神，知道自己无法拒绝这份关怀。

第二天清晨，阳光透过窗户洒在实验室里。湛紫章醒来时，已经是 6 点多，他看到孙老师还坐在炉子旁，眼睛里布满了血丝，显然是看守了一夜炉子。

虽然湛紫章总是对孙老师强调自己已经是博士研究生了，不要把自己当小孩子看，但孙老师却总是忍不住像关心小孩子一样关心他。这份无微不至的关怀，让湛紫章倍感温暖。

如果说湛紫章和导师孙威的感情在七年的风风雨雨中越发深厚，那么他和同学们之间的情谊，则是一种“平淡的幸福”。

要湛紫章回忆和他们一起发生过什么惊天动地的大事，他或许一时说不上来。但是如果问他：第一次熬夜爬山是和谁？每天和谁一起吃饭，谁就像家人一样？那他的回答一定是“他们”。

湛紫章、徐永龙、彭峥、许俊杰和苗春茂等人，被大家戏称为“异父异母的兄妹”。他们几乎每天都在一起做实验、吃饭、运动。

入学中南大学前的暑假，提前进组的湛紫章要在学校附近租房，热心的师兄徐永龙帮他找房子、垫付房租。正式进组后，徐永龙又手把手地教他做实验、写项目书等。和他一起在实验室做实验的彭峥、许俊杰等人与他都是“饭搭子”，每天一起吃饭、互通消息、分享科研心得。

除此之外，湛紫章的课余生活也丰富多彩。他会和实验室的同学一起在长沙城里寻觅美食，从臭豆腐到糖油粑粑，每一种美食都承载着他们对“长沙 city”的热爱。他会和热爱运动的朋友一起打篮球、羽毛球、乒乓球，在球场上尽情挥洒汗水，释放压力。他会和关系好的室友、同学一起旅游。每一次旅行，都留下了珍贵的回忆……这些都是除科研外，湛紫章在中南大学青葱岁月里最宝贵的收获。

湛紫章毕业后的那个暑假，我们约了第二次深度采访。与之前不同的是，湛紫章已经多了一重“新手奶爸”的身份。“媳妇生了。”毕业典礼的前一天，湛紫章向我请了假。虽然隔着手机屏幕，可通过那条消息我还是能感受到他初为人父的满心欢喜。

“在中南有什么美好的回忆呢？”“有啊，有很多。”语言表达其实并非湛紫章的强项，让一个成天和实验器材打交道的科研人将自己的情感用细腻的语言表达出来，似乎有些强人所难。他更擅长的应当是那些他所研究的实验材料的合成步骤。开始对话时，我得到的回应大多是“嗯……是的”“其实还好”。而当我们聊起他在实验室的日子时，一说到自己熟悉的科研领域，湛紫章变成了能够滔滔不绝地说个半天的健谈者。

“其实你也挺能讲的呀。”我笑着说道。

湛紫章挠挠头后说："这是我熟悉的领域和经历过的事情。其实，我还能多说点。"

这一次和湛紫章的采访约在了线上。此时的他，已经成为湖南理工学院机械学院的专业课老师。我找了个寒暄的话头，说出的一句"好久不见"，瞬间就被他轻松地破了聊天的套路。我想着大概是他当上老师了，话匣子关不上了，便也顺着话接着聊了起来。

湛紫章说，现在自己在学校的教学和科研还是相对独立的，比如自己教授的课程是"电路"，但是科研方向是"氢能"。这两者之间的跨度有些大，虽然研究生期间的专业课基础还算扎实，但是相比于之前"超高温陶瓷"的研究方向，还是有很大的差距，自己也还在摸索期。有时压力大了，他也会在学校里走走，学校的风景很美，旁边就是洞庭湖。傍晚时分，他漫步在湖边，看着夕阳的余晖洒在湖面上，波光粼粼，心中的烦恼也会随之消散。

在湛紫章向我分享他现在的工作感受时，许是因为我也去过洞庭湖，脑海里浮现出了那些惬意美好的画面。

湛紫章在中南大学的七年里遇到的人、经历的事，塑造了他独一无二的求学生涯，让他拥有了当下的美好，也让他成长为一个更加优秀的粉冶青年。

现在的他，带着中南大学赋予他的知识、品格和结下的情谊，在新的人生道路上继续前行，书写着属于自己的精彩篇章。

第七次重读这篇稿子，我还是有些不满意。湛紫章是"对话·粉冶新青年"系列的第一位采访对象，我总觉得笔下的他远远达不到现实生活中的样子。

最近一次和湛紫章联系，聊起了"新手奶爸"的心路历程，突然也理解了打开他话匣子的不是教师这个职业，而是女儿的到来。"有了她之后，我才真正明白了什么叫责任，那种想要把全世界最好的东西都给她的心情，特别强烈。"他感慨地说。

激动、高兴、责任……女儿的到来，让他的生命有了全新的意义，也增添了许多温暖又美好的关键词。对于"掌上明珠"的未来，他希望顺其自然，只要女儿"生活开心、日子还行"就足够了；而对于自己的未来，湛紫章说："我的科研脚步，应该永远不会停止。"

即使如今身份转变，家庭与事业的双重责任压在肩头，可他对科研的热爱与执着从未改变。在他心中，科研早已不是一份简单的工作，而是一项使命。他渴望在科研的道路上不断探索，成为女儿的榜样，为国家和社会贡献自己的力量。

作者：王馨瑶、李卉森

第二篇章

生而逢盛世，青年当有为

09

逐梦人生的道路何止一条

——访2019级硕士研究生陈林

学工并济，科学研究学生工作双轨进行

人生海海，换个赛道投身科技强国建设

粉小冶推荐语

他树师者之行，坚守主责主业，守护学生成长，曾担任中南大学粉末冶金研究院2019级本科生辅导员，教育引导250余名中南学子立鸿鹄志，做奋斗者，努力成为堪当民族复兴重任的新时代青年。他求真务实、谦虚谨慎，多次获校级优秀学生工作干部、专项工作先进个人等荣誉称号。

他怀青衿之志，持初心奋勇前行，赴基层砥砺青春，在中国式现代化建设中挺膺担当；2023年被选调至广东省科技厅从事政府行政工作，参与粤港澳大湾区国际科技创新中心建设政策文件编制，完成《广东科技创新发展报告2023》编撰，参与广东省科技创新"十五五"规划编制。但走实干路，不问尺寸功。他在国家改革开放的前沿为建设科技强国贡献粉冶力量，在基层实践中绽放属于中南青年的青春光芒。

他就是中南大学粉末冶金研究院2019级硕士研究生陈林。

PMRI

沉稳，大概是每个与陈林有过交集的人对他的第一印象。2018 年，得益于中南大学社会工作类推免政策，我与陈林同期成为实习辅导员。为人处世高于实际年龄的“老到”，考虑各项事情的细致全面，开展学生工作的有条不紊，执笔各类材料的高质高效……这些优秀的品质都令同期入职的我们折服。

2022—2023 学年，对于我们这届社会工作类推免辅导员来说，极为煎熬。我们在做好学生日常事务管理工作的同时，要完成硕士学位论文的撰写并找到一份合适的工作。因此，通宵达旦成了生活的常态。

在中南大学辅导员招聘公告发出后，我与陈林也会在工作交流的间隙为对方即将面临的考试加油打气。不负众望的是，我们一同闯过了第一轮笔试关，成了各自赛道上的千分之一。出人意料的是，陈林放弃了参加下一轮考试的机会。而当我们好奇地询问原因时，陈林只是说了句：“我想换个赛道了。”

缘起：“未来，请继续指教”

2023 年 5 月，如愿成功“上岸”中南大学辅导员招聘考试的我，根据上级部门的安排，即将正式入职粉末冶金研究院。陈林作为已经在这里工作了四年的“前辈”，自然成了我“取经”的对象。不过，陈林却是在我“取经”之前，先向我道了“恭喜”，随后向我详细地介绍了单位的基本情况。

在陈林离职之后的半年多时间，我们之间并没有过多的交流。在拟定采访提纲时，我翻找了陈林的许多事迹材料，而在此过程中，我对这位曾经的同事也有了更多的好奇心。

“哎呀，好久不见啊‘陈处’。”因为陈林平日里为人处世的“领导”风范，我们十分坚信他会是同届辅导员中的佼佼者，也由此称他为“陈处”。

由此开场，自然会聊到曾经共事的时光，一聊起来也就没了时间观念。还是陈林主动提醒了我，要不要聊聊我提纲上的内容，给我提供多一点的人物素材。

2015年，从农村地区考入中南大学的陈林在一群同学中并不突出，不善于表现自己，也不怎么积极参加活动。陈林的学习底子不算差，但由于大一上学期的“贪玩”，他对大学的课程学习并不上心，在临近期末的两周才开始突击“预习”，考试成绩只能是马马虎虎，总加权成绩排名专业中等水平。

大学的第一个寒假里，陈林开始意识到他的学习不该如此。入学之初，大家几乎都站在同一起跑线上，为什么有人能够取得优异的成绩，而自己却排名中等？人生在勤，不索何获？

他开始观察身边成绩优异、能力突出的同学，感受校园内浓厚的学习氛围。渐渐地，陈林开始将更多时间和精力投入到课程学习中，频繁走进图书馆和自习室。课后立刻回顾学习内容、课后习题到深夜的陈林，享受着学习新的专业知识所带来的满足感，并且此后始终保持着这样的学习状态。

成绩虽然上来了，可是陈林却不知道未来的自己应当朝什么方向发展，向什么目标前行。他开始试着沉浸于当下想做的事，从不断地“试错”中找到自己的兴趣所在。

大学二年级开始，专业内加权成绩排名稳定在第10名左右的陈林开始尝试家教兼职，在为家教对象答疑解惑的过程中，他获得了新的满足感。这也为后来他成为一名高校辅导员埋下了伏笔。

“在学生工作方面，我最大的收获应该是在语言组织和待人接物能力上的提高。”大学中的学生工作，在很多同学甚至家长的眼中都是占据了大量日常学习生活的时间的。但在陈林看来，造成这种现象的根本原因在于没有掌握学生工作的方式方法，以至于做事效率不高，最终导致了学习时间与学生工作时间分配的失衡。他将学生组织视为能够锻炼自己能力的平台，并在相关学生工作岗位上不断成长，也因此顺利通过了中南大学社会工作类推免考核，如愿获得保研资格，成为一名高校辅导员。

逐梦科研与致力于教育事业，对于陈林来说是同等重要的。于是，大学四年级时，陈林给自己定下的目标是“工作科研两手抓，两手都要硬”。

这一年，对于陈林来说，充实且美好。初入实验室的陈林向同课题组同研究方向的博士师兄了解课题相关实验的操作流程、实验数据的处理方法以及分析软件的使用方法。较好的学习能力让陈林在科研实验中可以“快速上手”，并且有了不少研究成果。

热爱的科研工作小有起色的同时，学生工作自然也不会落下。陈林在粉末冶金研究院学生工作办公室实习期间，协助辅导员处理学生日常事务与党支部工作。学位授予仪式、毕业生晚会、预备党员转正大会……陈林的身影穿梭在每一场活动、每一次会议，在“两手抓、两手硬”的目标驱使下，按部就班地前行。

缘续：做“烧炉子”的辅导员

陈林硕士期间的研究方向是钠离子电池正极材料。正极材料是钠离子电池的重要组成部分，直接影响着电池的性能。正极材料的制备、钠离子电池的组装、材料和电池性能的测试等每一个实验流程都需要投入大量的时间和精力。科研梦与教育梦之间的平衡很难把握，陈林一直在摸索着如何做一名“烧得一手好炉子”的成熟辅导员。

2019 年 8 月 30 日，陈林作为新生辅导员开始迎接要与他相伴四年的大一新生。大一新生对学生工作充满好奇，也充满顾虑，陈林便会给他们讲他本科阶段的故事。

“很多同学由于不能够很好地处理学生工作而产生焦虑，进而影响到正常的学习。这就要求我们学会提前安排各项工作，规划好时间。要留出足够的、整段连续的时间用以学习，充分利用好各种空闲的、零碎的时间完成琐碎的工作。不要把工作上的情绪带到学习中去，也不要害怕工作学习一肩挑会很辛苦，适当的辛苦才能激发你的潜能。”

基于专业的相似性，陈林将自己的成长故事分享给了他的学生们。而学生们也受到陈林的鼓舞，实验室、图书馆、自习室……总能看到他们的身影。

学生工作日常与个人课程学习的平衡，是我们每一个四年制辅导员必须把握却也最难把握的事。陈林在这一点上做到了两者兼顾。2019 年年底，陈林的“数值分析”课程结课考试在即，他的学生们也在备战期末考试。有的学生偶有懈怠或是难以坚持，便来找“林哥”想想办法。陈林想着自己是不是试着做学生们的“学习搭子”，陪他们一起复习、一起考试呢。

有了这个想法的陈林，当天晚上便行动了起来。每晚复习前都会拍下自己学习的照片并发到年级群，而学生们也在“辅导员学习搭子”的陪伴下度过了学期末的时光。

“该松松，该严严。”陈林的学生吴娅雯在他的影响下，也成了一名四年制辅导员。她眼中的陈林，在学生工作中是严慈相济的。在一件件日常小事中，充分尊重和理解学生的陈老师，越来越受学生喜爱。

党支部党员档案材料的清点、审查，学生事务中各项数据的统计，各项会议的组织、筹备……细心、靠谱，是每个与陈林共事过的师生对他的印象。陈林用心对待身边的每一个人，对学生的事尤为上心。

当家庭情况复杂、学习基础相对薄弱的小 A 同学受到突发事件的打击几近崩溃时，陈林会一晚又一晚地耐心倾听小 A 同学的诉说，陪伴小 A 同学度过最难熬的时光，帮助小 A 同学重新找回生活的信念；在得知大学一年级专业分流后来到粉冶院的小 B 同学两门课程成绩不及格后，陈林第一时间找到他，与他促膝长谈，从刚开始小 B 同学的抗拒到逐渐接受学业帮扶，陈林不仅为小 B 同学找到了与他学涯经历相似的高年级同学传授经验，更是在小 B 同学每一次需要帮助时，第一时间帮忙解决问题……

250 余名学生，4 年朝夕相处，1000 余次谈心谈话，陈林从未有过懈怠。而他也在陪伴学生成长的过程中，对学生工作有了更多的理解。

陈林搬家时，请年级所有班的班长到他的新家聚餐。大家齐心协力，一起做了一顿团圆饭。那天，陈林说：“有这么多弟弟妹妹在，真好。”

缘定：坐不热的“科研冷板凳”

繁杂、琐碎是学生日常事务管理工作的基本特点。在学生时代，学生干部因职务的不同，只需要承担某一部分或某一类型的工作。如分团委组织部部长、班级心理委员等，会相对明确需要承担的工作内容。但作为辅导员，负责学生体量的庞大、学生组织架构的复杂……这些都要求我们有宏观把控思维、及时调度的能力。

随着陈林任职时间的增长，这些工作的完成度要求也在提高，科研梦与教育梦的平衡天平也随之逐渐倾斜。无奈、焦虑、艰难，这些从来不属于陈林的感受，在硕士研究生毕业年级被无限放大。毕业与就业的双重压力，让担任本科毕业年级辅导员的陈林不得不作出取舍。

“周期。‘烧炉子’需要完整的周期。工作摆在那儿，很难有完整的两周时间待在实验室。往往是周末刚进入实验状态，就被工作打断了。”在陈林学制内的最后一学期开学前，他终于发表了自己研究生阶段的唯一一篇科研论文，获得了毕业答辩资格。

我的毕业预答辩时间与陈林的接近，都在当年中南大学事业编辅导员招聘第一轮笔试前一周。我们第一轮笔试的内容和公务员考试相似，是行政职业能力测验与申论。对于从未系统学习过相关考点的我们来说，是莫大的挑战。

白天上班，下班做题，通宵写论文已经成了我们每日的固定作息。第一轮笔试结束后，我与陈林等同届考生在考场外相遇。每个人都是遮不住的疲态，考卷上交意味着无论考试结果如何，我们为了自己正在热爱或是曾经热爱的岗位所作出的努力在那一刻画上了一个圆满的句号。

等待第一轮笔试成绩的那一周，大概只有陈林对考试结果充满信心。国家公务员考试，广东省、湖南省、四川省、重庆市选调生招录考试，湖南省公务员考试……陈林的笔试成绩始终在考生中名列前茅，他甚至通过了上述所有考试的笔试。

随着中南大学事业编辅导员招聘第一轮笔试的落幕，陈林将生活重心转移到了毕业论文上。他不仅是为了能够顺利毕业，更多是为自己曾立下的“两手抓、两手硬”目标做一些“弥补”。

幸运的是，我与陈林都顺利入围第二轮笔试，成了“冲出重围”的人。

五年前，他在与我们聊天时曾说，自己在科研的道路上也许很难有所突破，但他期待十年之后仍能留在中南，在他热爱的岗位上发光发热，做出成绩。陪伴一届又一届学生追寻科研梦的陈林却选择了放弃下一轮笔试资格。

当我问及陈林最终选择放弃中南大学事业编辅导员招聘第二轮笔试资格的缘由时，他沉默了半天后答道：“其实，放弃机会比争取机会难多了。”

当时的陈林在放弃了诸多橄榄枝后，留下了三项选择。A 项是在他湖南省公务员考试“上岸”后，回老家市委办做公务员；B 项是遵循五年前许给自己的陪伴学生追逐科研梦的愿望，继续做中南大学辅导员；C 项便是以广东省科学技术厅 2023 年度选调生的身份，前往国家改革开放的前沿、科技创新的高地——广东省从事政府部门的行政工作。

无论是这三项选择，还是已被陈林放弃的其他选项，对于其他应届毕业生来说，都是巨大的机会。在我们眼中，陈林始终是“学霸”“面霸”。在我们这一届社会工作类推免辅导员参加应届毕业生招聘这一年，“被陈林卷到了”等类似感慨成为我们私下聚会的高频语句。

陈林仔细思考后，选择了 C 项。他知道自己的求学路上，在实验室安心坐冷板凳的时间并不够长，取而代之的是习以为常的行政工作。从事政府部门的行政工作，也许是陈林追逐科研梦的最好方式。

2023 年 6 月，陈林与学生工作的故事正式完结，但与中南大学的故事却依旧继续。2023 年国庆假期，陈林回到母校，与曾经的同事们聊起往事、聊起新的工作生活。2024 年春节假期，我与陈林借着采访的由头，断断续续聊了五六个小时。之后，又打了几次“长电话”。

在这些未断线的联系中，我们了解了陈林在新城市、新岗位的工作节奏，面对新圈子、新朋友的生活节奏，陈林也知晓了他原工作单位新入职的同事、发生的新鲜事。2024 年底，按照广东省选调生工作办法，试用期满后，陈林前往广东省河源市东源县进行为期两年的基层锻炼。驻村工作期间，陈林克服心理关、生活关、语言关、人际交往关，紧扣“扎根基层、服务振兴”主线，深化调研走访，摸清村情民意，为乡村振兴注入新时代粉冶青年的青春活力。

对陈林来说，政府部门的行政工作或许没有辅导员日常工作那么繁杂，但经常绞尽脑汁写材料、马不停蹄出差调研的常态也并不轻松。广州虽然是有着中国“南大门”之称的世界一线城市、国际商贸中心，但不一定比长沙更具青春活力、更加美丽宜居。当然，这些都不会决定他是否幸福快乐，因为重要的是在人生赛道上的逐梦体验。正如他的选调宣言：不忘初心，砥砺前行，为建设科技强国贡献青春力量！

作者：李卉森

10 戎装虽卸，志不灭[①]

——访 2020 级本科生方乾勇

心向戎装绿，于千锤百炼之中拔节成长
退伍不褪色，于学业挑战中且行且从容

粉小冶推荐语

他，曾服役于南部战区陆军某部队，在陆军第四综合训练基地新兵连期间，由于表现优秀，获评“优秀新兵”“优秀学兵”等称号。

分到单位后，他跟随连队参加了东部联合 2022 系列演习任务，并圆满完成任务。下连三个月后，因年度工作表现突出，能力素质过硬，在 2022 年底被评为“四有”优秀士兵，并获得嘉奖一次、集体三等功一次。

服役第二年初，他积极参加各项活动，获得旅篮球“决胜杯”第一名、党的二十大知识竞赛第二名、建党一百周年演讲比赛特等奖，在文化集训队考核中名列前茅。在一次实弹射击中，他完成 60 mm 迫击炮首发命中的任务，并获评“神炮手”。

在年终考核中，他成绩突出，军体运动会中军事体能达到特三级水平，引体向上达到旅决胜尖兵水平，是一名当之无愧的优秀战士。

他就是中南大学粉末冶金研究院 2020 级本科生方乾勇。

① 本文为初稿执笔人洪子璇的采访视角。

PMRI
2022
FQV

第一次听闻方乾勇这个名字是在2024年春季召开的应征入伍学生欢送暨退伍学生欢迎座谈会的微信推文中，方乾勇作为退伍学生代表发言。

他留着利落的板寸，身披红色的光荣退伍绶带，拿着话筒，通过两年军旅生活中的一个个精彩故事，畅谈了军营历练的丰富收获。

联系到方乾勇后，方乾勇很客气也很配合，我们很快就约定了采访时间。

“好的，那首先进行一个简单的自我介绍吧。”我本以为一位如此优秀的退伍军人，相处起来会很严肃，很难亲近，会有较强的距离感。没想到，方乾勇非常随和，不一会儿就打开了话匣子，将过往经历一一道来。

当他分享有趣的事情时，我的嘴角也不自觉地上扬。

缘起：那就闯一闯

对方乾勇来说，退役复学后的学校生活既熟悉又陌生，依旧亲切的环境，已然改变了的心境与生活节奏。重返校园后的他更加珍惜眼前的学习机会，在以更坚定的态度面对学业挑战的同时，也依然对过去两年的军旅生涯念念不忘。

谈起想要参军的原因时，方乾勇的言语中满是坚定。他说，一方面自己从小对军营生活充满向往，梦想成为一名军人，渴望感受那份荣誉与责任；另一方面，他也希望通过参军去看看部队的风景，体验一种截然不同的人生。在他看来，大学生活虽然美好，但有时也会让他感到迷茫和无所适从，仿佛缺少一个明确的目标。因此，他渴望走出舒适圈，迎接新的挑战，让自己的人生更加丰富多彩。

然而，对于方乾勇的选择，家人有不同的看法。他的母亲担心他性格要强，在部队或作战单位可能会受伤，更希望他能安安稳稳、按部就班地完成学业。相比之下，他的父亲则持支持态度，认为男孩子应该多经历一些磨炼，勇敢地去闯荡一番。方乾勇坚定地说："我也是这样觉得的，青春的热血就是要挥洒一下，不能总是安于现状。"正是这种对未来的渴望和对自我的挑战，驱使着方乾勇坚定地走上了参军的道路。

方乾勇的参军过程并非一帆风顺。2020 年入学中南大学后，他一心想着要去部队，要当特种兵，要干出一番事业来。然而，命运似乎并不打算轻易成全他的梦想，连续三次征兵体检未通过让方乾勇陷入了深深的迷茫和挫败感中。他一度感到前路渺茫，但他不想因为没当过兵而遗憾终生，因此内心深处的那份执着和对军营的向往从未消退。他第一时间加入了中南大学军训教官自训营，通过自训营的课程了解军事教学法，掌握基本军事技能，而后以带训教官的身份，完成每年的新生军训任务。

在完成 2021 级新生军训带训任务后，方乾勇立即进行了近视矫正手术，并在家进行了为期一个月的科学调养，以确保身体达到最佳状态。其间，他不仅注重身体恢复，还加强了心理准备，坚定信念，为再次参军做好了全面的准备。功夫不负有心人。2022 年 3 月，方乾勇终于如愿以偿，从原籍顺利入伍，正式开启了他的军旅生涯。

终于到了自己心心念念的地方，方乾勇对所有东西都充满了好奇。也正是因为心心念念了太久，方乾勇在去部队之前做了非常充足的准备，同时也预想了可能出现的各种糟糕情况，提前学习纪律、提早感受军旅生活，因此方乾勇并没有很强烈的不适应感，反而如鱼得水，与其他新兵相比，对入伍初期各种训练和考核都游刃有余。

每天早上六点起床，先出早操，七点左右带回，然后开始整理内务、叠被子、打扫卫生。七点半左右集合吃早饭，八点准时开始训练。十二点带回，准备吃饭。午休时间从下午一点到两点。两点半再次集合继续训练，五点带回后进行体能训练，六点吃晚饭。晚上七点出去夜训，通常九点集合点名，点名结束后大约九点半回去洗漱、打扫卫生，准备睡觉。这就是部队里普通的一天。

不过，单位的作息有时候会有些变化，特别是有特殊任务或夜训的时候。有时候夜训会持续到凌晨两点，甚至从凌晨三点持续到当天下午四点。这种情况下，作息时间会改变，强度也会相应调整。尽管如此，方乾勇和战友们依然保持着高度的纪律性和责任感，无论多么疲惫，都坚持完成每一项任务。这种严格的作息和高强度的训练，不仅锤炼了他们的体魄，更磨炼了他们的意志，让他们在军营中迅速成长，成为钢铁般的中国军人。

在谈到集体生活带给他的体会时，方乾勇满是感慨。他说，自己的性格本是比较浮躁的，以前也总是喜欢一个人做事，不断提升个人力量，力求做到极致。但是到了部队之后，他才发现原来不是一个人在战斗，而是有战友和整个集体的支持。他意识到，一个人的力量实在是太单薄了，而集体的力量却强大得多。每个人的性格都不一样，虽然有些人身上有他不喜欢的一面，但每个人都有值得学习的地方，即使是那些不起眼的人，也有闪光点。

"而且，一起生活、一起吃苦的感觉真的很不一样，一起吃的苦越多，感情就越深。"方乾勇说。

缘续：光环下的锤炼

刚入伍后，方乾勇"顶着双一流高校大学生的光环"，无论做什么事都比别人多了一份压力和韧劲。他始终告诫自己，在部队里自己代表的就是中南大学，当兵就要当一名优秀的士兵，无论在哪里都要展现中南学子的精气神。因此，无论是哪个科目，方乾勇都拼尽全力去练习，每项技能都反复磨炼。最终，在新兵连结业考核中，满分 700 分，方乾勇以 698 分的成绩荣获"优秀新兵"称号。

在部队里，体能水平分为多个级别，从优秀到特级，分数越高越厉害。考核包括四个项目，总分为 400 分：单杠 30 个满分，仰卧起坐 87 个满分，蛇形跑 18.1 秒满分，3000 米跑 11 分 30 秒满分。这些标准听起来已经非常严格，但在部队中，满分的概念远不止于此。方乾勇告诉我，在外面，满分一般都是 100 分，但是在部队可以超过 100 分。优秀是 90 分，优秀之上可以达到 100 分，但你如果比满分还厉害的话，就可以继续加分。体能特三级为 440 分，二级为 480 分，一级则为 520 分。方乾勇感慨道："就感觉没有极限，你只要愿意努力，就可以一直向着更高分数冲刺。"

部队的作息非常规律，每晚十点准时熄灯。但方乾勇通常是晚上十一点半才上床。“我喜欢晚上给自己‘加点餐’，有时候累了就看看书。不过在部队，晚上不能开灯，不能有任何光亮，我就偷偷跑到走廊里加练体能。每个项目我都有针对性地训练了很久，就是为了在来年年初比武时能拿个好成绩。”练完一个小时后，冲个澡，然后上床睡觉。基本上两年都是这样过来的。

就这样，方乾勇每天中午加练技能科目，晚上加强体能训练。最终比武中，他的各项技能都达到了优秀，体能科目都是满分，引体向上达到了尖子水平，体能达到了特三级。

方乾勇回忆起他在部队的第一年，说那段时间虽然有很多东西需要学，体能也需要加强，但并不觉得枯燥。他说：“每天累得不行，但能学到新东西，还能看到自己的进步，感觉挺充实的。”到了第二年，情况就不一样了。体能已经变得更好，很多任务都能轻松完成，每天重复同样的事情，自己没什么进步，有点像磨洋工，感觉生活枯燥起来。方乾勇说：“在这种情况下，最重要的是找到自己的方向。很多人到了第二年就不知道干什么了，等着退伍。但我有自己的想法，在觉得枯燥的时候，我会报名参加各种比赛和培训。”

集训的周期一般是两到三个月，强度很大，很少有人主动请缨。“我去过许多地方集训，每次集训都会有新的提升。平时都是备战练兵，打演习时训练强度会更大。每年都要打两三场演习，去的地方不同，遇到的挑战也不相同。”

方乾勇提到，印象最深刻的还是那些集训和比武的经历。“那时候每天都练得很狠，对自己特别严格，而且从来没怕过。”方乾勇的手上总是长茧，剪了又长。“每次训练完，手上都是泡，但没办法，自己选的路，无论如何都要走完。”他笑着说，“不过我还是挺喜欢部队的，感觉自己很适合部队。特别是作战单位，能让我体能好，技能强，能打仗，能打胜仗，这就够了。”

方乾勇讲述起第一次在海上参加演习时的经历。当时船竟然翻了，大家都掉进了海里。还有一艘挺大的冲锋舟，能坐三十个人，也被掀翻了，甚至有两个战友直接被压在了船下面。

方乾勇蒙了一下，但反应还算快，赶紧跳了下去。也许是因为穿了救生衣，方乾勇并不慌张。“关键是手里还抱着武器，武器可不能丢啊。我不会游泳，抱着枪漂在海面上。那时候再慌再害怕也没用，而且有那么多兄弟陪着呢。”

当时那两个战友被压在船下面，如果没有救生衣和武器，他们会游泳的话，或许能游出来。但他们抱着救生衣和武器，根本游不出来，于是只能在下面等着。还好这是集体训练，大概十几分钟后，很快有人发现船翻了并赶来救援，如果再晚一些，他们俩可能就危险了。

方乾勇又回忆起学游泳的经历，讲得津津有味。

他说："游泳是在营区里的一个绿池子里学的。学游泳的过程简直太快了，一天就学会了。那天早上，我找了一个会游泳的班长，告诉他我想尽快学会游泳。于是班长带着我来到了一个水深两米的绿池子。"

班长的性格和方乾勇很像，非常直接地告诉方乾勇没有什么动作需要做，也不需要活动身体，直接跳就行。于是方乾勇当时就毫不犹豫地跳进了绿池子。"扑通"一声后，方乾勇咕噜咕噜喝了 10 秒钟的水，然后被班长拉了起来。

"再跳一次。""继续跳。""再来。"反复跳了一早上，方乾勇就喝了整整一早上绿池子里的水。别人开玩笑说这池子上面都有青蛙在漂，班长就说：青蛙在这里教你游泳呢！

当天下午，方乾勇又去浅水区试了一下，结果突然就学会了游泳。我说那看来简单粗暴的方法也是真的有效。方乾勇道："反正我觉得这样挺好。小时候不敢下水，水性很差。现在水喝饱了，水性也就出来了。"

"这些经历让我成长了很多，特别是性格上。以前我不是一个很安静的人，但退伍后，我安静了很多，做事也更简单高效了。"方乾勇笑着说道。

缘定：人生当有"迷彩绿"

2024 年 3 月 13 日，中南大学举行了 2024 年春季应征入伍学生欢送暨退伍学生欢迎座谈会。方乾勇作为退伍学生代表发言，通过一个个精彩的故事，回顾了两年军旅生活的精彩瞬间，畅谈了在军营历练中的丰富收获，并勉励新入伍的同学再立新功、续写荣光。

退役复学后，出于对军旅生活的情怀，方乾勇又回到了中南大学军训教官自训营，参与国防动员和学生军训工作。虽然曾经的老友们都已经退队了，但是在一届又一届加入自训营的新人中，方乾勇又看到了自己当年的影子。在自训营中，方乾勇和新同志们分享自己在部队的所见所闻所感，和大家一起交流带训的经验和故事，也和大家一起圆满完成了2024级本科新生的军训带训工作。

“刚入学带训时，更多是凭借热情和自身的身体素质优势，方法较为简单直接。而退役复学后带训，会运用在部队学到的科学训练方法，结合自己在部队的带兵经验，根据不同同学的体能状况制订个性化计划，更注重培养同学们的纪律意识和团队精神，在训练中融入军事文化教育，科学带训，以情带训，提升训练的质量和效果。”当我问到退役复学后带训与刚入学时有何不同时，方乾勇认真地给了我答案。

谈及退伍后最大的收获，方乾勇以一种坦诚而深刻的口吻分享了他的感悟。对他而言，最实际的莫过于那经过部队锤炼而获得的强健体魄与稳定情绪，这份收获无疑具有深远的意义。在部队的日子里，他不仅接受了身体上的严格训练，而且经历了精神上的磨炼。

在学校与部队之间，方乾勇感受到了两种截然不同的生活节奏。他认为，在部队中，需要时刻保持高度的警觉和服从命令的纪律性。而从部队回到学校，只需要以一种平和的心态去融入新的环境。进入校园，方乾勇很快重塑了自己的心态，尽管在学习上不如他人，但他始终保持着韧劲和耐心，从不畏惧任何困难。

退伍后，方乾勇的生活变得更加简单而有规律。他依然保持着在部队时养成的简朴生活方式，无论身处何地，都坚守着这份原则。每天清晨，他都会准时起床，迎着晨曦去跑步锻炼；晚上，他同样会坚持跑步，在操场上尽情挥洒汗水。尽管跑步并非他最爱的运动，但为了保持强健的体魄，他始终如一地坚持着，在奔跑中释放压力，享受独处时光。2024年10月，他参加了长沙马拉松。

在作息方面，方乾勇努力适应学校的作息时间，虽然学校的作息相较于部队的严格规定宽松，但他依然保持着规律的作息习惯。晚上，他会在12点左右就寝，确保充足的睡眠；早上，他会在6点左右起床，迎接新的一天。这种规律的生活让他感到无比舒适，仿佛找到了一种熟悉的安定感。

退伍后，方乾勇时常怀念部队的生活，喜欢看军事题材的电影和纪录片，回顾军旅岁月。但他也深知自己已经完成了想做的事情，心中充满了满足与自豪。回到学校后，他结识了许多年轻、充满活力的新同学，与他们相处得十分融洽。特别是在退伍后，他更加珍惜生活的简单与纯粹，以一种淡然的心态去面对人生的每一个挑战。

现在的他，凭借在部队培养的组织能力和责任感，主动承担起活动中的一些任务，如组织班级团建的拓展训练环节，或是在各类竞赛活动中为团队出谋划策，与同学们的关系也更加紧密，成为班级凝聚力建设中的积极分子。

问到方乾勇对未来的打算时，他表示，希望可以做一名军工科研人，投身于新的挑战，发挥自己的专业特长。如果有机会，希望能进入与国防军事相关的单位或企业工作，将自己的军旅经历与专业知识结合起来，为国防事业在民用领域的发展贡献力量。

“回到校园后，我重新找到了自己的位置，希望继续朝着自己的目标前进。”方乾勇如是说。

每一位军人的故事，都是一首激昂的战歌；每一段军旅的故事，都绘就了一幅壮丽的青春画卷。

对于方乾勇来说，这不仅仅是一次简单的入伍经历，更是人生中宝贵的财富。它教会了他珍惜当下、感恩生活，并且激发了他对未来无限可能的美好期待。相信以后每每回忆起这段时光时，方乾勇也会为自己曾经拥有过这样一段特别的经历而感到自豪。

作者：洪子璇、李卉森

11 播撒生命火种的单骑少年

——访2022级硕士研究生王文博

野蛮其体魄，湘鄂豫万里走单骑
文明其精神，髓缘唤起生的希望

粉小冶推荐语

千禧年出生的他，一路向上求学，从村小学到高校，逐渐成长为一束暖光。他热爱骑行，享受沿途风景，曾一人骑行878公里至长沙返校，在旅途中感悟人生，展现强健体魄；他善用文字记录美好生活，创作诗歌，参与校园新媒体运营，映照精神光芒。

他积极投身公益，加入中南大学青年志愿者协会，以笑语温暖老人，用耐心点亮孤独症儿童的星光之路；加入中华骨髓库，2024年成功配型并捐献造血干细胞，用实际行动诠释大爱无疆。他坚韧不拔、勇于担当，是新时代青年的典范。

以坚韧之躯，承载温柔之心；以平凡之躯，书写不凡之章。他的故事，是青春与梦想的交响，是责任与担当的赞歌，激励着每一个灵魂，向着光明与希望前行。

他就是中南大学粉末冶金研究院2022级硕士研究生王文博。

PMRI

在入职中南大学粉末冶金研究院之前，我便在学校官方微信公众号文章中看到过王文博的中南达人事迹。开学返校，王文博一人一骑连行六日，出乡关、过高城，一路冒雨而行。这般长途骑行的毅力确实非常人所能及。后来，我在学院第四届“粉冶菁英”榜样模范评选活动的答辩现场见到了他的“真面目”。

毛泽东同志在《体育之研究》中有言：“文明其精神，野蛮其体魄，此言是也。欲文明其精神，先自野蛮其体魄；苟野蛮其体魄矣，则文明之精神随之。”在答辩中，我们不仅看到了一名元气满满、意气风发的青年，也感受到了他身上善用文字记录生活的细腻儒雅之气。

而这一次，在接到长沙市红十字会关于捐献造血干细胞的公函后，我对王文博便更为好奇……

缘起：自诩“王十二”

和王文博同学约的采访时间，是在他捐献造血干细胞前第一次注射动员剂之后。采访前，他说自己的脑子开始晕了。于是，在再三确认他的身体暂无大碍后，我们便从这次捐献的过程聊起。

起初我与文博还不大熟络。慢慢地，他打开了话匣子，对话也从问答模式切换到了聊天模式。他说，曾将一份器官捐献志愿登记作为自己的成人礼。2023 年，他将加入中华骨髓库作为送给自己的 23 岁生日礼，今年则是获得了“捐献造血干细胞”这一珍贵的礼物，这次捐献将是自己 24 岁最有意义的一件事。

我笑着说，你这是给足了自己仪式感呀。

谈及捐献原因时，王文博微微眯起眼睛，脸上浮现出温和的笑容，缓缓说道："大概是爷爷和父亲的言传身教吧。从小他们就教导我'行好事，做力所能及的事'，在这样的家庭氛围熏陶下，捐献造血干细胞这件事于我而言，就像是水到渠成，显得理所当然。"

他的话语中透着一种质朴与坚定，让人深切地感受到家庭对他的价值观的深远影响。

2004—2025 年，这二十余载的时光，王文博从偏僻的乡村走向了繁华的城市，从懵懂的学前班孩童成长为一名优秀的研究生，一路向着更广阔的天地奋力前行。

他的言语间总是不经意地流露出对家乡深深的眷恋，那是一种刻在骨子里的情感，也让我不禁想起费孝通先生在《乡土中国》中的那句"乡土中国，是一份记忆深处的乡愁，是一份远离城市的宁静"。

对王文博来说，家乡的每一寸土地、每一缕炊烟，都承载着他童年的欢乐与成长的足迹。

出生在千禧年的王文博，呱呱坠地，来到了这个奇妙的世界。他对这个世界最初的记忆，大抵是从四岁时挨的那一顿打开始的。

那时的他，对上学充满了抗拒，而这一顿打，也如同一个郑重的仪式，宣告着他漫长求学生涯的开始。

王文博的小学是在隔壁村读的，那时，父母为了生计前往内蒙古务工。起初，父母从事拉煤的工作，每天在煤堆与货车之间忙碌奔波，后来在煤矿附近开了个小卖部，还会帮着来往的大货车"加水"。

小学的暑假，王文博有时会踏上漫长的旅程，前往内蒙古与父母团聚。每当父母去进货时，年仅 10 岁的他便成了店里的"小当家"，忙得不可开交。他一会儿像个灵活的小猴子，迅速地爬进大货车底下帮忙检查车辆状况，一会儿又坐在柜台前，认真地核算着顾客的消费账目。一天下来，他小小的手掌心里，每一道掌纹都被煤灰填满，那煤灰色像是深深嵌入了他的皮肤，即便反复清洗，也得好几天才能彻底褪去。

"王十二"是王文博独特的自称。"王"字拆开即为"十二"，而他人生的一个重要转折点，也恰恰发生在十二岁那年。

那年，王文博结束了“小升初”考试，也告别了生他养他的故土，踏上了外出求学的征程。我们常说故土难离，对于十二岁的他而言，这一去，不仅是地理上的远离，更是人生阶段的重大跨越，开启了他独立成长的新篇章。

2012 年，王文博来到了淮阳县城读初中。

他自嘲地笑着说：“那时候，我感觉自己就像是一台只会学习的机器。”在一届两千多人的年级里，他凭借着超乎常人的努力和对知识的渴望，从第一次考试排名年级第一百名，到一年后，成功进入前十名，而后更是基本稳居第一名的宝座。

然而，命运却在他初二那年给他的家庭带来了沉重的打击。父亲在给家里盖房子时，不慎踩空，从高处重重摔下，摔断了脊椎。那段日子，整个家庭都被阴霾笼罩。幸运的是，父亲没有落下残疾，可背上却永远留下了一道长达 20 多厘米的手术瘢痕。

王文博回忆起那段时光，眼中闪烁着泪光，声音略带哽咽地说：“九年级时，父亲拄着拐杖，艰难地走上领奖台，坐在第一名的位置上替我领奖，那一刻，或许是我三年初中时光中最幸福的时刻。”那不仅是他努力学习的成果的见证，更是父子之间深厚情感的体现。

2015 年，中考结束后，王文博顺利进入了北大附中河南分校。

那里汇聚了来自全省各地怀揣梦想、充满憧憬的有志少年，他们都在为高考这场十二年寒窗苦读的终极考试而努力拼搏。

从高一临近结束时周考的高考模拟卷，到高二、高三紧张的同步复习与频繁的模拟考试，王文博和他的同学们一同挑战着晨读时的困意与连续学习带来的脑力极限。在那些挑灯夜战的日子里，教室里弥漫着紧张而又充满希望的气息，每个人都在为了心中的梦想全力以赴。这场漫长的挑战，在 2018 年高考英语科目考试结束的那一刻，正式画上了句号。

2018 年，王文博怀揣着对大学生活的无限期待，踏入了中南大学的校园，开启了他的求学生涯。

那年，恰逢中南大学第一年实行本科生大类招生。经过一段时间的学习与探索，专业分流时，王文博选择了材料化学专业。他在学习上始终保持着高度的热情和专注，凭借扎实的专业知识和出色的学术表现，获得了推荐免试攻读硕士研究生的资格。

2021 年 9 月，他的大四学习生涯与家教之旅一同开启。

王文博不仅在学业上追求卓越，高质量地完成自己的各项课程学习，还积极通过勤工俭学来减轻家庭负担。他利用课余时间教授初高中生数理化科目，最多的时候，他每天需要在学校与三个学生的家之间来回奔波。尽管路途劳顿，但他从未有过一丝懈怠，精心准备每一堂课，耐心辅导每一位学生。

经过一年多的不懈努力，他为家里置办了许多“大件儿”。父母换上了新手机，当他看到父母脸上洋溢着幸福的笑容时，心里满是成就感；姥姥也有了崭新的电视，闲暇时光可以惬意地观看喜欢的节目；奶奶戴上了他买的助听器，又能清晰地听到周围的声音，感受生活的美好。

这些小小的举动，承载着文博对乡土生活的眷恋、对家人深深的爱与责任。

缘续：沿途总会有风景

王文博记录骑行数据的 APP 的用户名是“浴汗重生”。

我问他：“为什么起这个名字？又为什么这么喜欢骑行？”他微微仰头，缓缓说道：“最开始，骑行只是一个简单又疯狂的想法，我想通过骑行绕河南一周去见高中同学。那时候，这个目标就像一束光，照亮了我平淡的生活。可后来，在一次次的骑行中，我发现真正吸引我的，是骑行过程中的那份自在，以及沿途那些稍纵即逝却又无比美好的风景。”

说起骑自行车，我满是羡慕，忍不住感慨：“我小时候一直学不会骑自行车，哪怕现在骑共享单车，还是晃来晃去，双手一刻都不敢离开车把，一过红绿灯就心慌得不行，真的太羡慕你了。”

王文博笑了笑，回忆起小时候学骑车的经历：“我是被母亲逼着学自行车的，那时候比我小的表弟早早学会了骑车，我心里又着急又有点抵触。刚开始学的时候，总是摔倒，身上青一块紫一块的。

在一次次的跌跌撞撞中，我终于掌握了平衡。慢慢地，我就喜欢上了骑行。那种迎着夏日的风，在山间地头畅快驰骋的感觉，就像鸟儿挣脱了束缚，自由自在。”

“感受世界的时候，总觉得高铁的速度太快，很多美好还没来得及品味就一闪而过；走路又太慢，难以在有限的时间里领略更多的风景。而骑行的速度刚刚好，不快不慢，既能让我尽情欣赏沿途的景色，又能让我有足够的时间去感受每一处细节。”王文博眼中满是对骑行的热爱。

从小时候在家乡骑行，路边随风摇曳的水稻、河道里自在游动的鱼儿，到环豫骑行寻故友途中，一路欣赏日出时的壮丽与夕阳下的温柔，再到返校骑行旅程中朋友的陪伴和陌生人不经意间给予的善意，这些沿途的风景，都如同珍贵的宝藏，被他一一珍藏在心底，令他眷恋不已。

然而，长途骑行从来不是一件简单的事情。

一人、一骑、6 天，600 元的二手山地车，从河南省鹿邑县到湖南省长沙市，878 公里。起初的 15 公里，是母亲骑着电动车“护送”他的。

在省道的岔路口，母子二人停下，母亲眼中满是担忧与不舍，王文博心中也五味杂陈。分别的那一刻，他的情绪开始波动，在省道上货车轰鸣的声音中，这种情绪逐渐发酵。

眼前是弥漫着山雾的空气，望不到边际的冬日麦田。山地车的轮胎旋转着，卷起大雨过后路面的泥沙。王文博深吸一口气，心中涌起一股无畏的勇气，越“战”越勇，在雨中奋力蹬着踏板，速度越来越快，仿佛要冲破时间与空间的束缚。

正月的寒凉空气肆意地在他僵劲的四肢间穿梭，可他的眼神却无比坚定。

谈哲学、聊爱情、问前路，七年未见的同学与王文博相伴骑行了一段距离。有友人相伴的这四十公里路，仿佛被施了魔法，王文博感觉一下子就骑完了。一路上，他们欢声笑语，分享着彼此的生活与梦想，那些曾经的回忆与对未来的憧憬，在车轮的滚动中越发清晰。而余下的路程，仍是他一个人的旅程。

王文博在一路奔波的凄风冷雨与仿佛“翻山剧本”般的艰难路况中，不断突破着自己生理与心理的极限。每一次疲惫到想要放弃的时候，他都在心中告诉自己：再坚持一下，这是属于自己的征途。最终，他完成了这一趟属于“孤勇者”的伟大旅程。

同时，这也是他在研究生求学路上送给自己的第一份珍贵礼物，一份关于勇气、坚持与成长的礼物。

“苟野蛮其体魄矣，则文明之精神随之。”在我看来，王文博身上散发着一种独特的浪漫气息。这一点，从他的个人微信公众号的文章中便可略见一斑。

2018 年高考后，王文博便注册了自己的微信公众号。他回忆道："用文字记录生活的习惯，是从高中开始养成的。那时候，我就读于封闭式高中，住校且身边没有电子设备。周围的同学都热爱读书写字，在那样浓厚的氛围下，除了书本学习，读书写字自然而然就成了大家的闲情逸趣。"在 QQ 空间与微信个人公众号的小文中，仍能窥见王文博笔下生活的模样。那些文字，或记录着他的青春烦恼，或描绘着他对未来的憧憬，或倾诉着他内心深处的情感，每一篇都充满了生活的温度。

在 2020 年的情人节，文博给自己写了一首名为《我喜欢》的现代诗，诗里的一句"我喜欢购书，无论风格，收藏书架上的尘埃"，我尤为喜欢。文博笔下的文字，像极了山间清澈的溪流，干净、纯粹，没有一丝杂质。他用细腻的笔触，将生活中的点滴美好与内心的感悟娓娓道来，让读者仿佛置身于他所描绘的世界中。

王文博的文字不仅出现在个人微信公众号上，还频繁出现在校级新媒体平台及众多获奖作品中。他曾在学校团委下设的学生组织中承担校级微信公众平台运营工作，也曾参与共青团中央"中华全国学联"微信公众号的运营审校工作。

由他所在的部门策划、撰写、制作的 2019 年校庆主题的推文，凭借精彩的内容和独特的创意，收获了超过 10 万次的浏览量，在校园内引起了极大的反响。2020 年，他发挥自己的才华，改编了歌曲《处处学》，用音乐传递正能量；2021 年，为粉冶院献礼中国共产党成立一百周年，他参与制作的歌曲 MV《少年》，以激昂的旋律和真挚的情感，打动了无数人的心；2022 年，院毕业晚会的原创主题曲《Bright Future For You》，更是凝聚了他和团队的心血，为毕业生们送上了一份特别的祝福。

文字的力量与文明的精神，在他身上展现得淋漓尽致。他用骑行丈量世界，用文字书写人生，在成长的道路上留下了独特的足迹。

续定：做一束暖光

采访次日，当王文博注射完动员剂后，带着一丝疲惫说道："淼姐，其实我身体已经开始不太舒服了，腰部抽筋儿似的一阵阵儿疼。"

听到这句话的瞬间，我心中猛地一震。眼前这个平日里爱运动、浑身散发着活力、身体强壮的男孩子，此刻竟也显露出了脆弱的一面。相比于“铁汉柔情”，我想更合适的形容应当是“那个曾经期盼长大的孩子，在努力像一束暖光一样，照亮自己，也照亮周遭的世界”。

王文博大一刚入学时，便毫不犹豫地加入了校青年志愿者协会的敬老爱幼部，他可不是那种只有“三分钟热情”的人。他与敬老爱幼部门里志同道合的同学组成了一个充满爱的团队，从此开启了他们漫长而温暖的公益之旅。

在大一学年，每到周末，他们就会满怀期待地前往岳麓敬老院。一走进敬老院，老人们脸上便洋溢着笑容，而王文博他们也像回到了自己的家一样，熟稔地与爷爷奶奶们坐在一起，陪他们唠唠家常。

在文博的记忆深处，有一位特别的“墨香”奶奶。奶奶十分热爱书法，平日里在白纸上书写还觉得不够尽兴，常常在报纸上挥毫泼墨。每次文博他们一到，奶奶就像个孩子一样，迫不及待地展示自己的书法作品，脸上洋溢着满满的自豪与笑意。

还有一些爷爷奶奶，特别爱听曲儿、听歌儿，他们每个人都有自己丰富多彩的小世界，渴望被年轻一辈理解。当文博他们走进爷爷奶奶们不算宽敞的房间，陪他们聊天，为他们播放喜欢的音乐时，老人们脸上绽放出的那种幸福和满足，让文博不禁想起了自己远在家乡的奶奶，心中满是温暖与亲切。

2019 年的春天，文博和志愿者伙伴们萌生出一个温暖的想法——帮爷爷奶奶们拍写真，为他们定格下美好瞬间，留住岁月的痕迹。当老人们得知这个消息后，年逾古稀的他们兴奋得像小孩子一样，眼中闪烁着期待的光芒。

那时文博感慨地说：“这些爷爷奶奶比我们想象的要坚强，经历了岁月的沧桑，依然乐观面对生活；但他们也比我们想象的要脆弱，内心深处渴望着关怀和陪伴，我们应该多给他们一些关心和陪伴。”

于是，在那个明媚的春日，志愿者们忙碌起来，有的帮忙为老人挑选合适的衣服，有的精心布置拍摄场景，大家齐心协力，为老人们留下了一张张珍贵而美好的照片。

大二学年，王文博将自己的爱心投向了一群特殊的孩子——“来自星星的孩子”。在周末或者空闲时间，他总会和朋友们一起前往孤独症学校，辅助教学，陪伴孩子们成长。患有孤独症的孩子，无法像普通孩子一样天真烂漫地与这个奇妙的世界里相处。

这个世界对他们来说太大太复杂，超出了他们的理解和适应范围，他们仿佛来自遥远的星星，孤独而又迷茫。而王文博就像一位坚定的守护者，用耐心和爱心，努力守护着孩子们微弱的光芒，陪伴他们慢慢探索这个世界。

每一次与孩子们相处，他都用心去感受他们的内心世界，尝试用各种方式与他们沟通交流。看到孩子们哪怕有一点点的进步，他都会由衷地感到欣慰和满足。

2023 年，在“王十二”人生第二个十二年即将结束之际，他偶然了解到造血干细胞移植是目前治疗多种血液疾病和免疫系统疾病，包括白血病、淋巴瘤、骨髓增生异常综合征等的有效手段。然而，由于配型成功的概率极低，许多患者只能在漫长的等待中与病魔苦苦抗争，等待着那一丝生的希望。

了解到这些信息后，王文博没有丝毫犹豫，内心深处仿佛有一个坚定的声音在指引着他，他毅然决然地加入了捐献者的行列。他迅速在线上完成登记，随后马不停蹄地赶往医院取样留存，顺利加入了中华骨髓库。

从那一刻起，他便怀揣着一份期待与责任，开始了配型结果的漫长等待，每一分每一秒都充满了对未知的忐忑和对希望的坚守。

2024 年 3 月，长沙市红十字会以电话沟通的形式，第一次告知王文博初步配型成功，并询问他是否在长沙居住以及是否愿意捐献。电话这头的王文博，没有丝毫迟疑，干脆利落地回答道：“我愿意！”那坚定的语气，仿佛在向世界宣告他的决心。

6 月底，长沙市红十字会的李海霞老师联系到他，详细说明了患者当时病情的紧急性，随后向文博全面而细致地介绍了造血干细胞捐献的流程，并紧锣密鼓地安排了体检等相关事宜。文博回忆起体检那天的场景，他看到十几个抽血的试剂管整齐地排成一排，心中不禁有些惊讶，但是惊讶转瞬即逝，取而代之的是坚定，他从未想过要退却。

而后，高分辨的血液样本一同被抽取，并被小心翼翼地寄送至苏州大学附属第一医院进行配型检测。等待检测结果的日子里，王文博的内心既紧张又充满期待，他默默为那个未曾谋面的患者祈祷，希望一切顺利。

7 月中旬，当我通过长沙市红十字会的对接公函得知此事时，心中对文博的敬佩之情又增添了几分。根据采集计划，王文博从 7 月 30 日开始，每天早晚八点半都要准时到医院注射动员剂。每一次注射，他都默默忍受着身体的不适，从未有过一句怨言。

8 月 2 日——造血干细胞混悬液采集的前一晚，王文博坐在桌前，思绪万千，他拿起笔，写下了一封给世界上另一个自己的信。信中，他饱含深情地写道：“以不屈之精神，战胜病痛困扰。”这不仅是对那位患者的鼓励，更是他坚定信念的体现。

8 月 3 日上午，王文博作为全国第 18148 例造血干细胞捐献志愿者，在中南大学湘雅医院成功完成造血干细胞采集。

整个采集过程中，他始终保持着平静和坚毅，眼神中透露出对生命的敬畏和对他人的关爱。当天下午，这些承载着希望的宝贵的“生命火种”，带着王文博的爱与祝福，被迅速送往目的地，为一位山东老乡唤起“生的希望”。

这一善举，不再是抽象的概念，而是真真切切地救活了一条鲜活的生命。两个素未谋面的人，以这样一种传递“生命火种”的特殊形式，从此血脉相连。

23 岁生日前的两个月，王文博给自己买了一个笔记本，封面上印着“我爱我的每一部分”。吸引我的则是文字旁的一个小图，简单的头部线条却勾勒出人喜怒哀乐的神情，亦呼应了笔记本上的那句封面语。

王文博总是戏称自己为“中年脸的青年”。“我身体的每一个部分，无论是粗犷的面容、宽阔的上半身、壮实的脂包肌小腿，都组成了我。”文博说，这个笔记本本是买来记录生活的，后来一直没有使用，2024 年毕业后，我又准备用这个本子记录下研究生期间最后一年的生活片段。上面的记录中，“烧炉子”几个字反复出现，穿插着一些琐碎的日常，一字一字拼成了他独有的青春模样。

王文博在正式捐献造血干细胞的那天说，祝福“他”早日康复，拥有相同血液的他们，也必将拥有相同的健康。也愿我们行走在路上，身体更加强健，而精神更加丰盈。

作者：李卉森

12

愿为新时代军工科研人

——访 2020 级博士研究生曾晨

心系“传统材料”，扎实基础一步稳

打造“大国筋骨”，深耕科研步步实

粉小冶推荐语

他将国防军工事业作为前进方向，在校期间参与国家自然科学基金、湖南省自然科学基金、长沙市自然科学基金等多项课题，先后在湖南顶立科技股份有限公司、湖南长宇科技发展有限公司、湖南博望碳陶有限公司等企业参加实习，将自己参与的课题研究成果应用到企业生产当中。

他以第一作者身份发表 SCI 论文 5 篇，获国家发明专利授权 1 项，以项目负责人身份完成中南大学研究生科研创新项目 1 项；曾任中共粉末冶金研究院炭/炭复合材料研究所第一党支部宣传委员，曾获校长奖学金、校一等学业奖学金、校优秀学生等荣誉。毕业后，他前往国家唯一的核武器研制单位——中国工程物理研究院从事研究工作。

他就是中南大学粉末冶金研究院 2020 级博士研究生曾晨。

PMRI

与曾晨约采访时间时，恰好赶上次日他所在单位要开始严格的入职培训。怕耽误我的工作的曾晨，自然是立刻答应了。我本想着“择日不如撞日”，但又觉得太过仓促，担心没准备好采访提纲的我会将采访效率拖得很低，耽搁了他的时间。几番权衡之后，我还是决定等到曾晨结束入职培训后再来“叨扰”。

对曾晨的第一次采访是在一个周末的下午，刚刚接通电话，我就能听出他语气中的疲惫。

“新单位怎么样？还适应吗？”

“还算适应。不过现在还没进入正式工作的状态，挺期待的。”

为了保证后面“海量”的采访内容可以趁着他当天有时间顺利进行下去，我便打起精神来，想要调动起他的积极性。

缘起：从西南到中南

“感谢学院、学校的培养。”2024 年 6 月，我将学校新闻网关于毕业生座谈会的新闻中，有曾晨发言内容部分的截图发给曾晨后，他这样回复了我。

由于我入职粉冶院时，2020 级博士研究生已处于毕业年级，大多在忙毕业、就业的事，而曾晨又是低调的性格，因此我与曾晨的接触多集中在毕业季。那时，他已经确定了自己的毕业去向——中国工程物理研究院。

如果说理论知识与实际生产不能结合的科研工作像是空头支票，那么曾晨便是通过一次次的实验探索，不断增添票面价值的追梦人。对他来说，未来能够继续从事碳基材料的研究，服务于国防军工，是自己逐梦科研路的最佳“助推剂”。

“咱俩倒是差不多大，你可以直接叫我名字。”碍于客套话带来的不适感，偏向于有事说事的我这样要求道。许是因为少了客套，此后的工作接触，似乎更为顺畅起来……

曾晨本科就读于西南大学，2017 年考入中南大学粉末冶金研究院读研，2020 年硕士毕业后继续在粉冶院攻读博士学位。即将迈入而立之年的曾晨，回望过去 11 年的求学之路，言语间满是对成长的感激：感激每一刻的成长，让他能够更为坚定地迈向梦想和远方。

说到这里我不由地好奇起来：“既然你本科是在西南大学读的，那为什么选择考研到中南大学呢？在重庆、四川，应该是重庆大学或者四川大学的认可度比较高吧。”

曾晨答道：“这就不得不说我与粉冶院的缘分了。因为我本科时就接触了粉末冶金原理这门专业课，而负责教授这门课的老师是从中南粉冶院毕业的。一次课后，我在与老师的交流中听说了咱们院的一些科研情况。慢慢了解后，才下定决心考研到这里。”

对于研究生导师的选择，曾晨首先考虑的是研究方向。他在粉冶院官网上看到黄启忠老师课题组有做“炭-炭”和“炭-陶”材料方向的研究，而他自己也对国防军工方向比较感兴趣。于是，再三思索后，曾晨鼓起勇气联系了黄老师，而后凭借较好的专业基础与对该研究方向的一腔热忱，顺利进组。

“立志做一名国防人。”曾晨在毕业典礼上作为学生代表发言时说道。我问道，“那你是什么时候开始对国防军工事业产生兴趣的？是因为家庭从小的培养教育吗？还是其他原因？”

“是的，可以说是耳濡目染吧。我也在这个过程中进一步加深了自己对国防事业的向往。在这个过程中，我才想着之后的科研生活要向这个方向发展。进组以后，我的研究工作主要由张明瑜老师指导。在选方向的时候，老师就给我详细地介绍了组里关于传统结构材料的国防军工项目，这正好与我的想法完全一致。就像我在毕业典礼上说的，‘当代青年要树立与这个时代主题同心同向的理想信念’，这句话也让我更加坚定从事国防军工方向研究的信念。”

“说起来，我是建筑学专业的，对于咱们材料学的相关内容是一知半解。要不你给我介绍一下‘炭/炭’‘炭/陶’吧，我还不知道具体是指什么。”

“我研究的这个材料呢，主要是作为超高温陶瓷基复合材料，应用于航空航天领域，比如说机翼前缘、飞行器等。具体来讲，主要材料使用了碳化锆和碳化硅。可以从钢筋混凝土来理解，把陶瓷类比成泥土，而把炭纤维比作钢筋。陶瓷比较脆，但耐高温。炭纤维不耐氧化，但比较韧。而把这两者结合起来取其精华，就能得到力学性能优异的耐超高温结构材料。”

“那你既然已经在这个方向深耕了7年，有没有哪个成果是你至今都印象深刻的呢?”曾晨停顿了会儿，回忆道：“大概是2019年，我硕士研究生二年级发表的那一篇学术论文，也是我研究生期间发表的第一篇学术论文，内容主要与碳化锆碳化硅复合粉末的材料有关。因为是第一篇论文，写作的过程中确实遇到了很多问题。比如要求写英语论文，但我写下来以后发现没有逻辑，老师和师兄看过后也觉得我的行文逻辑不通，并且有很多语法问题。中文的学术论文撰写方式在英文期刊的投稿中并不适用，在汉译英的过程中，我对自己学术论文的重点也没有把握得很清楚。”

大多数研究生在第一次发表英文论文的过程中，都会遇到类似的问题，导致“创业未半而中道崩殂”。面对这样困难开局的情况，曾晨调整好自己的状态后，第一时间向课题组师兄请教学习，寻求一些写作上的技巧和经验。在和师兄沟通好并解决大部分问题以后，再向老师请教讨论重点和创新点等内容。

在曾晨看来，撰写这篇文章的过程对他的研究生生涯有着极大的影响。“这次经历对我后续课题的规划有很大的帮助，也让我更有目的地和有计划地投入实验。”

缘续：忘不掉的“老黄牛”精神

在传统材料的科研征途中，学生不仅需要磨炼出卓越的科研创新能力，更需要锻造出坚韧不拔、勇于攀登的意志品质。相较于当下热门的电池技术研究，传统材料领域因其深厚的底蕴与复杂的机理，往往要求科研人员付出更为艰辛的努力与持久的耐心，才能收获珍贵的科研成果。因此，在这片充满挑战的科研沃土上，“老黄牛”般的勤勉与执着，成了通往成功不可或缺的钥匙。

在和曾晨的对话中，我感受到他身上有一种“长子”的感觉。他满腔爱国热忱，矢志成为国防军工科研人，并将黄启忠老师说过的话当作座右铭：“做科研，要有‘老黄牛’一般的吃苦耐劳的精神。”

2019年，他决定继续留在课题组读博深造，与中南续上了四年的缘分。

在科研的过程中，曾晨经历了从迷茫到坚定的蜕变。初入硕士研究生之门时，面对科研的陌生与挑战，他曾感到挫败与迷茫，但正是那份对科研的热爱与坚持，让他逐渐找到了自己的节奏与方向。他深知，科研之路从无坦途，唯有以勤为径，以苦作舟，方能抵达成功的彼岸。于是，他全身心投入科研工作中，每天工作12小时。清晨的第一缕阳光、夜晚的点点星辰，都“见证”了他不懈奋斗的身影。这样沉浸式的学习，不仅让他收获了丰富的科研成果，更让他深刻体会到了科研的乐趣与价值所在。

第二次补采时，曾晨已经入职新单位五个月有余，在休息时，也会怀念起研究生期间的点点滴滴。学院内的车间工程中心有很多大型设备，设备的维修、维护都是由课题组的博士研究生牵头进行的，这是他最为怀念的团队协作氛围。

曾晨所在的课题组大概有40位同学，大家相处得十分融洽。导师是家长，同门间就是兄弟姐妹。在忙碌的科研之余，他们享受着聚餐时的欢声笑语、篮球场上的挥汗如雨、攀爬到山巅之上的壮志豪情……这些共同度过的时光，如同璀璨的星辰，点缀在他记忆的长河中。而在科研过程中，大家都会心甘情愿地相互帮助，一个人无法完成的工作，大家都会积极帮忙。当师弟师妹在实验中有不懂之处，或者遇到突发状况时，课题组的师兄师姐们也会迅速伸出援手。

在硕士研究生生涯刚刚开启的青涩时光里，曾晨以一颗谦逊而热情的心，融入了课题组这个大家庭。作为师弟，他总是乐于助人，积极为师兄们分担力所能及的事务，无论是默默无闻地打扫实验室的每一个角落，还是细心周到地采购科研所需的物资，他都尽心尽力，毫无怨言。

当曾晨步入硕士研究生毕业年级并计划继续攻读博士学位后，他的角色也发生了转变。他的身份从需要师兄们指导帮助的师弟，转变为引领师弟师妹前行的师兄。他以身作则，用自己的行动诠释着科研的严谨与执着，同时用自己的经验为师弟师妹们答疑解惑。而到了博士研究生毕业年级时，他又把这一身份交接给逐渐成长的师弟们，锻炼他们的自主能力。这一系列的身份转变与责任传承，像是在跑一场七年的接力赛，也正是在这样的接棒中，不断延续与传承着课题组的“老黄牛”精神。

当然，他最怀念的人还是他的导师张明瑜。张老师无论是在科研上，还是在生活中，都给了他莫大的支持与帮助。张老师是曾晨科研上的引路人。无论是专业理论研究阶段，还是科研实践阶段，张老师都悉心帮助曾晨解决了一个又一个问题。

曾晨口中的张老师性格很好，平易近人，亲和力很强。与他交流时都感觉像春风拂面一样，十分舒服。生活中，他从来都是笑呵呵的，似乎从来没有发过脾气。而张老师在科研方面展现出的专业知识与能力、对待科研的执着、"死磕"难题的钻研精神、积极乐观的心态，都是曾晨需要勤加"修炼"的必修课。

曾晨也在向着张老师多次强调的"做事和能力都更全面一点"的方向努力。硕士研究生时的曾晨，大多只是做自己的事情，到了攻读博士学位后，逐渐参与了课题组项目计划书的拟定、项目进展的把控、结题报告的总结执笔等工作。有需要时，他也和导师去企业进行项目接洽，将在校所学理论与产业实践相结合，得到社会经验。

正是在课题组的历练下，曾晨变得更加稳重，也在科研领域钻研得更加深入，更接近前沿理论。

缘定：凡事未雨绸缪

攻读博士学位期间，曾晨参加了多项课题，并斩获了一些奖项和荣誉：长沙市自然科学基金的顺利申请、中南大学研究生自主创新项目的顺利结题、"高性能低成本炭基材料产业链"项目的开展、校长奖学金(创新奖)的获评等。

他把这些成就都归功于他的专业基础，也在采访中反复提及踏实科研的重要性。

曾晨博士期间发表的第一篇论文，是他印象最深刻的一篇。因为有2019年科研生涯中的第一篇论文的写作经历，他的写作能力得到了锻炼，所以撰写这篇论文就比较顺利。在第一次审稿时，审稿人只提了一个非常简单的问题，他返修后论文就顺利通过了。他感慨道："第一步是最难的，把第一步站稳了，后面都会比较顺利。"

除了论文发表外，他也参与了与企业对接的碳化硅涂层相关项目。因为涂层的原料为液态，而要将其制备出来则需要将原料加热至沸点，再用气流将其吹出使其气化。项目的难点在于，夏天和冬天的温度不同，因此加热的难度不同，制备出的涂层也会有差异。曾晨与团队协作讨论、查阅众多文献后发现，油浴加热可以很好地解决这个问题，便通过多次实验进行验证，从而完美解决了企业提出的项目难题。

曾晨在中南大学研究生自主创新项目的研究过程中，倾注了无数的心血。他向我介绍说，这个项目是做高导热的耐烧蚀炭/陶复合材料，是想在给这种材料增韧的同时提高它的力学性能和热力学性能。但问题是，炭纤维的导热性能和力学性能好像是天生的"死对头"，不能兼得。

于是，曾晨只能一次次地实验、一次次地创新。终于，这个项目的研究初具雏形，他也可以"功成身退"，把后续的实验工作交给师弟师妹来完成。也正是这项极富创新性的研究，让他的科研经历如虎添翼，斩获诸多荣誉。

他感叹道："做科研一定要趁早，早一天，就多一天机会。"

曾晨也切身实践了他"做事要趁早"的观念。因为自身的研究方向，以及心底对国防军工的热爱，他从 2023 年 9 月开始就有意识地搜集了许多国防军工单位的招聘信息，也参与了许多国防军工单位的暑期开放日。

在中国工程物理研究院的开放日期间，他了解到该单位是我国第一颗原子弹的研制基地，是以发展国防尖端科学技术为主的集理论、试验、设计、生产于一体的综合性研究院。亲身实地感受后，他对这一单位有了向往。在经过面试选拔后，他成功签约了中国工程物理研究院，朝着他的理想又进了一步。

曾晨说，如果要给师弟师妹提一个建议的话，那就是要事无巨细，提前做好规划。无论是科研论文还是找工作，都要未雨绸缪，不要把事情拖到最后再做。曾晨也曾十分担忧能否顺利毕业，不知道何时开始着手找工作才算合适，但未雨绸缪，提前做好准备，了解各项毕业要求，总归不会错。

"说了这么多，那你是怎么调节科研中的压力的呢？"

曾晨的爱好很多，打游戏、打篮球、写书法、听音乐等均有涉猎。但他记忆最深的还是那次"说走就走的旅行"。当时课题组所在办公室里的十来个人都忙得不可开交，大家就想着能找个机会放松一下。这时，有一个人提议去爬山，从粉冶院出发，沿着桃花岭入口的那条土路，一路向西二环外绕过去，再返回学院。大家一听，都觉得这主意不错，既能锻炼身体，又能享受自然风光，还能增进课题组成员之间的感情。就这样，一行人浩浩荡荡地出发了，一路上享受着忙里偷闲的乐趣，感受着相处的快乐。

“做惊天动地事，做隐姓埋名人”，入职后的几个月，曾晨更加体会到新单位对工程实际应用的要求，也更能感受到在校期间课题组导师强调的科研工作的实践性和工程应用转化的重要性，目前已经开展了新单位重点研究课题的申请、试验和部分生产工作。

从学生到科研技术工作者，面对新角色、新工作和新环境，曾晨延续着课题组吃苦耐劳的“老黄牛”精神，未来，也会在国防军工领域不断耕耘，坚守初心。

作者：李卉森、姜雨坤

13 蒲公英种子的大地之约

——访2018级硕士研究生张英杰

扎根基层，用青春奉献无悔力量
坚守初心，让政策温暖淳朴民心

粉小冶推荐语

在中南大学的校园里，他充满求知欲与探索精神，凭借扎实的专业知识，一步步探索材料的奥秘。步入基层后，他摇身一变，成为实干担当的奉献者，一头扎进湘潭市分水乡的基层工作。

在党政综合办公室，他处理繁杂事务，耐心倾听群众诉求；在经济发展办公室，他调研产业状况，为乡村发展出谋划策；担任村支书助理时，他挨家挨户走访，和村民打成一片；担任副乡长期间，他积极推动民生项目，改善乡村生活。一路的磨炼，让他逐渐成长，如今已是湘潭市委组织部的一名组工干部。

从校园到基层，张英杰初心未改，就像一颗坚韧的种子，在不同的土壤里都努力向下扎根，向阳生长，用青春和汗水书写奋斗的精彩篇章。

他就是中南大学粉末冶金研究院2018级硕士研究生张英杰。

PMRI

“学长，新年好呀，是这样的……”2025 年春节后，我第一时间联系上了张英杰学长。

他爽快应下，我们便约定了第二天晚上交流，结果第二天下午，学长联系我说晚上要加班，恐怕只能另寻时间了。

我本是有种“一鼓作气，再而衰，三而竭”的感觉。但是，八点多的时候，学长的好消息来了，“学妹，我忙完了，你还方便采访吗？”

我一下子就来了精神，立刻开了个腾讯会议：“当然当然，我准备好了！”

缘起：破译湘潭“方言密码”

2024 年初，当时还是学院青媒中心主任团成员的我，接到了一个有些“新鲜”的采访任务。学校就业中心在寒假前发布了“学长学姐的职场故事”寒假社会实践活动，活动内容是访谈校友，撰写职场故事。因为张英杰是中南大学华图奖学金的获奖者之一，他的名字便出现在了采访名单中。

带队参与此次社会实践活动的我，就这么和张英杰学长“搭上了线、接上了头”。那次采访，我和队员们都收获良多。不过没想到这件事还有后续。

院青媒中心指导老师李卉森接手了学院宣传工作后，在微信公众号上开设了“对话·粉冶新青年”专栏，希望通过各个方向发展的学长学姐的成长故事给在校的同学们提供一些参考经验。

一次，她问我有没有合适的人选推荐，我马上就想到了基层工作突出的张英杰学长。在时代浪潮里，总有一些人勇立潮头，张英杰便是其中之一。

2014 年，张英杰从宁夏来到中南大学粉末冶金研究院学习材料化学专业。

4 年后，他通过研究生考试成功留在本院，跟随袁铁锤教授攻读硕士，从事放电等离子烧结碳化硼陶瓷的机理及组织性能研究。

然而，在实验室的微观世界里，他逐渐感受到一种难以言说的局限——“技术可以改变世界，但若不能直接触达人心，终究隔着一层纱。”

硕士毕业前夕，张英杰手握中兴通讯的录取通知书，甚至已经签好了三方协议，却在最后关头产生了一点迷茫。“我自认为是一个比较有情怀的人，我经常看一些蕴含家国情怀与正能量的视频，这些视频给我带来了很深的触动。”

张英杰在采访中说：“每当看到那些通过政策改变百姓生活的案例，我都觉得很温暖。”在这样的触动之下，张英杰踏上了选调考试之路。“成就感”这个词后来频繁地出现在他的叙述中。

家人的态度出乎意料地开明。

张英杰的家人十分尊重并支持他赴湖南湘潭基层工作的决定。“在这边读了七年书，湖南早已成了我的第二故乡。”他笑了笑说。

然而，身边还是有一些人质疑他的决定。在旁人眼中，以他的专业能力，也可以实现技术报国，同时还可以收获丰厚的薪资回报，为何要放弃所学专业，投身于公务员行列呢？面对“高薪同学”的对比与“放弃专业”的质疑，他坦然回应：“尽管技术报国同样是一条值得称赞的道路，但我想试试另一条路——用双脚丈量土地，用政策连接人心。”

在张英杰看来，成为选调生能够更为直接地与人民群众紧密相连，为他们排忧解难，将自身价值实实在在地体现在服务人民群众的每一个细节之处。

理想很丰满，现实很骨感。当张英杰真正踏上工作岗位时，现实的考验给了他当头一棒。他被分配到了一个非常偏远的地区，没有超市，没有饭店，一个非常典型的农耕乡镇，从工作地点到县城有 60 公里的路途，开车需要一个半小时。

2021 年 8 月，张英杰第一次驱车前往湘潭市分水乡报到。崎岖的山路弯道密布，车轮碾过碎石时发出刺耳的摩擦声。

抵达乡政府宿舍时，眼前的景象让他心头一沉：宿舍五人套间十分拥挤，空气中弥漫着霉味，衣柜放十件衣服就已经完全没有多余的空间了。看到这样的环境，张英杰既惊讶又窘迫，心中打起了退堂鼓。“当时真想掉头就走。”他向我坦言。

放下行李后，由于其他人都在午休，张英杰就去车上坐了坐，也逐渐冷静下来，最终还是选择了留下——“刚来就跑，太丢人了。”每当他了解到周围同学在各自的工作岗位上拿着丰厚的薪水，生活富足时，内心难免泛起波澜，开始怀疑自己当初的选择是否正确。

但张英杰骨子里有一股坚韧不拔的劲儿。他深知，既然已经做出了选择，就不能轻易言弃。随着时间的推移，他逐渐适应了这里的工作和生活，那些曾经困扰他的质疑声，也在他坚定的信念面前变得越来越微弱。他在这条充满挑战的道路上，一步一个脚印地前行着，用实际行动诠释着自己的初心与担当。

张英杰回忆道：“现在回头来看，那段适应期对我来说也是一种宝贵的经历。不管什么时候，困难再大，只要坚持，就没有过不去的坎。”

初到岗位，如何融入当地成了首要问题。上班第一天，张英杰就碰上了专项工作部署会，原本满心期待能快速进入工作状态，却没想到，领导和同事们一开口，全是湘潭话。

虽说在长沙求学七年，可校园里大家都说普通话，这方言一出口就让张英杰一下傻了眼，全程听得一头雾水。“我完全像个局外人。”他苦笑。听不懂方言，工作根本没法开展，每一步都像被无形的力量拖住一样。

虽然在乡镇里有一部分“90后”的同事会说普通话，可大部分当地居民，尤其是上了年纪的居民，依旧习惯讲湘潭话，几十年的习惯，不可能因为他一个外地人而改变。这就像一道必须跨越的鸿沟，逼着张英杰去学习当地方言。

“语言是信任的桥梁，听不懂的话，就永远是个外人。”张英杰说。

为了攻克这门语言，张英杰可谓是绞尽脑汁。他深知，语言学习需要环境的熏陶，只有置身其中，才能快速进步。他先是主动找到年轻干部，请他们教自己常用词汇，还要求他们在日常交流中用湘潭话和自己对话。

一有空，张英杰就往人多的地方钻——“偷师”。晚上，街上常常有干部“打闲港”（闲聊），他就凑过去，静静地站在一旁听，一边听一边琢磨，遇到不懂的地方就请教，甚至把常用词汇记在小本上反复背诵。

就这样，经过三四个月的努力，张英杰能听懂湘潭话了。虽说还不能流利表达，但日常交流和工作沟通已经不成问题，甚至有时候能捕捉到对方方言背后的情绪。他感慨，天天处在这样的语言环境里，学习的速度确实快。

不过，十里不同音，当地还有一种方言叫湘乡话，连很多湘潭本地人都听不懂，张英杰与村里老年人打交道时，还是只能半猜半蒙。他笑笑："但至少办公没问题了。"

缘续：泥土中的朴素温情

基层工作历来是"上面千条线，下面一根针"，其中的"杂"与"难"远超想象。

作为一名选调生，驻村是本职工作。从 2021 年 8 月到 2022 年 8 月，张英杰一直担任着珍鸽村村支书助理一职，主要工作是协助村支书助力村庄发展。但乡镇又比较缺干活的人，于是他还得兼顾其他工作。

2021 年 8 月至 2022 年 1 月，张英杰在党政办公室任职。2022 年 1 月至 10 月，他来到经济发展办公室工作。之后，凭借出色的表现，张英杰被选举为分水乡副乡长，一直工作到 2024 年 3 月。

回忆起这段经历，张英杰感慨万分，讲述起自己在基层的工作经历时，言语间更是充满了对老乡们的怀念。

撰写基层工作报告，是张英杰除"语言关"外面临的又一挑战。面对完全陌生的领域，他将理工科的逻辑思维发挥到极致：先梳理框架，再向各村收集数据，最后结合政策提炼重点。

经过三天的紧张忙碌，张英杰终于完成了初稿。他知道这还远远不够，便主动向领导请教。领导认真审阅后，提出了许多宝贵的修改意见。张英杰对报告进行了反复修改和完善。

在这个过程中，他不断学习并总结经验，公文写作能力也得到了很大提升。最终，这份凝聚着他心血的政府工作报告顺利定稿，得到了领导和同事们的一致认可。张英杰也悟出一个道理："基层工作看似琐碎，但只要有方法论，便能化繁为简。"

根深才能叶茂，本固才能枝荣。如果说选调生是一粒种子，那么人民群众是他们赖以生存的土壤，要想枝繁叶茂，就要不断在服务群众中汲取生长的养分。

乡亲老方(化名)是一位退役军人，年过七旬，妻子和女儿均患有严重的智力残疾，家庭的重担全部落在他一人肩上，仅靠兜底保障维持生计。

祸不单行，老方突然又摔断了腿，让这个本就贫困的家庭雪上加霜。得知老方的情况后，张英杰第一时间申请对老方进行点对点帮扶。他多次跟随支村两委成员前往医院看望老方，坐在老方的病床前，耐心倾听他的烦恼和担忧，用温暖的话语鼓励他要积极面对生活，树立战胜困难的信心。

老方出院后，正值农忙时节，看着家中荒废的七亩水田，心急如焚。张英杰看在眼里，急在心里，立即组织志愿者，利用空闲时间帮助老方复耕复产。

经过一周的辛勤劳作，七亩水田终于插满了嫩绿的秧苗。看着生机勃勃的水田，老方激动地说："感谢党、感谢政府的干部，幸亏有你们，不然今年误了农时，我家就没收成。"

张英杰的真心帮扶，不仅解决了老方一家的实际困难，更让老方感受到了党和政府的关怀与温暖，还让他自己在服务群众的过程中收获了满满的成就感和幸福感。

在基层开展群众工作，各种难题与阻碍纷至沓来。但张英杰从不畏惧，反而将这些困难视为磨炼自己的机会。

2023 年，分水乡引入矿泉水生产加工项目，张英杰主动参与并协助负责项目落地事宜。项目推进时，一个大难题摆在了他的面前：有一条农户出行长达 50 年的入户路，正好位于项目规划的征拆范围内。农户得知消息后，抵触情绪极为强烈，村干部前期多次上门做思想工作，都毫无成效。

面对这一困境，张英杰没有丝毫退缩，他与村干部一起多次前往农户家中。他们从邻里间的深厚情谊说起，耐心地向农户解释法律规定，还细致地描绘村级未来的发展蓝图，全方位地对农户进行心理疏导。

这个过程可谓一波三折，农户时而坚决拒绝，时而勉强答应却又突然反悔。但张英杰始终保持着十足的耐心与坚定的信念，一次次地尝试，一次次地沟通。

终于，农户被他的真诚与执着所打动，在征拆协议上签下了名字，项目也得以顺利开工。这是张英杰首次接触征拆工作，尽管过程中因经验不足而遭遇诸多难题，但他凭借着设身处地为农户着想的真诚态度，以及在失败中不断总结经验的学习精神，成功地跨越了这道难关。"基层工作没有捷径，唯有脚步勤、态度诚。"张英杰也从中悟出了这个道理。

除此之外，在日常工作中，张英杰十分注重自身能力的提升，虽然在实践中获得了很多宝贵经验，但向书本求知也是必不可少的。基层工作直面群众，需要精准满足群众的实际需求，而大多数惠民政策都是以书面形式呈现的。

为了更好地理解政策、服务群众，他坚持读原著、学原文、悟原理，力求在“原原本本”的学习中“尝原味”，目前已精读《毛泽东选集》《小镇喧嚣——一个乡镇整治运作的演绎与阐释》等 10 余本书籍。这些书籍为他提供了丰富的理论知识，让他不仅能深入钻研相关理论政策，还学会把晦涩的政策条文转化为通俗易懂的家常话语，让群众能够切实受益。

2023 年，他有幸参与了湘潭县委组织部策划的全县公务员培养和选拔的调研活动。在活动中，他巧妙地将平时读书积累的感悟融入调研问卷设计和报告撰写之中，真正做到了把真学真悟转化为调查研究的实际成果，实现了理论与实践的深度融合。

张英杰深知，基层工作任重而道远，只有不断学习、不断实践，才能在这条道路上越走越稳，更好地为群众服务，为乡村发展贡献自己的力量。

缘定：“三不怕”中的主动哲学

2024 年 3 月，春寒料峭，空气中还残留着冬日的凛冽气息。张英杰凭借在原岗位上的出色表现，被调任湘潭市委组织部。

转眼间，距离他踏入新单位已一年有余。这一年的历练在他身上留下了深刻的印记，不仅让他的气质越发沉稳内敛，更在心底沉淀了许多对过往经历的感慨。

“刚到新单位的时候，那种感觉就像一个懵懂无知的小学生，毫无征兆地被扔进了高手如云的高中校园。完全是两个截然不同的世界，落差感特别强烈。”张英杰微微眯起眼睛，陷入了回忆。

张英杰还记得踏入市委组织部办公室的那一刻，阳光透过窗户洒在办公桌上，一种无形的压力如潮水般扑面而来，让他有些喘不过气。

环顾四周，同事们个个精神抖擞，在各自的岗位上忙碌而有序地工作着。他们在处理工作时展现出的专业素养和高效执行力，都彰显着多年积累的经验与深厚的功底，让初来乍到的张英杰心里不禁泛起一阵恐慌。

不久后，主任交给了张英杰第一个任务，制作一份关于办公室业务分享的PPT。彼时的他，对办公室业务的认知仅仅停留在模糊的概念层面，脑海里只有一些零散的印象。办公室的工作看似平凡琐碎，实则繁杂而精细，每一个环节都容不得半点“虚”的。

比如督查督办这项工作，要将领导的指示批示准确无误地转化为正式文件，下发到各个科室。其间，不仅需要准确理解领导的意图，还要在文字表述上反复斟酌，确保每一个字、每一句话都能传达出最准确的信息。文件下发后，也并非万事大吉，还得随时跟进任务的执行情况，协调各方资源，解决执行过程中出现的各种问题。最后，要把执行情况汇总成一份翔实、全面的报告，为领导决策提供有力依据。

而张英杰需要做的，就是把整个办公室如此繁杂的业务进行系统梳理并汇总。这一系列工作看似简单，但每一个环节都对文字功底、协调能力及沟通技巧提出了极高的要求。

面对这个艰巨的任务，张英杰的内心泛起了一丝畏难情绪。毕竟，这是他在新单位的“首秀”，一旦搞砸，不仅会影响自己在领导和同事心中的形象，更会错失这个快速融入新环境、熟悉新业务的宝贵机会。

但他十分清楚，主任把这个任务交给他，是对他的信任，更是给予他一个快速成长的机会，帮助他尽快熟悉办公室的业务。于是，张英杰深吸一口气，决定鼓起勇气，主动出击。

白天，他就像个求知若渴的学生，穿梭在办公室的各个角落，认真请教每一位前辈。他拿出随身携带的笔记本，把前辈们讲解的每一个业务要点，从文件的起草规范、格式要求，到与不同科室沟通时的注意事项，再到处理突发情况的应对策略，都一一详细记录下来。

遇到前辈们讲解得不太清楚的地方，他也毫不羞涩，再次追问，直到完全理解为止。晚上回到家，他就坐在电脑前，开始漫长而又细致的整理工作。

他深知，这次的PPT汇报内容绝不能只是简单的信息堆砌，必须简洁明了、重点突出，既要能准确传达信息，又要能吸引观众的注意力。为了达到这个目标，他反复斟酌每一句话，思考如何用最简洁的语言表达最丰富的内容。

每一个图表的设计，他都要在网上搜索大量的案例，对比分析，力求找到最直观、最清晰的呈现方式。遇到不懂的地方，他就上网查阅资料，或是向有经验的同事请教。

有时，为了修改一个图表的颜色，他会反复尝试十几种不同的搭配，直到满意为止。经过无数次的修改和完善，那份凝聚着他无数心血的 PPT 终于完成了。

当主任在分享会上进行讲解时，张英杰坐在台下，看着自己的成果得到认可，心中的那种成就感无法用言语形容。那一刻，他觉得所有的付出都是值得的。

"所以无论做什么事情都要主动，只有主动迈出步子，目标才会离你越来越近。"张英杰感慨地说，眼神中透露出一丝坚定。

有一次，张英杰接到了一项紧急而又繁重的干部考察任务。时间紧迫，任务艰巨，由他担任联络员这一关键角色。

联络员就像是一场复杂交响乐的指挥，要对整个干部考察业务流程了如指掌，每一个时间节点该做什么，都必须清清楚楚，容不得半点差错。可张英杰不仅毫无准备，而且在这个方面也是一位"新手"，甚至连最基本的业务流程都不清楚。

当得知自己要担任联络员时，他的心里"咯噔"一下，仿佛被一块大石头重重地压着。就在他感到手足无措、焦虑万分的时候，一位热心的同事递给他一份文字资料，这份资料就像是黑暗中的一缕曙光，让他看到了希望。

在仔细阅读的同时，他不停地向身边的同事请教，边问边学，不放过任何一个细节。为了尽快熟悉业务，他甚至顾不上吃饭和休息，用一晚上时间整理好了干部考察所需的材料。

"第二天，当我们走进考察现场时，我心里还是有些忐忑，毕竟这是我第一次参与这么重要的工作，生怕出现什么差错。但好在前期工作做得扎实，整个考察过程进行得非常顺利，没有出现任何纰漏。"张英杰长舒一口气，仿佛又回到了那个紧张而又充实的考察日。

说完这两个故事，张英杰认真地总结道："面对不会做的事情，一定要勇敢一点。有困难不怕，有不会的不怕，有不懂的也不怕，就怕不去学、不主动学。"

我饶有兴致地问起张英杰今后的职业规划。张英杰微微顿了一下，然后坦言，自己已经工作三年多了，在工作中获得的"成就感"让他更加坚定地要在公务员这条道路上走下去，努力实现自己的价值。

“说实在的，我一直相信，只要做好本职工作，踏踏实实地做事，组织肯定不会亏待每一个努力的人。”他的眼神中透露出坚定，“‘流水不争先，争的是滔滔不绝’，这是我一直以来的人生信条，也是支撑我前进的动力”。

张英杰始终相信，只要坚持不懈、持之以恒，终能在自己的岗位上发光发热。

采访最后，张英杰对我说：“我最大的期待，就是党和国家的政策能够真正地落地生根，让每一位老百姓都能实实在在地享受到政策的福利、改革的红利。希望湘潭人民的生活水平能大幅提高，社会经济能够快速发展，变得更加繁荣昌盛。”

听着张英杰的讲述，我仿佛看到了无数像他一样的公务员，在各自的岗位上默默耕耘，用自己的努力和汗水，为城市的发展、国家的建设添砖加瓦。他们或许平凡，但他们的付出却无比伟大，正是因为有了他们，我们的生活才会变得越来越好。

从实验室到田间地头，从技术人到百姓的“贴心人”，张英杰的故事，就如一粒蒲公英种子，从学术的温室飘向广袤的田野，在基层的土壤中生根发芽。他用基层工作淬炼初心，以“知行合一”的精神践行中南粉冶人的青春誓言。

作者：洪子璇

14

写人生剧本要一笔一画

——访2022级博士研究生黄绍祯

上浮做规模，获批800万元政府扶持资金

下沉做实事，推动新能源产业的技术变革

粉小冶推荐语

他将国家需求作为奋斗方向，参与国家重点研发计划等多项国家级重大课题；以第一作者身份在*Nature*子刊等国际顶级SCI期刊发表论文10篇，获第二届全国大学生职业规划大赛总决赛金奖。

他以前沿理论推动市场创新，在新能源领域关键技术上实现重大突破；以项目负责人身份获第八届中国国际“互联网+”大学生创新创业大赛研究生创意组国家银奖。

他将研学之物化为经世之用，以第一自然人身份申请并获批佛山市高新区政府扶持资金800万元、配套厂房1.02亩；获国家发明专利授权6项，实现技术成果转化432万元，获国内外材料领域三项权威认证；注册公司，进行深度市场实践，为推动新能源产业技术变革，贡献中南力量。

他就是中南大学粉末冶金研究院2022级博士研究生黄绍祯。

PMRI

初见黄绍祯是在中南大学粉末冶金研究院第四届“粉冶菁英”榜样模范评选活动的答辩现场。他有着瘦弱却意气风发的青年模样，能够在面对台下满堂听众时侃侃而谈，在面对评委尖锐的问题时从容不迫，简明扼要且字字切题。

那时，我还在刚入职新单位的适应期，作为 527 名博士研究生的辅导员，在工作场合总是诚惶诚恐。作为答辩现场的评委，会场上的我逐字逐句阅读着每一位参评同学的事迹材料，在看到黄绍祯材料中“企业法定代表人”“公司董事”这样的字眼时，不免对其过往经历产生好奇。

缘起：发电端？储能端？

我真正与黄绍祯接触是在中南大学 2023 年大学生年度人物评选期间，粉冶院承办了这次评选活动，我作为活动负责人参与组织工作，黄绍祯作为粉冶院的推荐人选参评。在对黄绍祯事迹材料内容的一次次打磨中，我与他也逐渐熟络起来。

“来来来，姓甚名谁？哪年出生？家是哪儿的？你先自我介绍一下。”

这是我与黄绍祯这次采访的开场白。我常说自己是“非典型”的高校辅导员，在与学生还不熟悉时，总是在心里嘀咕“我是老师，我要表现得成熟一点”。可一旦与学生熟悉起来，对话就是朋友聊天模式了。

“咳，黄绍祯，1998 年 3 月生，2016 级本科生，本、硕、博均就读于中南大学。”“行，和我同岁，比我大但比我小两届。你读书太晚了，但你是博士在读。那我输了，你继续。”我与黄绍祯从高考后学校、专业的选择聊起，他说其实当年想选的是化学专业，后来考虑到学校的优势学科才选择了材料化学专业，来到粉冶院后，真正开启了人生剧本中的“电池”篇章。

黄绍祯的本科班导师是粉冶院现任院长张斗教授。在新生课上，张斗教授向黄绍祯这一届的新生们分享了自己的研究方向。张斗教授对专业知识的生动讲解，极大地激发了黄绍祯等同学的科研兴趣。

黄绍祯接着讲起，大学二年级时他与同宿舍同学刘盛文一同向张斗教授请教过关于“钛酸锶钡”(简称“BST”，是一种电子功能陶瓷材料，广泛应用于电子、机械和陶瓷工业)等科研材料的制备。

“啥是‘tài suān sī bèi’啊?”我虽然也是曾经熟记元素周期表的理工科学生，但在黄绍祯提到专业名词后，外行的我似乎大脑停止了转动，发出了连串的问号预警提示。随后，黄绍祯向我解释了这种材料的基本性能与应用场景。“新能源主要有两个研究部分，发电端和储能端。‘tài suān sī bèi’就是四个字对应元素周期表的四种元素‘钛酸锶钡’压电材料。张斗教授的研究领域为发电端，‘压电材料’可以理解为由力产生电流，比如你给一个人一枚硬币，捏这枚硬币就可以产生电流，理想状态下可以一边走路、一边发电。”

很简单的几句话，却很清晰地解答了我的问题。这也是我在“粉冶菁英”榜样模范评选活动的答辩现场感受到的黄绍祯凡事泰然处之、讲话娓娓道来、表达切中要害的能力。

“那你是怎么转到现在的研究方向的呢?”我好奇地问道。黄绍祯推了推眼镜，认真地回答:“其实，这还得益于我们学院教授都在本科生教学一线授课的安排。这样的安排让当时像我这样的初学者有机会近距离接触到学术大家。

我就是在这样的契机下，认识了我的研究生导师陈立宝教授，他的主要研究方向是新能源领域的储能端材料。

记得一次陈老师授课结束后，我心中满是对专业知识的疑惑和好奇，便主动去找陈老师请教。我们聊了很久，从基础知识到前沿研究，陈老师的每一句话都让我受益匪浅。也正是从那次交流开始，我踏上了我的‘负极材料’研究之旅。”

“什么?”听到一堆专有名词疯狂袭来，我还处于蒙的状态。黄绍祯便向我介绍起当下热门的固态电池领域。固态电池领域作为下一代储能器件的高地，具有超高的安全性，已成为新一轮新能源产业革命的焦点，也是国家“十四五”规划的重要技术布局。

他耐心地向我解释，电池主要由正极材料、电解液、负极材料三部分组成。目前，正极材料的研究已经达到了相当高的水平，近乎顶尖；而电解液有毒，在实际应用中存在一定的局限性；负极材料则还有很大的探索空间和巨大的发展潜力。储能端的研究目前主要集中于氢元素和锂元素相关材料的制备。固体吸附氢气后产生的水是无污染的，如果能够突破性地解决氢能制备过程中易爆炸的难题，将其推广到民用材料的应用中，那无疑将是材料领域研究的重大突破，这才是真正面向未来的技术。

“相比之下，锂元素单质的活泼性相较于氢元素弱了很多。锂金属不仅轻质、能量密度高，而且‘既古老又前沿’，充满了神秘感。从安全性角度来说，锂金属负极材料在材料制备过程中，最多只会起烟、起火。但只要在控制好气氛的条件下，对于研究者和使用者来说，都是更为安全的，也更有潜力推广至民用市场。”听着他的讲解，我仿佛也打开了一扇通往新能源材料世界的大门，对这个领域有了研究的兴趣。

“那你是什么时候开始转战创新创业竞赛的?”我对他的创新创业经历也充满了好奇。

黄绍祯是第八届中国国际“互联网+”大学生创新创业大赛研究生创意组国家级银奖项目的负责人。我曾多次指导学生参加相关竞赛，深知能够在省级赛事中脱颖而出已实属不易，而登上国家级赛事的舞台更是难如登天。

黄绍祯听到我的问题后，微微低下头，数了数手指，感慨道：“四年了，算下来还真是蛮久了。”

他回忆起大学三年级下学期，那时的他怀揣着对未来的憧憬和一股初生牛犊不怕虎的劲头，第一次申请大学生创新创业项目，并幸运地获得了校级立项。从那以后，他便一头扎进了大学生创新创业的浪潮中，在各项赛事与创业实践中摸爬滚打，不断积累经验，不断成长。

这四年的时光里，他经历了无数次的失败与挫折，但始终没有放弃，凭借着坚定的信念和不懈的努力，一步步走向了国家级赛事的领奖台。

缘续：打不响的科研退堂鼓

科研之路道阻且长，坐冷板凳是科研工作者的常态。黄绍祯站在了人生的一个重要岔路口，陷入了深深的纠结之中。摆在他面前的是一个艰难的抉择：是否选择社会工作类推免。

一旦选择了这条路，他将以硕士研究生的身份在中南大学就读四年，同时还将拥有高校辅导员的身份。然而，这也意味着他无法全身心地投入科研工作中，大量的时间和精力都将被繁杂的学生工作所占据。

那些日子里，黄绍祯常常独自坐在校园的长椅上，望着校园里来来往往的人们，脑海中不断地做着理想与现实的权衡。一边是稳定的职业发展路径和为学生服务的机会，另一边是他内心深处对锂金属科研领域的热爱与向往。

锂金属仿佛散发着一种独特的迷人魅力，吸引着他不断靠近。经过无数次的思索，在一个洒满阳光的午后，黄绍祯终于做出了决定，他坚定地选择了追随自己的科研梦想。在选择毕业设计的课题时，他毫不犹豫地选定了"超薄锂金属负极材料制备"这一内容，那一刻，他仿佛看到了自己未来在科研道路上的无限可能。

大学四年级时，黄绍祯满怀期待地踏入了课题组的实验室。刚一进去，师姐武晨便一脸认真地给他打了一剂"预防针"："师弟，我们组的研究方向挺新的，目前还处于探索阶段，有可能到你毕业都不会有什么突破性的进展，你可得提前做好心理准备啊。科研可不是一蹴而就的事情，需要长期的坚持和付出。"

黄绍祯听后，微微点了点头，眼神中透露出坚定。师兄青飘也提醒他："做我们这个方向，实验中出现起火、冒烟的情况是非常正常的，毕竟锂金属的性质比较活泼。你一定要有心理承受能力，操作的时候千万注意安全，严格按照实验规范来。"

黄绍祯将这些话都牢牢记在了心里。从大学三年级下学期选定毕业设计内容，到研究生一年级上学期这段时间里，黄绍祯仿佛一名不知疲倦的科研战士。实验室里，他常常一待就是一整天，忘记了时间的流逝。一次次地调整实验参数，一次次地重复材料制备实验，尽管过程枯燥且艰辛，但他从未有过一丝懈怠。

终于，功夫不负有心人，他完成了无数次的材料制备实验，获得了大量真实、有效的实验数据，也成功获得了第一项授权专利。这些成果就像一颗颗闪耀的星星，照亮了他科研的道路，成了他宝贵的科研财富。

“中南大学很大，它跨湘江两岸，占地面积达 317 万平方米；当然，它也很小，如果在未来的四年里，你终日无所事事，也许毕业后你对中南大学的回忆就只有一张证书。”在 2016 级本科生新生课上，张斗教授的这番话如同一记警钟，深深地烙印在黄绍祯的心中。

多年后，黄绍祯回忆起这句话时，依旧感慨万千。

他说自己是极为幸运的。在中南大学的求学时光里，他从张院长那里深刻认识到中南大学这个平台所蕴含的巨大影响力，那是一种能够为科研梦想提供无限可能的力量；他从师姐那里学到了基础材料合成的方法，掌握了科研相关实验的严谨流程，每一个步骤、每一个细节都铭记于心；他从师兄那里了解了如何将实验室里的研究成果转化为实际应用，明白了科研的最终目的是服务社会；他从陈老师那里懂得了什么是真正沉下心来做科研，那是一种对科学的敬畏，对真理的执着追求。

研究生一年级下学期，黄绍祯的科研生活并不顺利，身边的同学大多有了一定数量的 SCI 论文、授权专利等成果，不免让他在心中暗暗打起了退堂鼓。

那些日子里，他常常陷入自我怀疑，不断思考自己之前的选择是否合理，自己又是否真的是从事材料领域科研工作的合适人选。终于，在一个深夜，他鼓起勇气向陈老师说出了自己心中的困惑。

陈老师听后，语重心长地说：“如果我们发表的论文的内容是‘灌水式’无意义的实验得出的数据结论，那这样的论文不发也罢。真正沉下心的科研，应当是发‘大文章’，去做高质量的科研探索，推动科学的前沿发展；发‘小文章’，则是跟着前人的脚步，一步一个脚印地摸索前进。之所以希望你们能够有顶级期刊的代表作，是因为顶级期刊的每一篇论文拿出来看，都应当具有推动人类某一产业迅速发展的能力，代表着人类科学的最高水平。每一个选择都会面临困难，关键是在做出选择后，要全心全意、坚定不移地走下去。”

陈老师的这番话，如同一束光，照亮了黄绍祯心中的迷茫，让他重新找回了前进的方向。

陈老师一直致力于推动课题组实验成果的产业化，面向国家重大需求，在新能源材料领域作出应有的贡献。由于工作繁忙，陈老师与学生在具体实验过程中的交流相对较少，但每一次的交流都极具价值。

更多的时候，陈老师会与学生探讨技术成熟度与成果的可应用价值。每一次组会或是私下交流，陈老师的每一个观点、每一次启发，都极大地促进了黄绍祯在研究领域的快速成长，尤其是在以前沿理论推动创新实践的过程中，让他学会了从更宏观的视角去思考科研问题。

当黄绍祯回忆起大学四年级下学期的创新创业竞赛经历时，脸上露出了一丝苦笑，坦然说道："那时候没什么经验，在团队组建和分工上做得很不到位。成员分工安排不明确、不合理，导致比赛过程中，原本15人的团队赛最后几乎变成了我一个人的单打独斗。那时陈老师语重心长地对我说，'科研，无论什么时候都不能抛弃合作'，这句话对我触动很大。"

从那以后，黄绍祯深刻地认识到了团队合作的重要性。在后来组队参加第七届中国国际"互联网+"大学生创新创业大赛前敲定人选时，他格外慎重。

他仔细分析每一位潜在组员的优势和特长，对每一位组员的团队角色与工作内容都进行了详尽周密的部署。尽管最后的成绩不太理想，但比赛结束后，他和团队成员一起，对比赛过程进行了全面的复盘、深入的推敲，总结经验教训，为来年再战做足准备。黄绍祯也在这个过程中，逐渐成长为一名更加成熟、更具责任感的科研人员和创业者。

缘定：做回"二次电池"

黄绍祯喜欢文学，文学带给他的想象力助力他在科研上屡屡创新。在他看来，写好论文的关键在于"讲好故事"：感受科研思想的核心内容，按照逻辑叙述并加以辅助论证，而后便有了"好故事"。一路走来，黄绍祯以固态电池用锂金属负极材料设计、制备、加工、应用的全链条研究切入，锚定市场应用方向。针对固态电池用锂金属负极材料，在超薄微米级加工、高导离子传输界面制备等关键技术上实现重大突破。有很多人劝他可以考虑把重心放在"增加文章数量"上，可是陈老师的话始终警醒着他要"少吃快餐，要吃就吃国宴"。

在第七届中国国际"互联网+"大学生创新创业大赛落幕后，黄绍祯选择了结合课题组在湖南省电将军新能源有限公司的电池项目参与第十届中国创新创业大赛，继续磨炼。

这是一个企业级的赛事，也正是这场赛事让黄绍祯对科研成果转化与市场的认识有了质的变化。该项目斩获2021年中国创新创业大赛娄底分赛区一等奖、湖南省优秀奖。同时，黄绍祯作为2021年优秀创业代表，在大赛颁奖典礼上发言。

从融资规模到人员规模，从资金流、现金流到投资回报周期，黄绍祯从这场赛事里，看到了中国新能源领域新生代企业的科研能力，认识了行业内许多优秀的企业家，理解了面向国家重大需求，粉冶青年在材料领域应有何为。

在成百上千次探索验证下，黄绍祯开始进行产业化和创新创业的深度市场实践。2022年6月，在陈老师的组织下，他以第一申请人身份申请并获批了佛山市高新区创新创业优秀人才团队立项，获批了佛山市高新区创业扶持资金800万元，目前已在佛山市南海区里水镇配套有1.02亩的厂房。

2022年7月，黄绍祯以法定代表人的身份注册了长沙锂想新材料有限公司，作为研发公司；2022年11月，注册了佛山锂朋新能源有限公司，目前已带动15人高质量就业，预期项目落成将提供百余个优质岗位，带动上下游产业产值近亿元，并成为广东省佛山市高新区人才引进团队的核心成员之一。

在此期间，黄绍祯带队重新整装出发，在对技术、商业、市场都有着充分了解的情况下，摘得第八届中国国际“互联网+”大学生创新创业大赛研究生创意组国家级银奖成了水到渠成的事。面对国家级赛事舞台上评委们的尖锐提问，黄绍祯从容不迫地应答着，真正做到了将研学之物转化为经世之用。

在采访过程中，我们聊到佛山的工厂情况与下一步打算时，黄绍祯分享道：“现在第一批产品已经生产出来了，质量高、性能好，课题组成果的产业化在稳步推进，下一步我还是想回实验室做科研。”

“其实现在已经发展得很好了，没有想过休息一段时间吗？”

“目前虽然实现了‘二次电池’负极材料的加工应用，有在无人机领域应用的前景，但因循环寿命问题，其商业应用范围仍然有限。我还是想回实验室沉下心来好好研究。”

采访的中后期，我想起了整理黄绍祯大学生年度人物评选的宣传材料时，找不到任何一张能用的照片，便开始了十分钟的碎碎念式的批评环节。想来，黄绍祯这样心性的人，如果不是有实际需要，大抵会将时间全部放在科研上。

于是，我便开玩笑地说：“你们课题组是把冷板凳当成传家宝啊。”

2024年6月底，经评选推荐、资格审核、评审公示，中共湖南省委教育工委研究决定授予黄绍祯等140名同学“2024年度湖南省普通高校优秀大学生党员”荣誉称号。绍祯说：“谢谢卉森姐帮我一遍又一遍地打磨材料。”我说：“你应该谢谢每一步科研路、人生路都走得扎扎实实的自己。”

慢慢地，我也学着了解新能源材料的一些知识，有不懂的就会在微信上给黄绍祯留言。一来二去，黄绍祯开始带着我写科技论文，英文水平停留在大学英语六级水平的我，对着一堆专有名词犯了难。他也总是不厌其烦地向我解释一些概念，即便知道这些概念并不会在我的脑海里停留太久。

年底时，大学生职业规划大赛校赛拉开帷幕，黄绍祯也在我的鼓励下参加了比赛。起初，我对他的答辩能力与展示内容充满了信心。可惜的是，那天本就感冒的黄绍祯抽到了一号，虽然第一个出场还是拿到了 90 分的高分，但现场看到黄绍祯表现的我并不满意。

“哎呀，我都说了让你别说那些内容，你就是忍不住。”乘兴而来，败兴而归的我，在黄绍祯答辩结束后，批评了他一通。那天，他差一个名次就可以拿到一等奖了。

幸运的是，在名额充足的情况下，黄绍祯获得了与校赛一等奖选手一样的机会，即在系统中提交材料进行省赛初审的机会。这一次，我丝毫没有懈怠。在得知参赛机会后便第一时间开启“催催催”模式，和黄绍祯一起打磨材料，并向有参赛经验的领导、老师、选手请教。

答辩前几天，在北京出差的黄绍祯说：“卉森姐，大问题。要成为比赛困难户了。8 号又要到北京去参加项目答辩，这两天忙不过来了。”我催他赶紧给我内容，我来搞定 PPT 的美化，进度也就这样推进了。

黄绍祯省赛那天，我没有去现场。我说：“我能做的可都做完了，现场我就不去了，省得你紧张。”他说：“好。”最终，他成功拿到了省赛参赛赛道的一等奖第一名。

没有去省赛现场的我，在线上紧盯着每一位参赛选手成绩的更新。终于，在所有参赛选手的成绩公布完毕后，我松了一口气。我说：“行，算是没白干。校赛时，我也没必要去。”黄绍祯回我说：“明天颁奖典礼你去吧，我得回北京，已经在去机场的路上了，咱俩换个班。”

值得一提的是，在省赛备赛期间，黄绍祯收到了入选 2024 年度中国科协青年人才托举工程博士生专项计划的好消息。这大概便是“苦心人，天不负”的最好诠释吧。

每周一次的登山，让黄绍祯能够从很多事情压在肩上的感受中抽离出来，感受大自然的美好，追求“心中森林”的宁静。黄绍祯不愿与人比，只和自己比。他说：“做科研，总会有人迷失。善于调整心态，是我最大的优势。”

2025 年 4 月，全国大学生职业规划大赛如火如荼地进行着。备赛期间，我与黄绍祯几乎每天都要进行交流，一遍又一遍修改 PPT、打磨逐字稿，尽我们所能做好充足的准备。结果也没有让我们失望，黄绍祯以全国金奖结束了研究生期间的最后一场比赛。黄绍祯在做任何事之前，都做好了“竹篮打水一场空”的打算，而在完成了一件事之后，又会以“归零心态”重新出发。

上浮做规模，下沉做实事。在推动新能源技术产业变革、固态电池材料技术产业升级的道路上，黄绍祯一路高歌，贡献着中南粉冶青年的青春力量。

作者：李卉森

15 一颗葵花籽的向阳生长

——访2018级硕士研究生曲昀

做无名小花，在工程研究领域悄悄绽放
做快乐小狗，给生活一点点颜色

粉小冶推荐语

他作为研究所年轻一代的项目负责人，与团队核心技术人员汇智聚力，设计研发了千帆星座首阶段324颗卫星的核心组件QV馈电天线驱动机构，参与研发了关键单机太阳电池阵驱动装置，其团队获研究所2024年度青年先锋团队称号。

他在设计和研制工作中寻找技术难点并突破，解决了极端温度条件下的精密传动机构可靠性设计、微小运动机构超低转速与高运动平稳性控制、大减速比空间机构批产标准化工艺制定等多项关键核心技术难题。

他所在团队紧跟国家需求，针对商业星座上万颗卫星的快速布局，在研究所大力支持下，建立了空间运动机构批量生产线，生产效能提升300%，实现低成本快速批产，仅2024年就交付单机150台套，合同金额达2800万元。

他就是中南大学粉末冶金研究院2018级硕士研究生曲昀。

PMRI

2014 年秋季，学校首次试启动卓越人才培养计划，录取学院与这个项目双线学习。刚刚入学的我，与曲昀还有许多同级的小伙伴一同被选拔至这个项目参加相关培训。众望所归下，曲昀成了我们的班长。

后来，这个项目停止了。但是我们一个班的几个同学，还是成了很好的朋友。那年年底，我第一次主持校级活动，在校园歌手大赛的现场，曲昀和班上其他小伙伴一同悄悄到场见证我的大学首次闪耀时刻。

台上的我，在与观众眼神互动时，看到了台下的他们，心底满是感动。我至今仍记得活动后台的那张合照，对我来说，它定格了 2014 年最温暖的美好瞬间。

缘起：好心态决定一生

曲昀大概是我在这个系列中最难动笔的一位。因为我与他实在是太过熟悉，在我入职粉末冶金研究院前，曲昀应该是我在粉冶院“年头最久”的“人脉”。

第一次约曲昀采访时，是这本书的写作计划刚刚确定的时候。2024 年除夕前几天，还没放假的曲昀秒回了我的约访消息。

接通电话后，开始了一场一发不可收的寒暄。后来说得口干舌燥，这场非正式采访也就在沉浸式聊天中结束了。

采访的事搁置了几个月后，我给曲昀留言说：“要不我请学生采访你，我旁听后再来写吧。”他说，全听我安排。

“嘿，下班了吗?”

“下了下了，开始吧。”

身为一位标准的打工族，曲昀白天自然是要穿梭在忙碌的职场生活中，只有不加班的晚上才有属于自己的时间。不过，他性格特别爽快，行事从不拖泥带水。那天，我们把采访提纲发过去才一会儿，就敲定了在曲昀第二天的下班时间来做这场采访。

时间倒退到十年前，还是几年前？不知道他什么时候专业分流的，大一时的曲昀站在专业分流的岔路口，选择了高分子材料与工程专业。那时的他或许未曾想到，来自河南洛阳的他未来会在西安某个研究所开启职业生涯，从事与本科专业跨度极大的摩擦学研究。

2023 年，高分子材料与工程专业从粉冶院的分流阵营中退出，从此成为学科发展历史的一部分。

然而当年，对于曲昀这一届学生来说，高分子材料与工程专业刚招收第二届学生，仅有两个班级，专业课程排得满满当当，各类高分子相关课程纷至沓来，学的内容十分繁杂。而且院里高分子专业的老师并不多，多数老师的科研都聚焦其他方向，相比之下，高分子材料与工程专业的师资力量稍显薄弱。

正因如此，不少同学本科毕业后纷纷前往其他院校读研深造。曲昀则是在学校继续攻读硕士学位时，选了个与本科专业关联不大的方向，师从张雷教授，半只脚踏入了摩擦学领域。

彼时，他主攻金属材料的导电摩擦磨损研究，背后还有“空间载流摩擦副在轨应用与分析”这一前沿课题。

初涉这个领域，曲昀像是闯入了一片未知的学术密林，一切都充满挑战。全新的专业术语、复杂的实验流程，以及晦涩难懂的理论模型，如同一座座小山，横亘在他面前。但是在一次次碰壁与摸索中，他也开始逐渐摸清这片学术密林的脉络。

三年的读研经历，于曲昀而言，不只是知识的积累，更是一场心性的磨炼。这不仅直接引领他涉足空间运动摩擦部件相关领域，让他接触到空间运动组件的产品研制方向，同时也让他相信，哪怕与之前的专业关联不大，只要努力坚持，自己在新的赛道同样能发挥价值。

和现在的研究所结缘，也是源于之前研究生时期的课题。当时研究所研究的一个卫星上极为关键的单机产品——太阳电池阵驱动装置里的关键材料，恰好是曲昀他们课题组的研究方向。

于是在毕业后，导师推荐他去研究所面试。曲昀考量一番，觉得这个方向与自身的研究也十分契合，加上自己是北方人，确实更倾向于回到北方工作，也就满怀期待地去了，一路过关斩将，终于入职了中国科学院西安光学精密机械研究所。

初入职场的那段日子，曲昀时常感慨，学生身份与工作身份之间，仿佛横亘着一道无形却又泾渭分明的界限，切换时的感受格外明显。

回想起校园时光，导师布置的课题，就像是一场漫长的知识马拉松，有充裕的时间去查阅资料、反复论证，每一步都能走得十分从容。

然而工作之后，节奏陡然加快，各种事务性工作如同密集的鼓点，声声催促。这些任务往往有着极为精准的时间刻度，或是当天晚上就得给出初步反馈，或是短短几天内就得交出一份完整且成熟的成果。

曲昀必须迅速投身其中，大脑飞速运转，在极短的时间内整合思路，给出切实可行的方案，紧接着得出结果，再马不停蹄地反馈给甲方，然后依据甲方的反馈，争分夺秒地做出调整与优化。

很显然，职场对效率的苛求和校园相比，不可同日而语，就连工作方式也发生了翻天覆地的变化。

这时，一直在一旁静静聆听的我好奇道："这些工作，是团队领导直接布置下来的，还是要你们自己主动去找课题来做呀？"曲昀听后回应："你确实问到关键之处了。工作之后才发现，主动性在这个新环境里，着实是一项不可或缺的品质。"

刚进入部门，大家就会被分配到各类具体的课题当中，同时课题里会有不同的组合，这样形成的团队就有点像读研时期的课题组，但又比课题组更精简一点，分工更加明确一些。

比如，曲昀所在的这个小部门，主要在两个大方向上发力。

其一，是空间运动机构。这听起来就充满了科技感与神秘感。简单来讲，就是要给卫星量身定制能够灵活转动的平台、精巧的部件，让卫星在浩瀚的宇宙中可以精准执行各项指令。

其二，是地面经纬仪，原理其实和小米云台有几分类似，不过要求严苛得多，不仅得让它的控制精度非常高，同时还得适应极端环境，如极寒、酷暑或者沙漠地区那种沙尘漫天的恶劣环境。

随后，课题负责人会细致地给每个人分配任务，还会明确规定好完成的时间节点。有人负责结构，有人做软件，有人钻研电路设计。大家齐心协力，只为了一个目标——按时交付一件符合要求的产品。

在这个过程中，每个人都会做出自己的努力，根据负责人的要求不断做出调整和修改。比如当下，曲昀手头负责的结构设计与分析工作，要是碰上一个类似云台的项目，他就得像一位技艺精湛的工匠，把每个部件的安装位置、所能承受的应力大小，都剖析得一清二楚，而后从结构设计方面绘制出加工图纸。

不仅如此，还要周全地考虑到实际应用场景里可能遭遇的各种极端情况，像是零下 20 摄氏度的严寒，或是烈日下 30 多摄氏度的高温，甚至是突如其来的晃动冲击，都得一项一项研究透彻，出具详尽、专业的报告，用数据和分析来证明这款产品经得起任何考验。

曲昀向我们阐述时，语调始终平稳而舒缓，带着独属于他的儒雅气质。他不疾不徐地说着："当大家都把各自手头的任务圆满完成，整个产品才能顺利完工交付。在这个过程中，我发现了不少知识盲区，这就需要自己主动出击，去查阅资料、向同事请教，一点点填补知识的空白，持续提升自我，更快更好地融入团队。"

除此之外，曲昀他们还有一小部分研究性工作，每个人都能依据自身的兴趣与专长，去申请一些小型课题来深入钻研，这和学校里的科研项目很相似，只是在职场的大框架下，它所占的比重相对小了许多。

对曲昀来说，从学生到员工身份的转变还算是一个比较自然的过程。算起来，他毕业已有四个年头了，自我感觉与职场人的身份融合得颇为顺畅。刚踏入职场的时候，曲昀心里头对职场的种种规则与状况懵懵懂懂，还时常把事情想得过于复杂，给自己无端增添了不少压力。

但好在研究所的氛围格外不错，同事们都很好相处，平常大家凑在一块儿，一门心思扑在工作上，也没那么多弯弯绕绕。

曲昀意识到，只要自己敞开心扉，积极主动地融入集体，一切就没那么难。在日常工作里，大家彼此帮衬，遇到难题齐心协力攻克，一来二去，关系越发亲近。

曲昀更是深知主动的妙处，在资深同事或是项目负责人遇上棘手问题时，他总会热情地凑上去，尽己所能帮着解决。就在这一次次帮忙、一次次攻克难题的过程中，曲昀逐渐完成了从初出茅庐的新人到成熟职场人的蜕变。

曲昀说："我觉得最重要的还是心态，心态摆对了，所有的事情都会水到渠成。只要足够勤勉努力，领导和同事们自然都会看在眼里，给予认可，随之而来的，便是满满的成就感，以及更多未来可期的发展机遇。"

缘续：内卷不内耗

曲昀的一天，通常是伴着清晨七点半的闹铃开始的。起床简单收拾一番后，便出门前往研究所。到了所里，先去食堂吃上一顿热乎乎的早饭，给自己"充满电"，接着就直奔实验室。

实验室是用来做产品环境试验或调试的。由于当前他参与的项目的交付周期相当短，所以他每天把大量时间投入到了实验中。

上午的时候，实验室里满是忙碌的身影，调试人员和实验人员各司其职。要是过程中碰到难题，大家就凑到一块儿讨论，齐心协力找解决方案。要是实验和测试进展顺利，曲昀就会挪到实验室旁边的办公室着手处理项目相关事务，要么撰写报告，要么精心设计图纸，也就是所谓的"出图"，其间还得翻翻专业文献，给自己补充知识养分。

当然，工作也不总是按部就班，偶尔碰上事务性工作，他就得在各个部门间来回跑流程，忙得脚不沾地。

上午十一点半左右，就到了午饭时间。稍作休息后，下午一点半又要开始新一轮的工作。正常下班时间是五点半，如果加班就得到八九点。

我忍不住问起加班频率，曲昀笑着回应说："加班算是常有的事，忙起来的时候，一周大概有三四天都得加班，不过对我来说也还算能接受。"

聊起在西安的生活，曲昀兴致颇高，他发现西安和长沙有不少差别，"就比如说这鸟，西安的小鸟种类特别丰富，大概是离秦岭近、生态保护到位的缘故，好些之前没见过的鸟，在这儿都能瞧见"，为日常生活增添了不少新奇感。

再说到研究所里的氛围，那也是相当热闹。研究所里似乎人人都热衷于体育运动，羽毛球赛、篮球赛，几乎年年不落。研究所内有个气膜馆，设有多块篮球场地、羽毛球场地。每天下班后，场馆里人气爆棚，很是热闹。

曲昀对比之前在学校参加过的比赛，明显感觉这边球友们的技术都相当好，水平也高很多。值得一提的是，一个实验室所在楼的顶层新建了一个健身房，对所里职工免费开放，职工们都热情满满，还有的主动当起了动感单车课的教练，下班后带着大家一起锻炼，很有意思。

曲昀也坦言，工作中确实遭遇过不少困难与挑战。因为专业存在差异，他干起活儿来，往往比旁人更吃力些。他本科所学并非当下从事的机械专业，以至于在某些情况下，他的经验储备、基础知识，相较于同行都稍显逊色。

因此他刚入职那阵子，着实艰难，有时候参与项目讨论，前辈们运用一些专业术语交流，他听得一头雾水。

为了弥补短板，曲昀只能下狠功夫，狂读各类相关书籍，钻研一些专业软件。他凭借着这股子不服输的劲头，在"艰难"的工作初期，努力追赶着。

这两年，所里的部分项目让他压力倍增。那些项目的周期特别短，交付期限就像悬在头顶的针，带来极大的进度压力。比如产品交付前得经历一连串烦琐的工序，要开展大量实验，还得撰写不少报告，时间紧迫得超乎想象，按常规流程，根本没法按时完成。

如此一来，甲方免不了质疑，有时就连直属领导，由于不太清楚具体工作细节，也对工作进展心存疑惑。夹在两方中间的曲昀，免不了感到身心俱疲。

不过，曲昀也逐渐摸索出了应对之法。"克服的办法就是不要内耗。遇到自己觉得难以接受的事情，就及时地跟别人说，再难开口都要说出来，不要放在心里，然后让自己去消耗情绪。内耗其实是很不好的，既不利于解决问题，也影响自己的心情。"

压力大的时候，曲昀也会去运动放松一下，看着汗水挥洒出去，压力似乎也随之被一点点甩掉，毕竟身处热爱运动的研究所，有这样得天独厚的运动条件，怎么也不能浪费。

"这么健康吗?""那个，我压力大的时候也忍不住去吃点东西犒劳自己，虽说心里清楚这么做不太健康。"

我笑笑："那咋啦，白天都累成这样了，晚上还不准来顿火锅、烧烤什么的放松下，焦虑和压力积累起来更加伤身体，随着美食下肚被消化掉才是它们的归宿。"

缘定：航天梦、爱情甜与猫咪闹

2024年8月6日下午，备受期待的中国版“星链”计划——“千帆星座”首批18颗组网卫星以“一箭18星”升空入轨。10月15日，第二批组网卫星也成功发射，卫星顺利进入预定轨道，所有卫星状态正常，发射任务取得圆满成功。

据悉，“千帆星座”计划旨在打造由超过1.5万颗低轨宽频多媒体卫星组成的庞大网络，为全球用户提供高速互联网服务。

曲昀所在项目组此前的工作，就是为千帆星座卫星的主载荷提供一个重要组件，用于卫星对地天线的精准指向控制。项目组的工作重点是保证传输的稳定性和可靠性，以及延长卫星的工作寿命。卫星成功入轨后，曲昀他们从地面得到了载荷已经成功转动展开的消息，并为此感到非常开心。

曲昀说道：“其实也没觉得是对航天事业有多大贡献，我们就是在做一些比较基础的工作，然后为国家的发展添砖加瓦吧！可能以后某一天，它就可以用到手机的传输上。”

谈及工作带来的改变和收获，曲昀表示，在性格和生活习惯方面都有了一些变化。最大的改变是方向更加明确了，以前在学校时，对自己的生活、工作和学习状态的掌控不足，多是在老师给定课题后去完成任务，缺乏自己的想法。

而工作后，在当前的环境里，他能够明确自己想做且能做好的事情，对未来的工作和学习也有了更长远的规划，从学习时的短期状态转变为更长期的规划状态，生活也变得更加规律，比如上班下班、运动、爬山或出去玩等，都比以前更有条理和计划性。

我问曲昀：“对职业有什么规划？再过3~5年，申请晋升高级工程师吗？”

曲昀坦言有这方面的打算，在这个过程中，还需要不断学习和拓宽视野。一方面提升自己的专业能力，在专业方向上做得更好，希望自己在团队中的重要性有所提升；另一方面，也想在现有的平台上拓宽视野，了解更多学科相关知识。

“其实我工作之后接触到了很多不同学科背景的伙伴，很多学科是之前在学校没怎么了解过的，比如所里做得比较好的光学专业，还有控制电路以及图像处理算法等团队里其他人在做的领域，和大家接触的时候也了解了其中的一些原理，感觉这些知识很有趣，对理解整个系统也很有帮助。”

曲昀觉得从事相关行业的工作，首先在自己的专业方向上要足够熟练拿手，这样在面对经验丰富的同事时，才能发挥自己的特长，遇到问题时才能从自己的专业方向寻找突破。他现在从事的是机械设计方向的工作，工作中会用到之前学的材料学科知识，为团队提供不同的思路。

我们问曲昀有没有什么想给学弟学妹的建议。他说：“在团队中，一定要善于融入集体，多和同事沟通交流，不要封闭自己，这样提升会更快。而且如果有机会，一定要参与实际项目，积累工程经验。因为工程和科研有很大不同，工程需要考虑周全后，脚踏实地做出来，这些实际工程的参与经历对面试和后续工作都有很大帮助。”

不久前，我在朋友圈看到曲昀和女朋友订婚的消息，两人在粉红色的氛围中笑得很开心。于是我忍不住问起曲昀和他未婚妻的相识相知。

曲昀和未婚妻是在工作中相识的。他们都是所里的职工，因为共同的工作任务在一次会议中结识。相处下来，曲昀觉得女生的性格和自己很合得来，两人也就水到渠成地在一起了。

就这样，从相识到相知，从相知到相恋，大概两年的时间，他们的感情越发深厚。双方父母在了解他们的日常相处后，都对这段关系十分满意，给予了满满的支持与祝福。于是二人订了婚，一段美好的姻缘也在这融融暖意里缔结了。

“做无名小花，做快乐小狗。”这是曲昀对自己的期待。

无名小花，虽不夺目，却能在微风中自在舒展，按自己的节奏散发芬芳。快乐小狗，无惧风雨，永远对世界充满好奇，一摇一摆地奔赴每一次相遇，用纯粹的活力点亮生活。曲昀期待着以这样的姿态，在岁月的长河里，留下独属于自己的、满是幸福与满足的足迹。

作者：李卉森、洪子璇

16 做一根肆意生长的枝丫

——访2022级本科生牛晨雅

笔杆灵动，如破土春笋扎根生长
淬炼坚毅，军旅苦训绽光芒

粉小冶推荐语

在青春的舞台上，她以小小的肩膀扛起了大大的责任。乐于服务、甘于奉献的她，无论是在班级的组宣委员、团支书的岗位上，还是在院学生组织的干事、副部长的历练中，抑或是在大小会议与活动的主持台上，都倾心付出，为班级同学排忧解难，为学校宣传事业添砖加瓦。她的身影，成了一道亮丽的风景线。

一头干练的短发，是她的象征，诉说着她的果敢与坚定；一双坚毅的眼睛，是她鲜明的特色，透露出她的执着与无畏。她是那样与众不同，任何人第一眼见到她，都会被她独特的气质所吸引。

在新生军训的磨砺中，她曾荣获“先进个人”称号。她对那迷彩绿有着不灭的赤诚与向往，2024年3月，当国家号召响起时，她毫不犹豫地应征入伍，用青春和热血诠释着对祖国的忠诚与热爱。

她就是中南大学粉末冶金研究院2022级本科生牛晨雅。

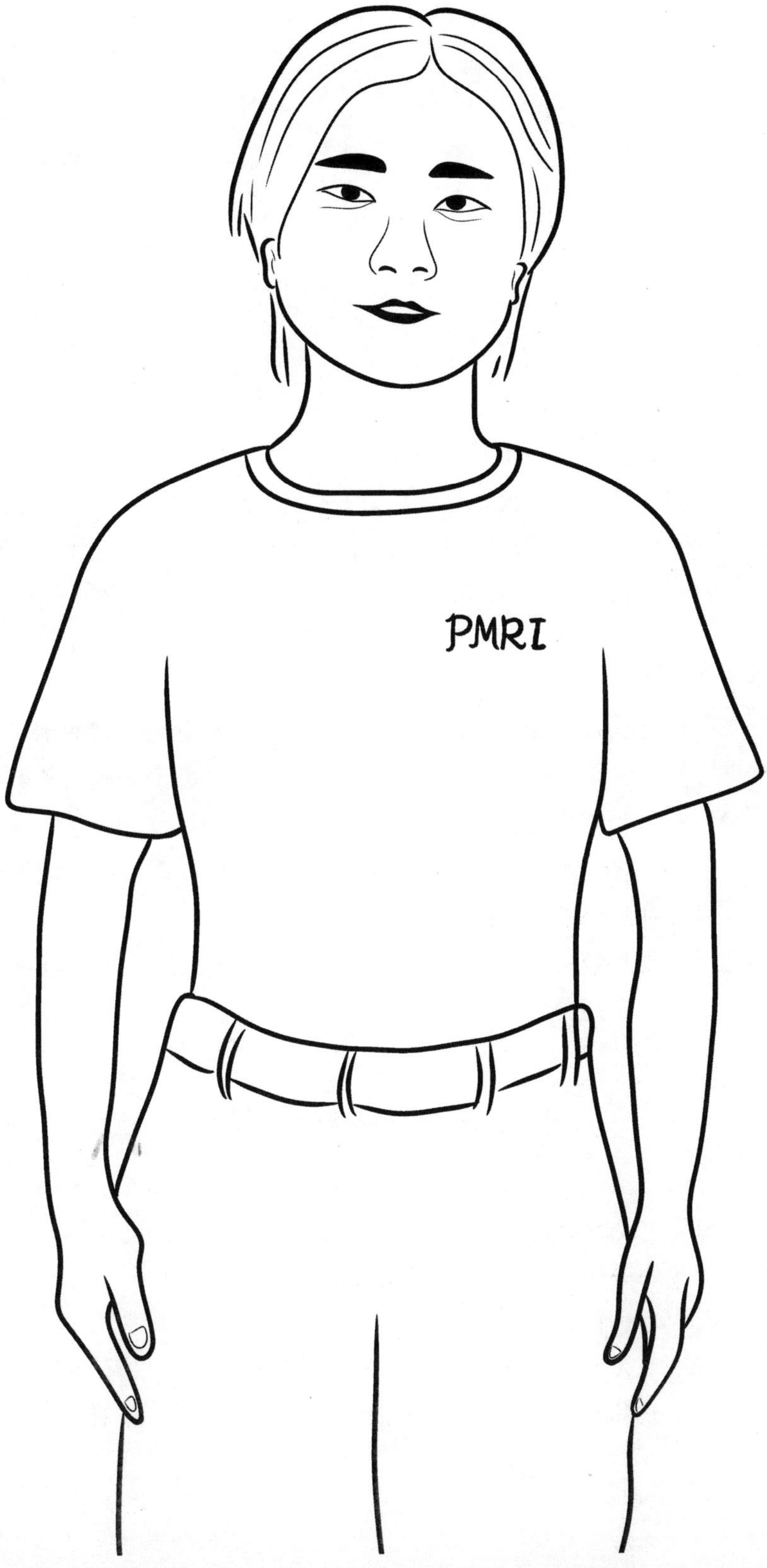
PMRI

在我刚刚接手学院青媒中心的时候，学生干部们并不适应。突然变化的工作方式让师生间的磨合变得艰难。学院青媒中心的学生干部中，洪子璇大概和晨雅是最为熟悉的。她和晨雅的相识源自一篇团日活动的新闻稿。那时候子璇还是学院青年新媒体中心新闻部部长，在新生开学第二个月的时候，收到了来自晨雅——这位组宣委员的一份稿件。当子璇打开眼前的新闻稿时，心中就只有一个想法："我要拿下她！"

"同学，我看你的新闻稿写得很不错，有没有兴趣来我们新闻部了解一下呢，我们部门主要负责……"虽然部门招新已经结束，可子璇认为天赋型人才不能被埋没，于是为了吸引这位新生，子璇特意将部门好好介绍了一番。没考虑太久，这位同学就欣然答应了。就这样，牛晨雅成了学院青媒中心新闻部干事，后来又升任为新闻部副部长。

我本想下一学年邀请她继续担任学生干部。然而，她在 2024 年 3 月光荣入伍了。

缘起：这辈子总要当次兵

"晨雅，来做个采访呗。"在新闻部任职的时候，牛晨雅偶尔也出过采访任务，但那时候是去采访别人，而这一次，从幕后到台前，被采访的对象变成了自己。说明了我的采访来意后，她有些惊讶。

"好家伙。"她这样说。

约一个现役军人做采访可不是件容易的事情，他们休息时间少，不是在集训就是在出差，非训练时间也有干不完的活，值不完的班。好不容易约到一个空当时间，牛晨雅也是说："应该有空，如果没有临时安排的话。"除此之外，军队的纪律也是绝对严明的。我拟好采访提纲发给晨雅，她却说："我得问问队长这些能不能说。"后来又补充说："队长说稿子写完能不能让他先看一下。"我连忙应下。

谈及为何想考军校，牛晨雅的眼神瞬间变得深邃而悠远，仿佛穿越时空回到了那个改变她人生轨迹的时刻。

"其实一开始，我对军校并没有什么特别的向往，甚至还觉得军校的生活太过艰苦，心里有些抵触。高中以前，我一门心思扑在升学上，每天被各种习题和考试包围，根本无暇顾及未来的职业规划。直到高中，随着年龄的增长和知识的积累，我才开始认真思考自己以后想要从事什么样的职业。2019 年国庆阅兵的时候，我正好上高一。那段时间，电视上全是关于国庆阅兵的报道。那些整齐划一的方阵、先进精良的武器装备，以及战士们坚毅的眼神和挺拔的身姿，都深深地震撼了我。看到那么多人为了国家的安定繁荣，甘愿奉献自己的一生，我突然意识到，人活着不能仅仅为了自己，还应该为国家、为社会做点什么。"

"从那一刻起，我就特别渴望成为一名保家卫国的军人，用自己的力量守护国家的每一寸土地。"牛晨雅的话语中充满了对那段记忆的深刻感触，也透露出她内心深处的家国情怀。

高中时期的牛晨雅，心中怀揣着满腔热血，对军旅生活充满了向往。然而，当她把这个想法告诉班主任和办公室的其他老师时，却遭到了他们的极力劝阻。

"他们说女生参军条件很苦，训练强度很大，和我们这些小年轻想象中的完全不一样。还说万一进入军队后适应不了，后悔了该怎么办。"牛晨雅微微皱起眉头，回忆起那段经历，眼中闪过一丝失落。但即便面对老师的质疑和担忧，她内心的信念却从未动摇。

"我知道他们是为我好，担心我吃苦，但我就是不甘心放弃自己的梦想。"她坚定地说道。

我好奇地问牛晨雅："那你家人是怎么看待这件事的呢？他们应该不支持吧？""和你预想的不一样，我的家人非常支持我的决定。他们说一人参军，全家光荣。听到这句话的时候，我心里特别感动，也更加坚定了自己的选择。"

牛晨雅的声音里洋溢着幸福，家人的支持无疑成了她追逐梦想的强大动力。“听起来是不是很酷？但现实却给了我当头一棒。高考的时候，我的分数不太够，没能考上理想的军校。而且当时我的视力也不行，就算报了军校，也不符合录取条件。”牛晨雅无奈地摇了摇头，眼中透露出一丝遗憾。

2022 年 9 月，本以为与军营无缘的牛晨雅，怀揣着对大学生活的憧憬，从山西来到了中南大学，准备开启自己四年的本科生活。

“当时我已经彻底放弃了当兵的想法，以为这辈子都与军营无缘了。但是，大一军训的时候，我偶然得知原来在学校也可以入伍。那一刻，我感觉自己的梦想又重新燃起了希望的火花。”牛晨雅的眼中闪烁着兴奋的光芒，仿佛又看到了那个遥不可及却又近在咫尺的梦想。

“当时我心里就只有一个念头，我这辈子一定要当一次兵，不然将来肯定会后悔。”牛晨雅的语气中充满了坚定和执着，这种对梦想的不懈追求让人动容。

既然心中有梦，那就勇敢地试一试吧。那年寒假回家后，牛晨雅毅然决然地做了近视手术，为实现自己的军旅梦扫除了一大障碍。

2023 年 8 月，大一结束后的那个暑假，牛晨雅满怀期待地报名参军。然而，现实却再次给了她沉重的打击。在综合素质测评中，她的考评分数未能达到要求，牛晨雅还没来得及进入役前集训阶段，就遗憾地被淘汰。

牛晨雅回忆起那段日子。“8 月份提前回学校时，我一个人待在宿舍，每天都在紧张和焦虑中等待结果。那种感觉真的太煎熬了，每一分每一秒都过得无比漫长。当最终被通知刷下来时，我的心情一下子跌入了谷底，感觉整个世界都变得灰暗无光。”

但即便遭遇了如此巨大的挫折，牛晨雅心中的信念依然坚定。“我告诉自己，不能就这样放弃，到来年 3 月再试一次。我相信只要我坚持不懈，就一定能够实现自己的梦想。”

在这大学时光的开端，牛晨雅的生活除了对参军的执着追求，还有一段别样的经历。当被问及对我的印象，牛晨雅眼中闪过一丝光芒，兴致勃勃地说道：“最初见到卉淼姐，是在主持台上，那自信大方的劲儿一下就抓住了大家的目光。当时我就想，要是我也能像你一样在舞台上闪闪发光该多好。后来工作上有了交集，刚开始真觉得这指导老师太严格啦，每次布置任务都要求得特别细致，一点小错误都不放过。可现在完全理解了，姐你就是那种精益求精的人，对工作认真负责，追求完美。跟着你，我学到了很多东西，工作效率也越来越高，真的特别佩服你！”

谈及在新闻部和学院青媒中心的日子，牛晨雅的脸上洋溢着灿烂的笑容。她兴致勃勃地讲道：“大一刚开始招新的时候，我其实没考虑新媒体中心，因为觉得自己在宣传报道写作这方面没什么天赋，担心自己做不好。谁知道 9 月份团支部搞团日活动，我写了篇新闻稿交上去，璇姐看了之后说写得不错，问我愿不愿意进新闻部。当时我特别惊讶，也特别开心，就这样我才成了‘青梅’的一员。”

在新闻部的一年半时间，从干事一路成长为副部长，牛晨雅的书面写作能力、摄影能力、组织协调能力等，都有了特别大的提升。还记得第一次写新闻稿的时候的她，特别紧张，不知道从何下手。

“慢慢地，我就掌握了写稿的技巧，也越来越喜欢这份工作。每次看到自己写的稿件被发表出来，心里都特别有成就感。在这个过程中，我不仅提升了自己的专业能力，还结识了一群志同道合的朋友，我们一起写稿、一起扛着相机四处奔波、一起为了完成任务而努力奋斗，那些日子真的特别难忘，感觉自己成长了不少呢！”

2024 年 3 月，牛晨雅再次报名参军。这一次，她吸取了上次的教训，做了更加充分的准备。在曾经失利的综合素质考评上，她付出了比别人更多的努力，分数也更加具有竞争力。

功夫不负有心人，她终于成功进入了役前集训。在湖南集训了半个月左右，3 月 20 日，牛晨雅正式踏入了新兵连的大门。

那一刻，她的心中充满了激动和自豪，多年的梦想终于得以实现。她知道，这只是她军旅生涯的开始，未来还有更多的挑战和机遇在等着她，但她毫不畏惧，因为她心中有梦、眼中有光、脚下有力量。

缘续：新兵的蜕变之旅

说起对新兵连的初印象，牛晨雅笑着说：“刚到新兵连的时候，每天的日常工作就是打扫卫生，感觉怎么打扫都打扫不完。那时候我心里就犯嘀咕，我这到底是来当兵的，还是来做清洁工的呀？”

随后，牛晨雅认真地说了起来：“因为我们湖南这批兵去得比较早，是第一批到达新兵连的。而那两天正好赶上检查，人手实在不够，所以这些打扫卫生的任务就落到了我们这些新兵头上。”

她回忆起那段经历：“后来，随着其他新兵陆续抵达，新兵连才开始正式进行各种科目的训练。”尽管初到新兵连的日子被繁重的打扫任务填满，充满了挑战和辛苦，但牛晨雅并没有丝毫退缩之意。

她在心里默默告诉自己，这些看似琐碎又繁杂的任务，其实都是对新兵们的一种考验和锻炼。通过这些经历，她学会了如何与战友们高效协作，如何在集体生活中找到自己的位置，也更加坚定了自己成为一名合格战士的决心。

大家都说，初中是体能的巅峰，高中是智力的巅峰，大学是干饭的巅峰。对此我也感触颇深，初中时体育中考，我 800 米跑能轻松跑到三分十几二十几秒，可到大学后参加体测，跑进四分半就已经是极限了。当牛晨雅说起新兵连的跑步训练时，我着实被惊到了。“我们在新兵连的跑步训练，都是三公里起步。”

她语气平淡，仿佛这是再平常不过的事。我瞪大了眼睛，满脸震惊：“三公里？”

牛晨雅听出了我的惊讶，笑了笑：“刚开始的时候，我也觉得特别吃力，每次跑下来都气喘吁吁，感觉自己的肺都要炸了。但是慢慢地，随着训练的持续，身体逐渐适应了这种强度，也就没那么难受了。”

新兵连的日常被各种各样高强度的训练科目填得满满当当。牛晨雅清楚地记得自己第一次在新兵连挂单杠做曲臂悬垂的情景。“我当时只挂了 7 秒就坚持不住了，那时候体能真的太差了。”她有些不好意思地挠挠头。

之后，班长针对她的情况，要求她在每天晚上睡觉之前加练体能。仰卧起坐、平板支撑、“俄罗斯转体”成了她每晚雷打不动的训练项目。有时候，她还会在楼道里做蜥蜴爬，这个动作难度极大，需要一边做俯卧撑，一边“吸腿”往前爬。“我第一次爬的时候，感觉自己的身体就像灌了铅一样，根本爬不动。”

牛晨雅回忆起当时的艰难，眼神中却透着一股不服输的劲儿：“但是两个月之后，我从每天晚上只能完成一个来回，到可以轻松完成两三个来回，曲臂悬垂的时间也从最初的 7 秒进步到了 70 秒。”

艰苦的训练让牛晨雅的双手都磨出了血泡，血泡又被一次次磨破，如此反复，最终留下了一层厚厚的茧。“每次看到手上的茧，我都觉得这是我努力的见证，是我成长的勋章。”她的眼神中满是自豪。

“我刚到新兵连的时候，听说要练射击，心里还特别自信。”牛晨雅兴致勃勃地回忆起射击训练的经历：“因为大一军训的时候，我的射击成绩还不错，所以就觉得自己肯定没问题。”

然而，现实却给了她重重一击：“没想到，军训时用的枪没有后坐力，而真枪的后坐力太大了，我根本压不住，子弹四处乱飞，班长都找不到我的弹道偏到哪里去了。”

于是，中午大家都准备回去吃饭，牛晨雅却被单独留了下来，在烈日炎炎下独自练习射击。“当时太阳特别毒，晒得我头晕眼花，汗水不停地流，眼睛都快睁不开了。”

她的语气中带着一丝苦涩：“其实在打枪之前，先要学会拆枪。一开始，大家都特别不理解，觉得只要会打枪就行，学拆装有什么用呢？”她顿了顿，接着说：“但是班长告诉我们，如果枪在战场上出了问题，而你知道怎么拆它、怎么装它，那么就能排除基本的故障，这可能会救你的命。”

经过无数次的练习，牛晨雅终于熟练掌握了射击和拆枪的技巧，在最终考核时，这两项内容都没有出现差错。“那一刻，我觉得所有的努力都没有白费。”她的脸上洋溢着欣慰的笑容。

“以前觉得电视剧里匍匐前进的镜头特别酷。”牛晨雅苦笑着说：“没想到，新兵连结束时，身上的伤疤就数爬战术训练留的最多。”

战术训练无疑是一场人皮与地皮的较量，牛晨雅第一次练习战术爬行时，因为没有戴护膝和护肘，胳膊和膝盖在粗糙的地面上不停地蹭。“练完之后，我的胳膊和膝盖青一块紫一块，疼得要命。”

“半天下来，我的手上混杂着血、汗和泥土，除了在电影里，我在现实中还是第一次见到这样的场景。”那天午休，她躺在宿舍的床上，看着自己伤痕累累的身体，心中的委屈和疼痛一下子涌上心头，忍不住哭了起来。

我心疼地皱了皱眉头，问道：“伤口是怎样处理的呢？”牛晨雅满不在乎地说：“在他们看来，这些小伤太常见了，自己慢慢长好就行，哪还要什么特别处理，下午训练还得继续。”

她的言语中透露出一种坚韧："每次趴在那里，尽管累得不行了，但班长一下令，我们又得咬着牙继续往前冲。"

就这样，两个多月的时间里，她的伤口没有彻底愈合过。直到采访时，牛晨雅身上还留着新训留下的瘢痕。

"有一次，我在训练场上看到一个战友，血从迷彩服里顺着胳膊一直流到手上。"她感慨地说，"我当时心想，人家都这样了，还在坚持，我这点伤好像也算不了什么。"

训练越到后期，她就越能深刻体会到先辈开创历史伟业的艰辛。"先辈真的不容易，条件那么艰苦，他们都能坚持下来，我这点伤根本不算什么，该练还是接着练吧！"她的话语中充满了对先辈的敬佩和对自己的鼓励。

有时候训练不达标，牛晨雅会被班长罚去冲圈。"当时我特别不理解，心里就想，多练两动不好吗，为什么要让我们去冲圈，这不是浪费时间和力气吗？"

"后来，我们和班长聊起这件事，班长语重心长地跟我们讲：'机会只有一次，你必须珍惜每一次练习。你如果总想着这次不行我还可以再来一次，那真正考核的时候，真正上战场的时候，你会有第二次机会吗？'"

她若有所思地说："其实不仅在训练上，其他事情也是如此。这句话让我明白了，做任何事情都要全力以赴，不能心存侥幸。"

缘定："接电话"也是一门学问

在新训即将画上句号之时，牛晨雅和战友们迎来了一项极具挑战性的考核——徒步行军。一开始，大家对这次考核充满了新奇与期待，觉得这或许会是一次别样的体验，还能当作一次野外拉练的有趣经历。然而，当考核的那一天真正来临，现实却给了他们重重一击。

考核当天，天空阴沉沉的，没有阳光的炙烤。牛晨雅本以为这是一个适合行军的好天气，可真正踏上征程才发现，阴天带来的闷热感更让人难以忍受。

汗水不受控制地从她的额头渗出，顺着头发丝不断滴落，很快就湿透了她的衣服和她背上沉重的背包。由于携带了全装，每走一步都显得格外艰难，闷热的空气仿佛一层无形的枷锁，紧紧地束缚着他们。

牛晨雅只觉得自己像是在蒸笼中行走，呼吸都变得急促起来。

一路上，她的双脚机械地交替向前，每一步都踏得坚实而又沉重。汗水模糊了她的双眼，她只能凭借顽强的意志和对终点的渴望，一步一步地向前挪动。

途中，她无数次想要停下来休息，可看着身边同样疲惫却依然咬牙坚持的战友们，她又鼓起了勇气。当她终于拖着疲惫不堪的身体到达终点时，整个人就像是从水里捞出来的一样。她的褥子早已被汗水浸湿，变得湿漉漉的，衣服上也沾满了行军途中溅起的泥土。

这次徒步行军，让她深刻体会到了行军的艰难，也更让她明白了军人的坚韧与担当。

在北京的部队里待了两个多月，牛晨雅对部队和学校之间的巨大差异有了切身体会。回想起学校的时光，她感慨道："在学校的时候，学习生活自由自在，想做什么都相对自由些。就算偶尔犯错了，也不会有太严重的后果，试错成本比较低。和老师、同学相处起来也很轻松愉快，大家可以毫无顾忌地交流和玩耍。"

而部队的生活则截然不同："到了部队，我的岗位就是我的工作，工作上的每一个细节都容不得半点马虎，一旦出了问题，就得自己扛着。平时去哪儿、做什么都有严格的限制。说实话，在新训的那几个月时间里，我每天都在大院里待着，忙得晕头转向，甚至都意识不到自己身在北京这座繁华的城市。"

回忆起新兵连的日子，牛晨雅轻轻地叹了口气。

每天高强度的训练、严格的纪律要求，让她的身体和精神都承受了巨大的压力。不过，好在考核过后，日子逐渐变得轻松了一些。平时看似严厉的班长，也卸下了那层冷酷的伪装，露出了和蔼的一面。在训练间隙，部队组织大家观看了《高山下的花环》和《战狼2》这两部电影。

牛晨雅之前就看过《战狼2》很多遍，但这次以军人的身份观看，感受截然不同。"过去看的时候，只觉得我们国家变得强盛了，心里满是自豪。可如今再看，看到的更多的是军人身上的血性和那份保家卫国的使命感。"她的眼神中透露出对军人使命更深层次的理解。

五一劳动节那天，牛晨雅终于收到了入伍以来的第一笔津贴，那一刻，她的脸上露出了开心的笑容。然而，短暂的喜悦过后，想到之前几个月所付出的努力与艰辛，她的心里又涌起一阵复杂的情绪，变得有些沉重。这些钱的背后，是无数次在烈日下的挥汗如雨，是训练时的伤痛与疲惫，是对家乡和亲人的思念。每一分每一毫，都承载着她的汗水与泪水，见证着她的成长与蜕变。

2024 年 6 月 2 日，是牛晨雅军旅生涯中的又一个重要转折点。这天，她告别了熟悉的训练基地，前往新的单位。

前一晚，她躺在床上翻来覆去难以入眠，回想起在训练基地的点点滴滴，那些曾经让她感到厌烦和疲惫的日子，此刻却变得格外珍贵。虽然她曾无数次在心里抱怨过这个地方，做梦都想逃离，但真到了要离开的时候，心中却满是不舍。

当天晚上，牛晨雅抵达新疆。一下车，她就感受到了这里独特的气候和环境。陌生的一切让她既紧张又兴奋，她知道，自己即将面临新环境的挑战。在这片广袤的土地上，她将开启新的军旅篇章，继续书写属于自己的军人故事。

6 月份，牛晨雅几乎都在忙于整理库房。转眼 7 月，炎夏如火，牛晨雅成了值班室的常驻人员。起初，面对陌生的系统和一张密密麻麻的表格，牛晨雅如同初学步的孩童，每一步都显得笨拙而谨慎。值机第一天上午，一个战士打电话要求转接，牛晨雅因为不熟悉号码查得很慢，对方不耐烦地挂断了电话，并投诉到了机关，她挨了一顿批评。实践出真知，经过一段时间，牛晨雅慢慢熟悉了业务。

然而到 7 月底，上级总机开始频繁挂发抽查电话。牛晨雅一周连续两次在勤务用语上出现错误，被通报批评，甚至差点受到处分。但是牛晨雅没有灰心，她开始每天晚上跟着二年兵班长加班练习，在不断的练习中逐渐熟悉了电话操作和勤务用语，提升了自己的专业水平。之后牛晨雅再次接到同样的电话时，没有再出错过。她也深刻体会到，每一次失败和批评都是成长的机会，虽然初期的困难让她倍感压力，但她最终还是从中找到了自己的位置，在工作中展现出更加成熟和稳重的一面。到现在，不管是军检、抽查，还是外围线路故障，她都能从容应对。

8 月初，牛晨雅报名参加三公里比武集训，因为单位里没有其他女兵报名，所以她成了唯一的参训者，只能跟着男兵一起训练。

营区里训练场一圈将近 1200 米，男兵热身要跑 10 圈，然后才正式开始训练。光是热身，对牛晨雅来说，“就已经够喝一壶了，更别提冲圈”。她每次训练完腿都酸疼。一段时间以后，牛晨雅有些扛不住了，小腹侧边开始疼，一开始没有很在意，直到有一天早上开饭的时候走在队列里，肚子又莫名地疼起来，到卫生队找医生一看，才知道得了阑尾炎。牛晨雅苦笑着说："这个时候不得不承认，男女在体力上还是有差距的。"

提到回校后的打算，牛晨雅语气坚定并充满期待："回学校肯定继续读原来的专业，考研的话，大概率还是会选军校。要是有机会，我特别希望能再回到基层部队，继续为国防事业出一份力。"

在和我聊起家人时，晨雅说："我真的很幸运有那么理解我、包容我、支持我的家人，他们就像肥沃的土壤一样滋养着我，在我不断尝试、不断成长的过程中，给了我最有力的支撑，让我能坚定地朝着自己的目标做出决定。以前好多人劝我说女孩子当兵太苦了，部队和想象的不一样，可我就是要强，别人能行我为什么不行？我重乡土，对祖国更是满怀热爱，就像树木扎根在土地里一样，不会改变。"

在采访她的过程中，我能够感受到她的眼神比入伍前更加坚定，话语中更是充满了力量。

作者：李卉淼

17

在大漠孤烟的地方扎根
——访 2017 级本科生韩康孝

无畏风沙，于中核淬炼青春之志
甘向西北，于戈壁中守护国与家

粉小冶推荐语

秉持务实主义的他，从入学起就对职业规划有清晰的认知——“人生不能随波逐流，必须有自己的节奏”，本科毕业后毅然选择回到来处，甘向大西北，戈壁黄沙伴月明，现就职于中核四 0 四有限公司。

守望西北戈壁的他，在基层车间深入钻研，提升专业能力，凭借这份专注与努力，代表公司 QC 小组做课题汇报交流，其成果获评“2023 年全国 QC 小组成果发表交流活动”示范级成果。

深耕强核事业的他，将粉末冶金专业知识应用于核工业实际项目生产线，在调试和科研攻关工作中表现出色，曾获 2022 年度华图教育“基层就业杰出奉献奖”，为国家项目的发展贡献了一份力量。

他就是中南大学粉末冶金研究院 2017 级本科生韩康孝。

PMRI

“大漠孤烟直，长河落日圆。你在嘉峪关，有看到过这种景象吗？”

“有的，除了没有烟。在嘉峪关，坐大巴去金塔的路上，会经过很长一段戈壁滩。早上，坐在车上往外看，太阳从那片广袤的戈壁滩上升起，和在海平面上看日出一模一样，像‘海上生明月’；晚上，要是天气晴朗，落日就直直地在那片平地上落下去，特别有氛围感。”

缘起：像个“独行侠”

一位“985”大学毕业的大学生选择回到这一片大戈壁之中，辛辛苦苦跑出西北的孩子又回到了西北，这在某些人眼中是会有一些不理解的。

或许韩康孝也被其他人问起过，你为什么要选择回到这里？

在采访韩康孝之前，我阅读了几篇有关他的事迹报道。看的时候，总感觉自己像被灌了满满的心灵鸡汤，但是又只涨了嘌呤，没吸收到营养。

想来想去，我还是翻出了韩康孝的联系方式，想着好好聊点儿什么，用心感受下金色戈壁滩守望者的成长故事，听听国企职场人的工作体会。

采访过程中，韩康孝带着浓厚的西北口音，以及与生俱来的质朴与真诚。

韩康孝 1998 年出生在兰州市皋兰县五墩村，祖辈生活的韩家井是个穷山沟。家乡丘陵间吹过的风伴随着他的成长。他对童年最早的记忆，便是小学时因家庭的变动，开始了频繁转学的生活。

“那时候家里条件不是很好，爸妈开着一辆大货车带着我一起离开老家，去城里打工。后来，我小学转了三次学。”

他回忆道：“我一开始在兰州西固读了五年小学，那时候父母为了一家人的生计忙碌奔波。父亲开货车，母亲每天天不亮就去菜市场摆摊卖菜。而我每天就是家和学校两点一线，身边的小伙伴也都差不多，大家一起上学、放学，日子过得简单又快乐。”

后来，家里亲戚帮衬，在安宁区自家的砂场里给爸爸安排了开大货车拉砂石的工作，一家人也就搬了过去，他也随之转学。

“到安宁区上学后，一切都不一样了。学校的环境陌生，同学也不熟悉，课程进度和以前也不大一样。”刚到新学校，韩康孝很难融入集体，课间休息时，他常常一个人坐在座位上，看着其他同学嬉笑玩耍。

在安宁区的学校待了半年后，因家中变故，韩康孝又跟着父母回到了老家。小学的最后半年时光也就在五墩村小学中度过了。在这不断转学的过程中，他渐渐习惯了独来独往，学会了独自面对和适应生活中的各种变化。

父母整日为生计忙碌，初中住校成了韩康孝独立生活的开端。在这个离村十五公里的镇上中学，他适应得很快。当宿舍里其他同学还在想家而难过的时候，他已经充满了干劲，把时间和精力全部放在了学业上，因为他知道——要化思念为动力，带着父母以及这个家庭的期望一起奋勇拼搏。

“父母以及整个家族都对我期望很高，当时我算是整个家族最有出息的孩子了，因此备受关注，压力很大。那时候，我就告诉自己，要靠自己解决问题，不能辜负家人的期望。”

自小学习成绩优异的韩康孝，似乎一直有股争第一的劲儿，他在学业上稳步前进，也越发坚韧。直到初三开始，才丢了“第一名”的位置，但后续成绩也一直稳稳地保持在前五名。

2014 年，韩康孝步入高中。高三那一年，学习压力巨大，身边很多同学都有父母陪读，生活和学习都被照顾得很好，而他因为父母忙碌，并没有享受到陪读时光的美好。

他主动向宿管申请了一个单独的宿舍，用来学习。“那时候大家都有父母陪读，学校里就空出了好些宿舍。我想安安静静地学习，不受别人打扰，宿管看我这么努力，就真的帮我安排了一间宿舍。”

他的宿舍里堆满了各种复习资料，墙上还贴着自己制订的学习计划，密密麻麻地写满了每天要完成的任务。每天晚上，他都在单独申请的宿舍里学到下半夜，做题、总结错题，学不动了，才回到自己原本的宿舍休息。

虽然孤独，但他知道自己在为未来努力。就这样，在不间断的努力下，2017年，韩康孝踏入了中南大学的校门，顶着所有压力的他终于实现了家庭以及家族的期望。

那一天，他意气风发。

初入大学，因家庭背景的差异，申请了助学贷款的韩康孝在宿舍里显得有些格格不入。

“刚上大学那会，我连手机都用得不利索，发消息打字慢，也不会用表情包，室友聊天都插不上话。”他苦笑着说，“而且那时候，我在生活方面笨笨的，连街边那种小黄车都不会扫，还傻傻地去问别人这些车怎么都一样。看着别人轻松扫码骑车，我却怎么都学不会，感觉自己和他们差距太大了。”

有时室友们讨论着假期旅游的经历，他只能默默听着，因为他从来没有机会去旅游。这些差距，让他在生活和学习上都承受了不小的压力。

在学习上，这种差距也让他倍感压力。同宿舍的同学头脑聪明，而他深知自己没有这样的天赋，只能付出更多努力。

周末和假期，当同学们结伴外出游玩，或者在宿舍里享受其他娱乐活动时，他总是独自骑着那辆花了200块钱买来的二手自行车穿梭在校园中寻找空教室学习。他会提前规划学习进度，比如一门8周的课程，他从第4周就开始认真复习，反复做题，总结知识点。

遇到不懂的问题，他只向隔壁宿舍那位性格相投的同学请教。凭借着不懈的努力，大一学年，他的成绩排到了年级十几名的位置，但他依然习惯独来独往，享受独自探索、独自前行的乐趣。

“你本科的时候，没想过参加学生组织或者社团之类的吗？”他有些不好意思地说起了一段难忘的经历。他高中时一直热爱乒乓球运动，是学校的前几名，上大学后便报名参加了乒乓球社团。

一次社团组织的比赛，他本是满怀期待地参加，可由于之前打的都是“野球”，他对正规比赛的发球、接球动作规则并不熟悉，发球连连失误，短短11个球，光发球就丢了三四分。周围同学的目光都集中在他身上，他感到无比尴尬和沮丧。

“那次真的太丢人了，我感觉自己特别狼狈，之后就很少参加社团活动了。不过，很感谢当时的对手，后几个球，他让了我，让我的成绩没有太过难看。”

比赛结束后，他一个人坐在操场边，心里特别失落，觉得自己辜负了期待。这次经历让他更加专注于自己的学习和个人成长，在孤独中默默努力。

在韩康孝的大学生活中，辅导员靳有良老师是一位重要的引路人。那个寒假，韩康孝因为错过了回家的火车，只能独自留在学校宿舍。在这段孤独的时光里，靳有良老师的出现给了他温暖。

“虽然已经大三了，但那次其实是第一次和靳老师真正接触。”当时，靳有良老师知道韩康孝独自留校，便时常让他帮忙做学院里的一些工作。韩康孝每次都认真完成，而靳有良老师也会在工作之余和他聊天。

有一次，两人坐在食堂聊天，韩康孝向靳有良老师表达了自己对考研和就业的迷茫。“我当时真的很纠结，不知道该考研还是直接就业。”

靳老师耐心地听他说完，分享了许多自己带过的学生的案例，告诉他考研和就业各有利弊，关键在于个人能力。“你也可以先试着写写简历，回顾下大学这几年的经历，再根据各方面因素，综合看看自己更适合哪条路。”

在简历撰写的过程中，韩康孝又犯了难。由于他一直专注于学业，很少参与学生工作，这使得他的简历在求职和争取一些校内机会时显得分外单薄。

靳老师在了解到韩康孝的情况后说道：“我们办公室现在正好缺助理，工作内容主要是整理学生档案、协助会议筹备这些基础事务。这是个很好的积累经验的机会，能让你的简历更丰富，也能锻炼你的能力，你愿意试试吗？”

就这样，韩康孝成了学工办助理。“在学工办当助理时，我特别‘社恐’。每次有人来办公室，我都会紧张得站起来，说话也结结巴巴的。”

他说道：“去寄快递、取文件这些工作，对我来说都特别困难，因为要和不同的人打交道。但我知道这是锻炼自己的机会，所以每次都坚持去做。”

一开始，他连在电话里沟通都紧张得声音颤抖。但随着时间的推移，他逐渐适应了这份工作，也在这个过程中锻炼了自己的沟通能力和办事能力，变得更加自信和独立。

有一次，老师安排他去给其他部门送一份文件，他一路上紧张得手心出汗，在对方办公室门口徘徊了好几分钟才鼓起勇气敲门进去，最后顺利地完成了任务。

这次经历让他明白，只要勇敢地迈出第一步，就能不断突破自己。

缘续："非主流"的选择

"其实还有经济方面的原因，读书这四年学费有三四万元的助学贷款需要毕业后还款。有一次我去办贷款时得知研究生的学费更高，如果自己真的继续深造，7 年下来的贷款数额真的是天文数字。"

他坦言："一想到如果选择考研，家里的经济压力会更大，父母肯定会更辛苦，我心里就不是滋味。"继续深造意味着他还不能为家庭提供经济支持，这让他难以抉择。

同时，在靳老师的建议下，韩康孝回去后在网上了解了其他人读研和工作后的生活状态。他花了好几天时间在网上搜索研究生的日常学习生活，还加入了一些研究生交流群，和学长学姐们交流。

慢慢地，他确信自己并不喜欢实验室那种相对枯燥的生活，再考虑到家庭经济状况，他更倾向于选择就业这条道路，于是便着手准备。

"我发现自己更渴望早点进入社会，通过工作实现经济独立，给家人更好的生活。"这种对独立和经济回报的向往，让他在考研与就业之间更倾向于后者。

而且，韩康孝对自己的能力也有客观的认识。他相信，即使不通过读研提升学历，凭借自己在大学期间积累的知识和努力，同样能够在职场中实现自己的价值。综合多方面的考量，韩康孝毅然选择了就业这条在当时看来"非主流"的道路。

在就业季的浪潮中，韩康孝面临着众多选择。韩康孝说道："当时真的很纠结，有株洲的一家国企、西安的一家优质私企、温州的一家公司，还有中核四 0 四有限公司（简称"中核四 0 四"）。每个选择都各有优劣，让我有种惶恐得难以取舍的感觉。"

陕西斯瑞新材料股份有限公司（简称"斯瑞"）的录用通知书曾让他心动不已。这家公司与学院有合作，还在学院设立了奖学金，虽是私企，但在行业内颇具知名度，这让韩康孝看到了未来发展的希望。

当时，韩康孝为了增加自己的竞争力，自费前往斯瑞实习。他满怀期待地坐车前往西安："我想在这积累点校外实习经验，对以后找工作肯定有帮助。"

然而，以个人名义去实习的他，并未得到太多实际工作的机会。由于专业的特殊性，出于保密等考量，公司只是带他参观了一些设备，并介绍了企业的大致情况。“公司给了我个工位，因为很多东西涉及机密，他们也不便给我安排具体工作，我就只能自己查文献学习。”

实习期间，韩康孝仔细观察了公司的情况。他发现员工们工作强度很大，经常加班。“那个冶炼炉温度有几千摄氏度，车间里的工人上完一个夜班，脸都是黑的。”这段实习经历，虽然没有让韩康孝在科研项目中深入实践，但那些日子查文献的收获与实际的观察让他对“就业”这件事有了更直观的认识。

在对比多份录用通知时，韩康孝坦言：“大家给的工资都一样，这就需要我从其他方面来权衡了。”

地域因素在韩康孝的选择中也占据了重要地位。他本身是兰州人，更倾向于在离家近的地方工作。虽然斯瑞所在的西安也算西北，但与位于甘肃嘉峪关的中核四 0 四相比，嘉峪关让他更有归属感。

“在长沙的那几年感觉有点潮湿，不太习惯。西安虽然离兰州不算远，但我在西安实习时还是没有那么强烈的归属感。嘉峪关就不一样了，同在甘肃，气候更适宜，让我觉得更亲切。”

综合薪资、福利、地域等多方面因素后，韩康孝最终选择了中核四 0 四。“传统观念上，大家都觉得国企稳定。对于我来说，稳定的工作意味着稳定的收入，能让我尽快偿还助学贷款，减轻家庭的经济负担。”

“年轻人嘛，总要有点闯劲。戈壁的风沙再大，也挡不住我们追逐梦想的脚步。”在他看来，生活就像戈壁的日出，虽然有时会被沙尘遮蔽，但只要心怀希望，总能等到光芒万丈的那一刻。

“黄河远上白云间，一片孤城万仞山。”从大学校园走出的韩康孝，就这样义无反顾地奔向了那片金色的戈壁。

缘定：站定在“风沙战场”

“我爸以前开大车的时候，也来过嘉峪关。我刚到这里的时候，真的有种回家的感觉。”

2021 年 7 月 14 日，韩康孝踏入了中核四 0 四的大门，就此开启了他在嘉峪关这片土地上的职业生涯。在这个独特的“风沙战场”上，他经历了无数挑战，实现了一次次的成长与蜕变。

入职中核四 0 四后，公司安排了为期三个月的三级培训，内容涵盖安全、质量、保密等多个方面。培训从分公司层面展开，深入到车间和班组，详细讲解了各个环节的规范和要求。

“安全培训让我明白了在核工业工作中安全的重要性，每一个操作步骤都关乎自身和他人的安全；质量培训让我了解到产品质量对于公司的关键意义，从原材料到成品，每一个环节都不能马虎；保密培训强调了工作中的信息安全，哪些信息可以交流，哪些必须严格保密，都有明确的规定。”

说起新手期这段充满新奇与忐忑的适应阶段，韩康孝说道：“这些培训虽然有些烦琐，但让我对整个工作体系有了全面的认识，为我之后的工作打下了坚实的基础。”

韩康孝的工作地点在距离嘉峪关 100 公里的矿区，他每天都要按照固定的时间乘坐班车往返于嘉峪关和矿区之间。

“每天早上 8 点就得赶到火车站坐火车，到矿区差不多 9 点半，下午 4 点下班，再坐火车回到嘉峪关，到家都 6 点了。”韩康孝说：“刚入职那会，工作时间不算长，任务也比较轻松，公司的待遇却相当不错，心里头挺高兴的，但又隐隐有些不安，不知道之后的工作会是怎样一番景象。”

那段时间，他一边享受着相对的安逸，一边怀揣着对未来工作的期待，努力适应着国企的工作节奏和氛围。

培训结束后不久，韩康孝被分配到车间班组，“真正”地工作了起来。分配给他的师傅比他早入职几年，虽说只比他大三岁，却在某些设备的操作上有着丰富的经验。

“他特别厉害，跟着他，我学到了很多车间工艺流程和设备设施的知识。”骨子里尊师重道的韩康孝在师傅的悉心指导下，逐渐熟悉了各种设备的操作技巧，学会了如何设计实验方案。每天，他都认真地跟着师傅调试设备，仔细观察每一个步骤，用心记录每一个数据，工作逐渐步入正轨。

然而，师傅的调走给韩康孝的工作带来了巨大的变化。

“以前遇到问题，第一时间就能找师傅帮忙，可现在只能靠自己了。”但韩康孝从小就有的那股不服输的劲儿，让他决定勇敢地迎接挑战。

在车间内部，每台关键设备都有科研攻关的任务，韩康孝负责的设备也不例外。“这设备调试起来难度可不小，不仅要确保机械动作正常，实现自动化运行，还得精细调试工艺参数，让它满足生产指标，生产出合格的产品。”

为了完成设备调试工作，他需要精心制定方案，“方案里要详细规划每一个调试步骤，从设备的启动检查，到各个参数的初始设定，都要考虑周全。还要预估可能出现的问题以及对应的解决措施”。

制定好方案后，便是执行阶段，这需要他严格按照方案操作，不放过任何一个细节。“每一个按钮的按下，每一个数据的调整，都可能影响到最终的结果，所以必须全神贯注。”在执行过程中，他不断记录数据，分析设备的运行状态。

完成调试后，韩康孝要对整个过程进行总结。“总结的时候，要回顾方案执行过程中的每一个环节，哪些地方做得好，哪些地方还需要改进，都要清晰地梳理出来。”他将总结形成报告，报告内容涵盖设备的运行情况、各项参数的最终结果、遇到的问题及解决方法等。

之后，他会带着报告参加车间的讨论会。“在讨论会上，大家会一起分析报告内容，提出意见和建议。有的人会从理论层面分析，有的人会结合实际操作经验给出看法，这让我能从不同角度审视自己的工作，学到很多东西。”通过一次次的方案执行、报告总结和上会讨论，韩康孝不断优化设备调试工作，自己对设备的理解和掌控能力也越来越强。

在这个过程中，韩康孝从辅助角色逐渐转变为主导角色。

“以前只需要按照师傅的指示做事，现在要自己决定项目的方向，安排工人的工作，还要应对各种突发情况，压力很大，但也让我成长得很快。”

在中核四0四工作后，韩康孝的生活水平有了显著提升。他不仅能轻松偿还助学贷款，还能每月给家里转钱，生活条件也有了很大改善。

“以前在学校的时候，经济压力特别大，买瓶三块钱的饮料都要犹豫好久。现在工作了，工资待遇好，公司还包吃包住，不仅饭能吃饱，住得也暖和又舒适。”韩康孝说，“我满心欢喜地把这些变化分享给家里人，本以为他们会和我一样开心激动，可他们只是淡淡地回应说‘挺好的，你现在生活有着落就好’，没有我期待中的那种兴奋和喜悦，我心里挺失落的，感觉自己的喜悦没有得到回应。”

直到有一次，韩康孝去刘家峡水电站出差做 QC 小组成果汇报。这次的工作，其实是韩康孝临危受命，担起了“代言人”的责任。

“车间在质量方面需要取得一些成果，类似于硕士期间的论文的发表，之前负责这个任务的同事调走了，车间就把这个任务交给了我。我当时特别紧张，因为我在这方面完全没有经验。”韩康孝回忆起当时的情景，仍心有余悸。

面对这个全新的挑战，韩康孝没有逃避。在分公司进行内部预演时，他认真听取专业人员的意见，对汇报 PPT 进行了多次修改。“改了大概三四次，每次都有新的收获，让我对汇报内容越来越有信心。”

每次修改，他都仔细琢磨每一页 PPT 的内容和排版，确保逻辑清晰、重点突出。经过充分准备，他先后前往刘家峡水电站和沈阳进行国家级、省级的汇报。

“那个屏幕真的很大，站在讲台上的时候，我特别紧张，心跳得特别快，但是想到自己之前的努力，就鼓起了勇气。”最终，他顺利地完成了任务。“听到台下的掌声，我心里特别激动，觉得所有的付出都是值得的。”这次经历不仅提升了他的能力，还让他收获了宝贵的经验，为车间的质量工作做出了重要贡献。

其实对他来说，这不过是工作中的一项任务，远不如初入职向父母分享自己工资待遇时的喜悦。虽然准备过程有些辛苦，但也算是顺利完成了。

“在刘家峡的酒店里，我站在讲台上做汇报，下面有很多企业员工和质量协会的人，还有人拿着照相机拍照。结束后，照片被发到了群里，我顺手就把照片转发给了父母，也没觉得这是什么大不了的事。”

可让他没想到的是，“他们特别兴奋地说‘你出息了！你这是真的出人头地了！’那语气中的骄傲和激动，是我之前分享物质生活改善时从未听到过的。”

韩康孝一开始很困惑：“我挣钱让家里经济条件变好了，他们没这么激动，我不过是去做了个汇报，怎么就出息了呢？”

后来，韩康孝慢慢理解了父母的想法。“我发现，父母其实并不太在意我挣了多少钱，他们更在乎我能不能在工作中得到认可，有没有做出让他们觉得骄傲的事。对他们来说，我站在讲台上自信汇报的样子，就代表着我在外面有了成就，这比我单纯挣很多钱更让他们感到欣慰和自豪。”

对父母而言，这种能让他们感受到子女“出人头地”的事情所带来的精神价值远比物质价值重要得多。他们可能一辈子都没有这样站在众人面前展示自己的机会，所以看到自己养育的孩子做到了，便会更加高兴。

从那以后，韩康孝更加理解父母，也会有意地多和他们分享工作中类似的经历。“虽然我还是会努力工作挣钱，但我也知道，和父母分享这些能让他们感到骄傲的瞬间，对他们来说才是最珍贵的。看到他们因为我而开心，我也觉得特别幸福。”

在中核四0四工作的日子里，韩康孝还经历了许多其他的事情。他发现，这里的工作氛围很融洽，同事们都很友好，大家经常互相帮助。每当他在工作中遇到一个难题，研究了很久都没有头绪后，都会有同事主动过来帮忙，和他一起探讨解决方案。

“在这种工作氛围下，大家都很团结，有困难一起克服，这种感觉特别好。”韩康孝说道。

随着时间的推移，韩康孝在中核四0四扎下了根。如今，他已经习惯了这里的工作和生活。“嘉峪关这座城市很适合我，工作之余，我喜欢去公园散步，感受这里的宁静和安逸。”他对未来充满了期待。

“我可能还是比较‘社恐’，不太喜欢和人打交道，但是会继续在技术岗位上努力，不断提升自己，为国家核事业的发展贡献自己的一份力。”

回顾在中核四0四的这段经历，韩康孝感慨万千。从初入职场的不适应，到逐渐成长为技术骨干，再到成功应对各种挑战，他在这片“风沙战场”上不断拼搏、蜕变。

韩康孝回头看当初的选择，有种“气运加身”、被上天眷顾的感觉。对他来说，现在的工作，从能力上看是可以胜任的，但是能来到这里，更像是一种特别的幸运。

在他的心里，嘉峪关最美的当属祁连山脉的雪山，壮阔、纯洁，天气好的时候无论在嘉峪关的哪个角落，都能看到高入云霄的雪山，就像在山脚下一样，心灵和烦恼都被净化了。“我很庆幸自己当初选择了嘉峪关，选择了这份工作。”

韩康孝的声音似乎带着温度：“每粒沙子都在提醒我，这里的工厂每运转一天，西北的发展脉搏就跳得更强劲一分。”

对于想投身职场的学弟学妹，韩康孝的建议充满务实主义。

“在做就业和考研选择的时候，一定要知道自己所处的状态是怎样的。如果真的想要考研，那么就要知道自己是出于什么样的心态读研。不应该只是抱着混文凭的心态，因为如果在三年的时间内学不到应有的知识和能力，那么再就业，形势可能会比本科就业更有难度。如果想跳出自己的舒适圈，选择就业，那么就大大方方地了解社会、了解求职，孤注一掷地向前出发。总之，无论做什么选择，一定要不负韶华、不负本心。”

采访进行到这里，那个“你为什么要选择回到这里”的答案似乎已经呼之欲出，却又不那么重要了。我们这一辈青年总是会听从自己内心的声音，“千年古道马蹄轻，塞外风光好，戈壁黄沙伴月明”。

中核四0四离嘉峪关不远，正是能好好观赏大漠孤烟的地方。或许在另一个时空，还有将士为了保家卫国奋勇杀敌。而在如今的盛世，还坚守在戈壁上的人们以信念为剑，正向阻碍国家繁荣昌盛的困难刺出狠狠的一剑。

作者：李卉森

18 与材料结下的不解“陶缘”

——访2020级博士研究生李烨

从机械到材料，一路向上溯源探索

从陶源到“陶缘”，一线助力乡村振兴

粉小冶推荐语

他是“半路出家”的材料人，不惧挑战，迎难而上，以先进结构陶瓷材料为研究方向，通过3D打印工艺制备多孔氧化锆陶瓷，致力于实现对孔结构和孔径分布的精确设计和精细控制，拓展其在过滤、吸波滤波、电子雾化等领域的应用。

他是社会实践的行动者，在乡村振兴战略的引领下，参与开展了“陶源中南”项目，把知识带到“全国特种陶瓷之乡”娄底市新化县，探索出一条以科技助力地方特色产业升级的新路径，为乡村振兴贡献中南粉冶人的青春力量。

他是基层党组织的建设者，在担任炭/炭复合材料第二党支部副书记期间，创新组织生活形式，注重学习与实践相结合，充分利用长沙周边红色资源，组织支部党员实地研学，获评中南大学2021—2023年度优秀共产党员。

他就是中南大学粉末冶金研究院2020级博士研究生李烨。

PMRI

真正与李烨有接触是在2023—2024学年湖南省大学生社区实践计划启动仪式上。

他的“兼容性”很强。由于我一直没有负责学院的分团委相关工作，对于假期实践队伍的了解也比较少，李烨主动向我分享了假期实践项目的每个环节。当时，虽然才和李烨成为师生不久，但聊天时全然没有尴尬或开玩笑似的互相吹捧。

自入学以来，李烨与课题组同门在导师李专教授的指导下，以“特种陶瓷材料”的研究为抓手，开展了“陶源中南”实践项目，经常赴湖南省娄底市新化县开展行业调研和技术帮扶等活动。他在台上如数家珍地汇报着团队进展和项目成果，交上了一份独属于陶瓷材料方向的粉冶人的青春答卷。

缘起：向上溯源的选择

第一次听说李烨，是在央视《新闻联播》栏目中。那时，我还没有确定接下来任职的二级学院，对于粉末冶金研究院所涉学科的研究内容更是陌生。

新闻中，被采访的李烨说到自己作为材料学专业的博士生，要绷紧国家安全这根弦，做“总体国家安全观”的积极践行者。那时，谁能想到在央视出镜的优秀材料学子，在攻读博士学位之前，居然是学机械相关专业的。

“哈喽，你不会还在长沙努力搞科研吧？”

采访正值暑假期间，李烨刚刚从长沙回到河南老家。2019年，我暑期家访的省份是河南，对河南省内一些城市有实地的了解。于是，我与李烨从郑州聊起。

对于李烨来说，郑州也是个再熟悉不过的城市。他 7 年的本科与硕士阶段都是在郑州大学度过的，如今也在郑州订婚并安家，这里已是他的第二故乡了。

李烨曾就读于郑州大学机械与动力工程学院(原机械工程学院)。本科阶段的机械工程及其自动化专业与材料并不相关。在硕士阶段，他的专业更细分为机械制造及其自动化，并且以“梯度结构 316 不锈钢”为目标材料，对其低周疲劳过程中表面形貌和微观组织的演化开展了研究工作，由此打开了李烨通向材料领域的大门。

“我们平时用到的不锈钢盆是什么材料啊?”

“304 和 316 不锈钢。”

当李烨提到不锈钢时，我脑海中第一个闪过的画面是家里厨房常用的不锈钢盆，便随口问了出来。李烨极为耐心地给我这个材料“小白”讲解了一番。316 不锈钢是“食品级不锈钢”，常常以厨房容器的形式出现在我们的生活中。同时，它也是一种成熟的结构材料，具有良好的力学性能和高温性能，耐中子辐照，有作为燃料支撑结构材料的经验，相比镍基合金 Hastelloy N，316 不锈钢要便宜得多，也更容易获得，符合 ASME 标准并获得工程许可，被广泛应用于大部分商用核反应堆中。

李烨的研究工作主要是对购买的 316 不锈钢薄板进行表面喷丸处理，引入梯度结构，随后通过拉-拉低周疲劳试验验证其疲劳性能，同时借助扫描电镜、三维形貌测量系统、原子力显微镜等对材料的表面形貌、粗糙度、滑移带高度、晶体取向等微观组织的演化进行表征和研究。

在科研之余，李烨也常常思考，目前的工作只是把现成的不锈钢进行表面处理，优化了性能，得到了一系列数据。这似乎是中游，甚至下游的环节，那么，一块不锈钢薄板再往前，会是什么样的呢?

一颗“向上溯源”的种子和一个读博的念头，慢慢在他心中扎下了根。

以粉末冶金国家工程研究中心为“孵化器”进行高新技术产业转化等学科建设发展的中南大学粉末冶金研究院声名在外。2019 年底，李烨在中南大学开放申请考核制博士报名通道后，第一时间提交了自己的材料，也通过邮箱与李专老师取得了联系。

鉴于李烨硕士期间研究方向与博士报考专业的理论跨度，李专老师为李烨推荐了多本材料领域的经典书目，并鼓励李烨尽可能打好理论基础。在李烨看来，寒假前完成自己的硕士毕业论文，寒假开始专心准备博士考核内容，时间上是相对充裕的。

“其实，我的毕业路还是挺坎坷的。”计划赶不上变化。2020 年初，李烨的学习进程被彻底打乱了。而当时李烨能够做的，只有调整心态，面对并接受一切未知。

2020 年 5 月 8 日，学校开放了毕业生返校通道，李烨回校后抓紧时间完成自己的硕士毕业论文。“我记得特别清楚，我是 6 月 19 日提交的毕业论文盲审，6 月 20 日时，咱们院进行了线上面试考核，我是下午场的第一个人。”李烨说道。

受外部环境影响，本欲出国深造或是已被就业单位录用的考生，也没有放弃申请读博的机会，竞争变得越发激烈。那天面试考核时，紧张的李烨衬衣早早就被汗湿。由于是跨专业深造，虽有一定通用课程基础的他，在进行专业英语的“英汉互译”环节时再次汗流浃背，不算流利地“撑”完了整场面试。

“复试结束之后觉得悬了，如果考不上，那就太对不起李专老师了。李老师给了机会还推荐了资料，自己也备考了那么长时间，但最终复试的表现却不尽如人意。”面试结束后，李烨心中满是失望和懊悔。

“我觉得我一定没机会了，可就算落榜了，也要把情况跟李老师解释清楚。”在复试工作全部结束后，李烨主动与李专老师联系，一五一十地说明了自己的情况，并郑重地向李老师表达了内心的愧疚。

“评价一名球员，不单单看能力，同时也要看他在赛场上展现的对比赛的态度。”李专老师用一位足球教练的话来回复李烨，并告诉他最终结果还没确定，先安心等待。

这些话李烨至今仍记得清清楚楚。

几天后，虽然在最后的录取结果中李烨出乎意料地排名中等偏上，但他并不满意。

当李专老师在结果公示后第一时间恭喜他时，李烨便下定了决心要在未来的博士研究生阶段更加扎实地做好每一项科研工作。

缘续：做粘结剂一样的人

“唉，我以为你会按照提纲问我。我有些问题还是仔细思考了下，怕说错。”

“那行，那你准备了什么问题，你说吧。”

在确认录取后的那段时间，李烨与课题组的其他同学一同到学院其他毕业生的答辩会和课题组每周的组会旁听学习。每个学校的专业风格与学生培养方案都有差异，李烨也在这段旁听经历中了解到了学院对本专业研究生科研水平的要求。

根据培养方案的要求，跨专业深造的研究生需要补修专业基础课程。李专老师向李烨推荐了李昆老师的材料科学与基础课程。也正是这门课程，让李烨对材料学科产生了更多的好奇心。

“我与另外几个跨专业的同学像是‘病友’一样，每天都在交流新学的知识。不得不说，李昆老师的授课能力真的是太强了。”李烨对李昆老师满是敬佩。李昆老师在课堂上用到了多种教学方法，让这门体系庞杂的基础课变得绘声绘色。

令李烨感到惊讶的不止于此，还有本科学弟学妹们的课堂反馈。得益于本科生专业培养方案中的生产实习环节，李昆老师在课堂上通过实例互动提问时，同学们能够第一时间给出答案。此外，对于李昆老师布置的汇报作业，同学们不仅课后积极准备，也以极高的质量完成了课堂上的汇报展示。

由于第一学期的课业压力较大，李专老师给了李烨一年的时间考虑未来的研究方向。组会上，李专老师建议大家多看他人的研究内容，一方面熟悉课题组项目，另一方面在积累中寻找自己的科研兴趣点。

李专老师曾多次与李烨探讨未来科研方向，比如硬质合金刀具的研究现状及应用、多孔陶瓷的制备及微结构控制、铜基贱金属电子浆料的制备及性能研究。没有硕士研究生阶段专业研究基础的李烨在各个科研方向上都面临着相同的挑战。

博士一年级期间，李烨开始接触党支部的相关工作，并担任了中共中南大学粉末冶金研究院炭/炭复合材料研究所第二支部委员会副书记。

"做了就想着做好，既然担子交给我，我就一定要担起来。还是想尽可能照顾好身边的人。"对于李烨来说，哪里需要自己，自己就会出现在哪里。

师生共建党支部的副书记扮演的就是这样一个"粘结剂"的角色。李烨自2021年10月担任支部副书记以来，带领支部同志持续深入学习新理论新思想新观点，多次组织党支部同志赴长沙周边红色场馆开展参观学习。

2023年4月15日，正值第八个"全民国家安全教育日"，李烨按照上级党组织的要求组织党支部同志集中观看《千万师生同上一堂国家安全教育课》公开课，此次活动获中央电视台报道，也就有了我第一次听说李烨的契机。

"每周六的早晨，李专老师基本上都会在群里打卡，要么是校内10公里晨跑，要么是岳麓山'心形线'徒步。"

同时担任炭/炭复合材料研究所所长与党支部书记的李专老师，既关心学生的科研工作，也关心学生的业余生活。科研、行政两手抓的他，运动也从未落下。在这样的耳濡目染下，同学们也逐渐被带动了起来。

"就拿爬岳麓山来说，有李老师组织带队的'心形线'徒步活动，有党支部组织的'探寻红色足迹，赓续红色精神'党日活动，也有新生们组织的'飞扬青春·不负韶华'团建活动。"熟悉的岳麓山，在他们脚下爬出了不同的趣味。

"做学问前先做人。"李专老师身体力行地践行着他的话，也带动着他的学生不断前行。

缘定：与陶源之乡的缘分

博士一年级下学期，李烨确定了自己的研究方向——氧化锆多孔陶瓷的制备及其性能研究，并通过发泡剂法和熔融沉积3D打印两种不同工艺路线开展了试验工作，为实现其微观孔结构的精细控制，优化其中的高温力学性能、抗热震性能做着努力。

经过党支部工作的锻炼，李烨不仅强化了自己为同学办实事的意识和能力，也加深了对理论和实践相结合的认识。

同时，经过理论学习和实验探究，李烨掌握了亚微米级高烧结活性氧化锆粉体制备技术，设计了基于熔融沉积法的多组元均匀分散的配方体系，制备了基于三周期极小平面结构的多孔陶瓷，实现了孔结构完整、多尺度可控等预期目标。这些都为他日后参与乡村振兴社会实践活动提供了有力的保障。

2019 年以来，为了贯彻落实乡村振兴战略，巩固拓展脱贫攻坚成果，学院紧扣党中央的决策方针，鼓励和动员师生投入到乡村振兴的工作中。

在校团委和学院党委的指导下，李专老师课题组以党员师生为骨干组建起一支“技术服务团”，以“特种陶瓷材料”为抓手，实施“陶源中南”项目，赴湖南省娄底市新化县开展社会实践活动，李烨也深度参与其中，随后成为这支“技术服务团”的负责人。

新化县曾是国家扶贫开发工作重点县，经过数十年发展，现已逐步成为“全国特种陶瓷之乡”“全国特种陶瓷和艺术瓷出口基地”，特种陶瓷产量跃居全国首位。

但是，新化县特种陶瓷行业目前仍存在高端产品欠缺、低端市场无序竞争、技术力量落后分散、研发能力薄弱等突出问题，严重制约了行业的发展。因此，李烨所在团队期望凭借他们在特种陶瓷领域的研究基础和技术优势，为新化县特种陶瓷行业的发展带去崭新的力量。

从 2021 年暑假起，李烨带领实践团队先后走访调研了包括新化县美程陶瓷科技有限公司、鑫星电子陶瓷有限公司在内的 10 余家特种陶瓷企业，系统地收集了多种陶瓷产品在原料质检、产线建设、工艺技术等方面的痛点难点，围绕收集到的问题进行讨论分析和拆分归类，结合团队成员的研究方向和现有研究成果，逐个提出解决方案。

截至 2024 年 8 月，他们的“技术服务团”先后解决一线生产问题 50 余个，优化工艺 20 余项；帮助企业新增就业岗位 500 余个，引进本科及以上学历人才超过 30 人；举办知识产权、专业技能培训讲座 30 余场，参与培训人员超过 800 人，为相关企业新增利润超过 2000 万元。通过该项实践活动，与美程等 6 家企业达成长期合作关系，促成后续校企合作项目 7 项，引入科研经费超过 500 万元。随着活动的深入开展，团队签订技术开发(委托)合同 3 项，实现技术转让 1 项。

团队以此项实践活动为基础，于 2021 年参加第七届中国国际“互联网+”大学生创新创业大赛，获得国家银奖/湖南省一等奖/中南大学特等奖的好成绩。

对李烨来说，“技术服务团”的工作既是横向课题的延续，也是对自己的一次次锻炼。他和团队会把这项活动坚持下去，在目前相对成熟的“技术支持”模式的基础上，继续从人才引进和本土化培养、科研资源互通、企业发展前景规划等方面开展实践工作，持续为新化县的乡村振兴和特种陶瓷产业的优化改革及“造血式”发展提供“中南力量”。

做科研工作从来不是一蹴而就的事情，需要日积月累地努力。

李烨带领团队通过整合走访获得的信息和已有的文件资料，总结梳理出《新化县特种陶瓷产业报告》1 份，也撰写发表了他的第一篇论文，虽源于实践，却偏重生产工艺的优化探索，在科研创新点的提炼上还远远不够。一次又一次地补充实验，一遍又一遍地打磨，才终于有了“处女作”的雏形。

在论文的撰写过程中，李烨也在逐渐总结经验教训，从粉末到陶瓷的制备工艺是不可缺少的前置环节，但材料性能的表征分析更为重要。李烨说，粉末冶金涉及的环节非常多，球磨、混粉、成型、烧结、表征……每一个环节都有值得琢磨的空间。

李烨与陶瓷的缘分不止于此，与陶源之乡的缘分也定会延续下去。

作者：李卉森

第三篇章

且行且随风，有趣亦有盼

19 在触手可及的时间里一往无前

——访 2021 级本科生陈颂阳

从“材”路初启到科研进阶

抓住每一次机会，只向上走

粉小冶推荐语

作为千里求学者，他孜孜不倦、精益求精，以加权综测双料第一名的成绩，获本科生国家奖学金，累计斩获竞赛奖项及荣誉 24 项。他以“粉末冶金”式的创新和拼搏，成长为“复合材料”型多面能手，获评校优秀学生标兵，被中南大学创协报道。

作为粉冶追梦人，他锲而不舍，奋勇创新，以第一作者身份发表论文 1 篇，主持和参与大学生创新创业项目 3 项。他以坚如磐石的科研基础，主持湖南省自然科学基金首批青年学生基础研究项目。

作为学风建设者，他兢兢业业，尽职尽责，统筹开展学风督察工作三十余场，全年汇总数据超万条；他参与协助巡考数据工作改革，使工作效率大大提升。他恪尽职守，一丝不苟，为学风建设夯实数据地基，贡献青春力量。

他就是中南大学粉末冶金研究院 2021 级本科生陈颂阳。

PMRI

“也是巧了，我刚卸任党支部书记，你就上任了党支部副书记。”

刚转到粉末冶金研究院工作时，我担任了学院本科生第二党支部书记一职。第二年，考虑到我本身是博士研究生辅导员，与本科生接触不多，有时在组织相关活动的时间安排等方面会存在冲突，也就由更适合的本科生年级辅导员接任了。

缘起：不做一时，只做一直

在学校 2024 年大学生年度人物评选结果公布前，陈颂阳因为担任党支部副书记的工作事宜到我们办公室盖章，我便随口问了他：“要是没评上‘年度人物’，你会觉得可惜吗？”

“其实答辩结束后，就感觉结果不是很重要了，我已经尽可能做到我能做到的最好了。”

过去两年，我作为学校大学生年度人物评审答辩会承办学院负责人参与组织工作，在这个过程中我接触到了本硕博各个学段的许多佼佼者，陈颂阳也是其中之一。

他虽是我所在学院的本科生，但由于我是博士研究生辅导员，与他的工作接触并不多，直到这一年的答辩会。

在学院选拔推荐参评初审候选人阶段，陈颂阳的三年本科履历格外耀眼，最初的试答辩效果虽然没有后期打磨后那么理想，但是逻辑清晰、脉络明确地呈现出了他在学业、科研、学生工作方面的出色表现。我对他的成长轨迹产生了兴趣。

陈颂阳的大学之旅，始于高中填报志愿的关键时刻。“我高中时，化学学得确实很好，考试成绩不错，和其他同学讲题讲得也不错。所以填报志愿时，我自然而然地把目光投向了化学类的专业。”

当时，“生化环材”还被不少人视作“四大天坑”。机械类、自动化这些专业虽然也曾在他填报志愿时的考虑范围，但化工和材料领域对陈颂阳有着更大的吸引力。

“高考填报志愿的时候，咱们学院两位黄院士的科研事迹实在太吸引我了，但由于是大类招生，所以还不太了解咱们学校冶金材料类四个学院的风格。我决定报考粉冶院卓越班，是因为大一新生课对我有很大影响。”

大类招生入学后分属兄弟学院材料科学与工程学院的陈颂阳，在新生课各学院教授的授课中，“第一次直观地认识了粉冶院的实践研究，一下子就被深深吸引住了”。

后来粉冶院组织大一新生参观学院学科发展陈列室，也让陈颂阳对粉冶院在实践研究方面的成果有了更具象化的认识。与此同时，辅导员林钰杰老师的热心答疑，也让他坚定了进入粉冶院卓越班的决心。

大学期间，陈颂阳的生活丰富且充实。刚入学，他就加入知新馆，还竞选成为班长，后来又担任卓越班班长、2022 级卓越班副班导。担任副班导期间，他积极帮助学弟学妹适应大学生活和学习。这些经历极大地锻炼了他的组织协调能力和领导能力。在知新馆担任学情督导部负责人时，他负责全校课堂礼仪、查课、巡考等统计工作，进一步提升了沟通和管理能力。

同时，他加入王章维老师的学业小组后，参与了不少大学生创新创业项目，在科研领域不断探索。科研实践中，他从最早进行有关机器学习方向的课题学习，到在蔡伟金师兄指导下，跟着路圣晗师兄进行 NiCoV 中熵合金的课题研究，并以第二作者身份发表论文。此外，他多次获得省级大创立项，还成功立项湖南省自然科学基金青年学生基础研究项目。

我问陈颂阳，你觉得卓越班的各项制度怎么样。他说，对他个人而言，还是挺不错的。比如，在课程选择上，普通班只能修计算机程序设计（C++）课程，但卓越班可以在 C++和 Python 课程中任选一门。

“Python 比 C++更适合我，也更符合计算材料学相关的学习基础，于是就选了它。为了学好这门课，我课后找了好多资料，还做了不少项目练习，最后考了 90 多分，也还不错。”陈颂阳分享道。

大学一年级第二学期，还有一门大数据课程。这门课程和材料专业联系不算紧密，却让陈颂阳印象很深。“也是从这门课上，我了解到计算机行业的发展状况，还是挺长知识的。当时的授课老师也很年轻，28 岁左右，他分享的那些行业前沿信息，让我深刻意识到多学科融合对材料研究的重要性。”

“我们学院卓越班的学业小组模式真的很好。”

新生课上对老师们口中的专业名词还一头雾水的陈颂阳，在和学业导师王章维老师交流的过程中，一点点地理解专业、理解学科。而且每个人思考问题的角度都不一样，陈颂阳也能在和课题组师兄、师姐、同学的交流中，从不同方面去思考问题。“有些我自己怎么都想不明白的，听别人一说就懂了。”

陈颂阳说自己的进步得益于从高中到大学的“成功适应”，在与同学的交流合作中，他也逐渐培养起自主学习和探索的能力。

“高中的时候，学习基本是跟着老师走的，老师安排什么就做什么。但上了大学，这种方式就不太行了。和同学们一起学习的过程，让我学会了主动找资料，从不同角度分析问题，不再依赖老师讲授课本上的知识。这种学习态度的转变对我后来的科研和个人发展很重要，让我能更独立地去探索知识、解决问题。”陈颂阳感慨地说。

后来的物理化学、材料分析测试技术等专业课程，内容复杂，学习难度不小。“这些课程里有好多抽象的概念和复杂的公式，理解起来特别费劲。就像材料物理化学里的一些知识点，我反复看书、查资料，花了好长时间才弄明白。”陈颂阳坦言。

这些宝贵的经历见证了他在大学征途上的不断奋进与成长。

缘续：机会来时我在这

陈颂阳的科研之路在王章维老师的引领下开启。

初涉科研，他就在王老师的带领下一头扎进 NiCoV 中熵合金研究领域学习，强韧化机制的探索等内容成为他钻研的重点。“刚接触科研时，我对一切都充满好奇，每天都干劲十足。虽然专业知识复杂，实验操作也不简单，但我特别渴望在科研方面有所成就。”

最早在大一的时候，王章维老师便推荐学业小组成员做机器学习相关的基础工作，辅助材料设计研究。当时大家对专业课知识还没什么概念，对材料领域的了解也有限，所以王老师希望他们通过接触机器学习，为后续科研工作打下基础。

机器学习在材料研究中的应用方式多样，例如有的课题组借助机器学习辅助三维原子探针，实现更精确地分析材料内部元素的三维分布情况。还有的课题组通过导入大量数据，让计算机学习并总结材料工艺参数与合金性能之间的规律，从而预测新材料性能，提高研究效率。

陈颂阳无奈地说道："学了大概半年，实在学不下去了，感觉就像在啃一块硬得不行的骨头，根本无从下手。"

后来的增材制造技术课程让陈颂阳接触到了多种多样的粉末冶金增材制造技术。他了解到粉末冶金不只有传统的模压成型方法，增材制造这类高端技术在材料领域的应用其实很广泛，可以制造出具有特殊性能的材料和零件。

"这为我打开了全新的视野，让我看到了材料领域更广阔的发展前景。而且我们学校有不少校友在增材制造领域创业，这也让我对这个方向越发感兴趣。"

在科研过程中，陈颂阳也对未来的发展有了自己的思考。"一开始，我觉得本科生发论文是比较流行的事，希望能通过努力承担小课题，发表属于自己的科研文章。但实际做起来才发现，这需要扎实的文献积累、对课题的深入理解，还得有创新性，真不是一件容易的事。"

慢慢地，他在蔡伟金师兄的指导下，专注于增材制造 NiCoV 合金的研究，目的是提升材料的强度和塑性。尽管发表论文的目标暂时没有实现，但他并没有灰心，而是不再浮躁，更加踏踏实实地投入科研工作，不断积累经验，提升自己的科研能力。

"那段时间，我们整天泡在实验室，各种设备、方法，还有增材制造技术都尝试了个遍，就想找到提升材料性能的最佳方案。"陈颂阳回忆起那段连续一个月泡在实验室的日子，言语间满是坚定。

蔡伟金师兄给了他全方位的帮助。"师兄特别有耐心，手把手教我实验操作，还把他的实验技巧、科研经验毫无保留地分享给我。他对实验数据的严谨态度，让我明白科研容不得半点马虎，每一个数据、每一步操作都至关重要。"

在课题组整体科研氛围的影响下，陈颂阳养成了严格把控科研数据质量、反复推敲实验步骤的习惯，这为他之后开展科研工作打下了坚实的基础。

大二暑假，陈颂阳跟着路圣晗师兄学习，全力投入到 NiCoV 合金强度和塑性提升课题的研究中。

“那个暑假，我基本都在学校。我小心翼翼地制备样品，知道任何一个小细节没做好，都可能影响最终结果。最后进行的性能测试是检验我们前期工作成果的关键一步。”

经过不懈努力，陈颂阳在蔡伟金师兄和路圣晗师兄的带领下，通过工艺参数优化提升了 NiCoV 合金的性能，发表了关于粉末冶金 NiCoV 中熵合金的 SCI 2 区论文。“这次经历让我的实验操作能力有了很大提升，和师兄配合得越来越默契。”陈颂阳说道。

在参与王峰师兄和刘宇琪师兄的研究课题的过程中，陈颂阳从师兄那里学到了严谨的科研态度和独特的科研思维模式。

“王峰师兄对科研特别认真，从实验设计、数据分析到论文撰写，每个环节都严格把关，这种态度一直激励着我在科研道路上不断前进。”

2024 年 7 月，陈颂阳凭借在科研上的突出表现和出色的答辩风采，获批湖南省自然科学基金首批青年学生基础研究项目，全校仅 10 人获此殊荣，而他更是位列第一。

得知获批的那一刻，陈颂阳激动不已：“真的特别惊喜，感觉自己的努力得到了极大的认可，但我也清楚这只是新的开始。”

他为了准备这个项目申报书，在王章维老师和蔡伟金师兄的指导下，前期查阅了大量资料。王老师和蔡师兄帮助他深入剖析研究现状与研究空白，结合自身在 NiCoV 合金研究中的经验，确定了极具创新性的研究方向。

撰写申报书时，王老师和蔡师兄也会逐字逐句帮他修改，从研究背景、研究目的到实验方案、预期成果，每一个细节都经过了无数次的修改和完善。

“那段时间压力特别大，有时候为了一个观点，我会和老师、师兄们讨论很久，就怕有一点疏漏。”这次项目获批，不仅是对他的科研能力的高度肯定，更为他后续的研究工作提供了广阔平台和丰富资源，激励着他在材料领域不断探索前行。

随着研究的深入，陈颂阳渐渐察觉到基础研究和实际应用之间存在不小的差距。“慢慢地接触后，我也反复思考，发现我们做的研究很难直接应用到实际中。我就想着在有限的时间里，做一些对实际应用更有帮助的研究。和王老师深度交流后，他也很支持我做自己感兴趣的领域。”

这一选择，也让陈颂阳将读研的目标院校锁定为上海交通大学。

此外，陈颂阳作为唯一一位本科生参加了学院的学科建设讨论会。他结合自己在课程学习和小组合作中观察到的本科生发展现状，比如本科生培养过程中主动思考能力和辩证能力的培养和提升等，提出了课程学习需要迁移运用来提高解决问题的综合能力等针对性建议。这些建议充分展现了他在日常生活中对学习和进步的积极探索和深入思考。

“在学科建设讨论中，我把自己学习过程中遇到的问题以及观察到的问题思考整理后分享了出来，希望能为粉冶院本科生培养工作出一份力。有机会能和学院领导老师、学科带头人共同讨论学科建设发展问题，碰撞出新的想法，对我未来自我思考和提升也有莫大的意义。”陈颂阳说道。

缘定：切换不同角色

初入大学校园时，面对“百团大战”与众多学生组织，陈颂阳内心满是纠结。“知新馆作为校级组织，覆盖范围更广，稳定性更强，不管我最终在哪个学院，都能持续开展工作。”经过一番深思熟虑，陈颂阳毅然选择加入知新馆。

在知新馆的日子里，陈颂阳从最基础的干事工作做起，每一项任务都全力以赴。凭借着那股子积极向上的拼劲和远超同龄人的组织协调能力，他很快崭露头角，一年后便成为知新馆学习督导部负责人。

在这个岗位上，他将主要精力投入到学风建设和考勤管理工作中。可这两项工作开展起来困难重重，部门归属时常变动，与其他部门的数据对接更是烦琐复杂。

提及考勤管理的那段经历，陈颂阳说：“一开始采用人工打卡和老师签字的方式，老师们的字迹千差万别，辨认起来特别费劲，数据登记错误频发，我们统计的数据和实际打卡数据经常对不上。要花费大量时间去核对、协调，效率很低。”

面对这些棘手的问题，陈颂阳没有丝毫退缩。在知新馆指导老师的指导下，他带领团队成员一起讨论解决方案。最终，他们精心制定了一套详细的数据记录模板，规范了数据整理流程，成功解决了数据对接的难题。

在知新馆工作期间，他感慨万分："在这个过程中，我深刻领悟到，要根据实际情况灵活调整策略。同时，团队成员之间的沟通协作至关重要，只要大家心往一处想，劲往一处使，就没有克服不了的困难。"

担任班长和副班导期间，陈颂阳将自己的组织能力发挥得淋漓尽致。作为副班导，他极为负责，深知自己肩负着引导新生适应大学生活和学习的重任。

大一时，作为班长的陈颂阳在班导师的指导下组织班级集体自习。"我原本想着，大家聚在一起学习，互相监督、互相帮助，学习效果肯定会大幅提升。但真正实施起来才发现，每个人的学习习惯和时间安排差异巨大，想要统一协调实在太难了。"

在此期间，陈颂阳意识到集体自习可能并不适合所有同学。虽然集体自习的效果不尽如人意，但陈颂阳并没有因此而沮丧，他从这段经历中学会了如何更好地了解同学们的实际需求，为后续开展工作积累了经验。

进入大二后，每年新生入学前，他都会在线上为同学们答疑解惑，为学弟学妹们规划到校路线和大学必备日用品。新生入学时，他早早地来到学校，帮助学弟学妹们办理入学手续，耐心解答他们关于校园生活、专业课程等方面的疑问。"很多新生刚来到大学，对一切都很陌生，眼神里充满了迷茫，我想着自己当年的样子，就下定决心一定要多帮他们。"

在担任副班导期间，学习上，陈颂阳定期组织学习经验分享会，为新生传授学习方法和技巧。"他们想要什么样的学习结果，我就会给他们什么类型的复习建议。"他还会关注身边学弟学妹的学习进度，主动给在学习上有困难的同学提供一对一辅导。

"有个学弟对物理化学这门课特别头疼，我便给他进行了一次有针对性的授课，从最基础的热力学公式入手，一步一步推导各种小结论，给他讲解知识点，并分享我的学习笔记。慢慢地，他的成绩有了明显的提高，达到了自己的目标。看到他的进步，我特别有成就感。"

生活中，陈颂阳也十分关心学弟学妹们。他经常了解他们在生活中遇到的问题并帮助解决。

在学科竞赛领域，他与高他一届的学姐吴承柽一同在王章维老师的指导下参加高校“精材成器”新材料创新创业大赛。尽管最终他们团队仅以一名之差与铜奖失之交臂，但这次经历却让他们收获了比奖项更宝贵的财富。陈颂阳笑着说：“没能获奖，会有些失落，但积攒了经验。”

此外，为了拓宽班级同学的社交圈子，丰富课余生活，陈颂阳精心策划跨学院的班级联谊活动。从活动主题的确定、场地的挑选与布置，到参与人员的组织协调，每一个环节他都亲力亲为，力求将活动办得尽善尽美。

“组织这些活动，就像在拼接一幅复杂的拼图，每一个细节都至关重要。不过，当看到同学们在活动中欢声笑语，结交到志同道合的新朋友时，我觉得所有的努力都是值得的。”通过这些活动，陈颂阳与同学们的关系变得更加紧密，他自己的组织能力也得到了全方位的提升。

在参与知新馆等各项学生工作的过程中，陈颂阳宛如一棵破土而出的幼苗，在不断的磨炼中茁壮成长。他积累了丰富的工作经验，提升了自身的综合素质，更重要的是，他学会了设身处地地关注他人需求，责任感和领导力也得到了显著提升。这些宝贵的收获，将如同璀璨星辰，照亮他未来的人生道路，为他的长远发展奠定坚实的基础。

陈颂阳的父母是个体户，父母的坚持和务实，潜移默化地塑造了陈颂阳的性格，使他在面对困难时总能保持积极的态度。这种品质在他的学习、科研和学生工作中体现得淋漓尽致。

在学习上遇到难题时，他会像父母对待生意上的困难一样，坚持不懈地钻研；在科研中遭遇瓶颈时，他也能保持务实的态度，一步一个脚印地寻找解决方案；在面对学生工作中的各种复杂情况时，他同样凭借这份吃苦耐劳的精神，积极应对，从不退缩。

本科毕业后的他，即将以硕博连读生的身份前往上海交通大学继续深造。

“最开始确定研究方向的时候，还有个小故事。一开始我对生物材料很感兴趣，想做人体骨骼支撑骨钉方面的研究，可考虑到自己生物学科基础不太好，最后还是放弃了，选择了高温合金。”陈颂阳解释道。

对他来说，能去上海交通大学读书，是一个难得的机会，也是一个全新的挑战。对于这个新的起点，他满怀憧憬。

作者：李卉淼

20

那就做一颗勇敢的星星

——访 2024 级硕士研究生郑锦驰

从透明到闪光，“新事物实践者”从不止步

勇敢一点，“I 人”也可以光芒万丈

粉小冶推荐语

他将学生工作作为挑战自我的方式，本科期间担任了多项校级、院级学生干部职务，在学生工作上争当全面发展的粉冶青年；曾获校级优秀学生干部、优秀团干等荣誉。他攻读硕士学位期间，担任院研究生会执行主席，尝试新的学生工作挑战，践行服务同学的宗旨。

他注重产学研结合，参与并主持了“食小助——一体化生活服务平台”创业实践项目，成功将项目投入实际应用，推广到中南大学各个校区，目前业务已经覆盖了长沙的多所高校。

他参与了科研课题“电磁吸波材料”等多项研究，本科期间成功申请了 1 项国家发明专利；作为团队成员，参与“互联网+”大学生创新创业大赛、大学生创新创业项目，在硕士研究生期间将“电磁吸波材料”作为研究方向继续钻研，致力于解决当前吸波领域内的重点和难点问题。

他就是中南大学粉末冶金研究院 2024 级硕士研究生郑锦驰。

PMRI

那天，当我准备采访郑锦驰时，心里还在琢磨着这会是一场怎样的对话。“哎，你要不先把彭老师让你们写的自传发给我参考下吧。”寒假时光刚刚开启，我便在微信上给郑锦驰留了言。随后，我得到了一篇自传，一篇简短到只有几行字的自传。

我原以为严肃的“自传”会是一板一眼地以文字形式回顾、记录成长时刻，让我能够从中感受到郑锦驰生活过往的点点滴滴。看到短小精悍的文档，我笑着说：“你的总结能力还是太强了。”

晚些时候，郑锦驰给我发了一份基本情况的介绍：“原来在我接手院青媒中心前，主任就是他呀！”带着这份意外与好奇，我和他开启了这次特别的“新老”访谈。

缘起：“I 人”的尝试

在已有明确共同话题的情况下的交流，让我们都放松了不少。访谈开始，我先和他聊起一些轻松的家常，了解他最近的生活。郑锦驰说，他才刚回家几天，因为课题组有要求，就跟着大家一起返程了。几句简单的寒暄后，他的话匣子慢慢打开，过往那些本以为会呈现在“自传”中丰富多彩的校园故事，也像潮水般涌来。

“我叫郑锦驰，来自浙江宁波，如果用一个词来概括我自己，那么，我会选择‘新事物实践者’。”

正如那段简短的“自传”中写的那样，本科期间的经历改变了郑锦驰很多，尤其是性格。有限的社交、狭小的圈子，让高中时候的他看起来像个内向的人。

当话题转到高中生活，郑锦驰的声音里多了些感慨。“浙江的竞争压力真的太大了，高中那会，周末基本全被学习占满了。”他无奈地笑了笑，“不是在补习课程，就是在做题，根本没什么时间去发展兴趣爱好，更别提拓展社交圈子了。”

似乎也正是在这样的环境下，他变得更为内向了。

在学校里，他就像个“小透明”，课间休息时，默默坐在座位上，看着同学们嬉笑玩闹，心里虽羡慕，却怎么也鼓不起勇气参与进去。课间是他难得有机会和同学交流的时间，可话题大多围绕学习，很少有机会聊聊自己的爱好和生活。他存在感极低，似乎社交圈子仅局限于同桌和前后桌之间。

高考结束后，即将步入大学的郑锦驰，心中满是对大学全新生活的期待。原本，他报考了多所学校的建筑学专业，可是阴差阳错，成了粉冶学子。

“记得高考完那个暑假，当时副班导拉了个群，需要我们选出临时负责人，我抱着试一试的心态把自己推了上去。”郑锦驰说道。

“我不想再像高中那样了，我想改变，去尝试更多的事情。”他的语气坚定。进入大学，面对各种各样的社团招新，他既兴奋又迷茫，不知道该从哪里开始。他向副班导——比他高一年级的 2019 级本科生刘涛请教，刘涛建议他根据兴趣选择社团，还鼓励他勇敢去尝试，调整好心态参加面试。

在刘涛的引导下，郑锦驰报名参加了多个学生组织和社团的面试，如“中南小团子”新媒体宣传部、校青志协宣传部等。然而，还困在“I 人”世界的郑锦驰，初次尝试并不顺利，他遗憾地落选了。说起校青志协的面试，郑锦驰陷入了回忆，微微皱起了眉头。“当时面试问了个常见问题，学习和工作冲突了怎么办。我回答会根据当时情况，把精力投入更重要的方面。现在想想，这个回答可能不太符合他们的期望，所以没通过面试。”这次落选让他有些失落，但也激发了他想要提升自己的决心。

后来，郑锦驰在学院青媒中心的面试中顺利入选，这也成了他学生工作的起点。在美工部，他努力学习海报制作技能。为了做好海报，他花费了大量时间设计元素，可结果却不尽如人意。

为了提升绘画能力，本就有国画、水彩画基础的郑锦驰在高考结束后买了数位板。“当时是因为从网站看到关于插画和板画的内容，所以抱着尝试和学习的心态从网上买了一套‘装备’，想等到开学的时候，找个跟这方面有关的学生工作。我原本以为到美工部会有人教我用数位板，结果发现还是得自己摸索。”他笑着调侃自己：“而且我发现美工部的数位板比我自己买的好用多了，我那块就只能用来练习构图和画画。”在不断的尝试和摸索中，郑锦驰逐渐适应了大学的节奏，性格也变得更加自信开朗，曾经的“I人”慢慢发生了改变。

一次，美工部接到了制作一系列宣传海报的任务，郑锦驰主动站出来承担协调工作，不再像以前那样沉默寡言。他积极地和成员们沟通，根据每个人的特长分配任务，还大方地分享自己的设计思路。讨论时，即便有些想法一开始不被认可，他也没有退缩，而是耐心地解释。最终，部门成功完成任务。

活动结束后，他的付出得到了大家的一致好评，这让他收获了极大的信心，在社交方面也变得更加主动积极。“那是我第一次发现，原来走出自己的舒适区，能收获这么多惊喜。”郑锦驰感慨地说。

“那一刻，我心里特别有成就感，第一次觉得自己在学生工作上的努力和改变得到了实实在在的回报。”郑锦驰回忆起当时的场景，眼中闪烁着光芒，“也正是从那时候起，我更加坚定了改变自己的决心。”

缘续：身份是自己给的

进入院青媒中心美工部后，郑锦驰在学生工作的道路上不断进阶，从干事一步步成长为部长，最后成为主任，他用实际行动诠释着“身份是自己给的”。

作为美工部干事，郑锦驰努力学习海报制作技能。当时，部门制作海报大多从千图网等网站找素材作为参考。他虽然有自己设计元素的想法，但实践后的效果却不太好。

“我记得有次做海报，花了 6 个小时设计素材，单看每个元素都还挺好看的，可合起来却和主题不搭，怎么看都是别扭的。”他苦笑着说：“最后没办法，还是从图片网站找的素材，这才明白做事不能只凭自己的想法，还得考虑是否符合主题和活动的需求。”

有一回，美工部接到紧急任务，要为学院的一场学术讲座制作宣传海报，时间非常紧迫。郑锦驰主动请缨，负责主要设计工作。他查阅了大量资料，深入了解讲座的核心内容和目标受众，还和团队成员反复讨论设计方向。制作过程中，遇到了图片版权问题、设计风格难以统一等诸多困难，但他没有放弃。

"当时压力真的特别大，感觉责任重大，不能辜负大家的期望。"郑锦驰回忆道，"但我告诉自己，一定要把这个任务完成好。"通过与团队成员的紧密合作，他们在规定时间内完成了海报的制作。海报发布后，吸引了众多同学的关注，讲座的参与人数远超预期。这次经历让郑锦驰在美工部崭露头角，他的海报制作技能也更加熟练了。

第二年，担任美工部部长后，他发现学院新闻中心的创新形式较少，便借助青媒中心的平台，提出举办学院卡通人物形象征集活动。"当时学院里没有像现在的'粉大冶'这样的人物形象，我就想着通过设计征集活动，选出能代表学院的形象，印在文创产品上，这样既能扩大学院的知名度，又能给同学们发一些有特色的文创。"郑锦驰说道，话语间还有着当初想到这一选题时的兴奋。

他独自承担起活动策划、组织人员、收集材料等工作。活动过程中，线上评比的拉票环节引发了公平性争议。"当时有人提出线上拉票可能存在不公平问题，这让我有些不知所措，毕竟这是我第一次举办这样的活动。"郑锦驰回忆道，脸上闪过一丝紧张："不过在大家的帮助下，我学会了如何处理这类问题，也明白了举办活动会遇到各种挑战，需要提前做好充足准备。"

在解决拉票公平性问题时，郑锦驰组织团队成员多次讨论，提出了多种解决方案，如限制投票次数、设立监督小组等。经过综合评估，他们最终选择了一套合理的方案，确保了活动的公平公正。"那段时间真的很煎熬，每天都在思考怎么解决问题，但当问题解决的那一刻，我觉得一切都值了。"郑锦驰感慨地说："这次经历不仅锻炼了我的组织协调能力，还让我学会了如何在压力下保持冷静，解决复杂问题。"

最终，征集活动选出了合适的人物形象。"通过这次活动，我锻炼了组织活动、与人沟通的能力，也学会了如何在团队中发挥领导作用。这对我来说是非常宝贵的经历。"他说道。

在担任部长期间，郑锦驰还负责了暖冬文艺会的宣传工作。这是美工部第一次负责大型宣传活动的全部物料设计，从门票到宣传海报都由他们制作。

由于大家都是第一次做，经验不足，交上来的素材达不到预期。"临近提交截止日，我发现大家做的素材和我预期的差距很大，没办法，我只能自己重新设计。"郑锦驰说道，语气中带着一丝疲惫："那次我每天熬夜到两三点，虽然很辛苦，但也让我对工作质量和效率的平衡有了更深的理解。”

后来，郑锦驰成为青媒中心主任，他希望在已有学院人物形象的基础上进行二次设计，打造更多衍生文创产品。“我当时想把这个人物形象打造成我们学院的特色 IP，让大家一看到相关产品就能想到我们青媒中心。”郑锦驰说道，眼中带着一丝遗憾，“但实施起来才发现困难重重，美工部能进行二次创作的人太少，这个想法最终没能完全实现。”尽管有些遗憾，但看到后来学院在“粉大冶”IP 方面的发展，自己当初的想法在一定程度上得到了延续，还是止不住地夸赞。

除了在青媒中心的工作，郑锦驰还担任过副班导、班长、年级长等职务。在这些岗位上，他积极与同学们沟通交流，组织班级活动，营造良好的班级氛围。“当副班导的时候，我认识了很多学弟学妹，也从他们身上感受到了青春的活力。”郑锦驰说道，脸上洋溢着温暖的笑容：“这让我更加明白，学生工作不仅仅是完成任务，更是与同学们建立联系、共同成长的过程。”

在担任副班导期间，郑锦驰遇到了一位性格内向的学弟，和曾经的自己很像。他主动与学弟交流，分享自己的成长经历，鼓励学弟参加社团活动，尝试新事物。在郑锦驰的帮助下，学弟逐渐变得开朗起来，积极参加各种活动，还加入了学生会。“看到学弟的变化，我真的特别欣慰，就好像看到了曾经的自己。”郑锦驰感动地说：“这更加坚定了我在学生工作中的信念。”

在组织班级活动时，郑锦驰也遇到过不少挑战。有一次班级要举办知识竞赛活动，同学们参与的积极性不高，报名人数寥寥无几。郑锦驰没有气馁，他挨个儿与同学们沟通，了解他们的顾虑和想法。针对同学们提出的问题，他对活动形式和内容进行了调整，增加了趣味性和奖励机制。活动当天，现场气氛热烈，同学们积极参与，活动取得了圆满成功。“那一刻，我真的特别开心，觉得自己的努力没有白费。”郑锦驰笑着说：“我也学会了如何更好地了解同学们的需求，提高活动的吸引力和参与度。”

回顾在院青媒中心的时光，郑锦驰感慨万千。“从最初对学生工作的迷茫，到现在能独当一面，我通过自己的努力实现了身份的转变。”他说道：“或许真的只有不断尝试和挑战自我，才能在学生工作中获得成长和进步。”

缘定：不断解锁新角色

在学生工作开展得如火如荼的同时，郑锦驰也在科研竞赛领域积极探索，不断解锁新角色，拓宽自己的发展道路。

大一下学期，郑锦驰和室友选择姜超老师作为学业导师，开启了科研之旅。在姜超老师的带领下，他们参与了一些科研项目，在本科期间成功以第一学生作者身份申请了专利《一种二极管加载两层有源超材料分频段可调吸波结构》。

“跟着姜老师做研究，让我对科研工作有了初步的认识，我也学会了如何查阅文献、设计实验以及分析数据。姜老师真的帮了我很多，我特别感谢他。”郑锦驰说道，语气中充满了对导师的感激之情。

研究过程中，有一次实验结果与预期相差甚远，郑锦驰和团队成员陷入了困境。他们反复检查实验步骤，却找不到问题所在。郑锦驰没有气馁，在查阅大量前沿文献后发现可能是实验材料的微小差异导致的结果偏差。与导师和团队成员讨论后，他们调整了实验方案，重新进行实验，最终得到了理想的结果。“当时真的很焦虑，实验一直不成功，压力特别大。但当看到最终结果是正确的时候，那种喜悦和成就感真的无法用言语来形容。”郑锦驰回忆道，眼中闪烁着坚定的光芒，“这次经历让我明白，科研需要严谨的态度和不断探索的精神，遇到问题不能轻易放弃。”

大一下学期分好学业导师以后，他便参与了他的第一个大创项目，研究方向是电磁吸波材料。然而，由于团队成员对科研的积极性和目标不一致，项目结题仓促，他也觉得自己收获不大。“当初我们都是第一次参加大创项目，不清楚具体的流程，而且团队成员想法不太统一，大家在过程中有些敷衍，最后结题不理想。”郑锦驰无奈地说：“不过这也让我明白了团队合作在科研项目中的重要性。”

大二时，看到周围同学纷纷参加学科竞赛，郑锦驰也想“跟风”尝试一下。他加入同为年级长的吴承柽与王章维老师合作的项目：众铝新城——高性能铝基复合材料先导者，主要负责基础信息调研和协助工作。

“当时参与这个项目，一方面是想积累比赛经验，另一方面也是想尝试了解科研项目的运作。虽然过程有些辛苦，但也学到了不少东西。"郑锦驰说道。

后来，郑锦驰在偶然间了解到了"食小助"团队的项目，最初是被项目提供的薪资待遇吸引，便加入其中。随着深入参与，他从一名跑楼同学逐渐成长为"管理层"，负责管理楼栋相关事务。

"'食小助'以及楼栋管理具体是做什么的呢？"听着听着，我不禁向他提出了这样的疑问。

"说起来应该算一个学生创业项目吧，我们的目标是解决同学们的一些用餐问题，提供更加便利的送餐到寝室服务，避免之前遇到的食堂排队人挤人、点外卖丢餐等现象。至于楼栋长嘛，因为平常宿舍楼栋内只有本栋的同学能进出，自然担任楼栋长的都是住在宿舍楼栋内的同学。与校外骑手对接，并将餐食送至各个寝室就是他们每日的职责，我就负责管理各楼栋每日送餐的同学。"郑锦驰说道。

我笑着调侃道："就楼栋头子呗！"

"哈哈，是的。在'食小助'团队，我不仅要与骑手、店家打交道，还要参与项目的优化和拓展。我们调研了同学的用餐喜好和时间，增加了合作商家数量，扩大了送餐覆盖范围。这个过程虽然辛苦，但锻炼了我的沟通和组织能力。"郑锦驰说道。

在"食小助"团队，郑锦驰参与了许多重要决策。在发现最初送餐覆盖范围较小，仅集中在部分楼栋后，他们开始思考如何扩大覆盖范围。"我们当时讨论了很多方案，最后决定一家一家去谈合作，逐步扩大服务范围。在这个过程中，遇到了很多困难，有些商家对我们不太信任，不愿意合作，但我们没有放弃，一直努力说服他们。"郑锦驰回忆道。

当时，"食小助"团队希望借助创新创业项目的申报提高品牌知名度。在报名后不久，郑锦驰便收到了项目答辩通知。

"收到答辩通知时，我真的愣住了，只有一天时间，感觉自己什么都没准备好。没办法，只能硬着头皮上，赶紧拼凑 PPT，把之前参加比赛的经验和数据整理出来，希望在答辩中表现得好一点。"

答辩过程中，他克服内心的紧张和畏惧，向评委老师介绍项目亮点和应对食品安全问题的措施。"站在台上，一开始我很紧张，但看到台下评委老师认真倾听，我逐渐放松下来，把自己对项目的理解和想法都表达了出来。最后结果不错，评委老师对我们的项目给予了肯定，这让我非常开心，也收获了自信。”郑锦驰说道。

团队规模随着时间的推移逐渐扩大，郑锦驰也来到了大学三年级到四年级的关键阶段。那时，他的成绩处于保研线边缘，学业压力较大，经过深思熟虑，他选择退出团队，专注于学业。“尽管在食小助任职的过程中，我收获了很多，但那个时候我的学业也到了关键时期，需要投入更多精力。虽然有些不舍，但我想这是当时最正确的决定。”

进入研究生阶段，郑锦驰选择继续担任学生工作职务，成为院研究生会主席。“我希望通过参与院研究生会工作，积累更多经验。同时，我也想尝试不同类型的活动组织，弥补之前在思政类工作方面的不足。”郑锦驰说道。

在学生工作方面，郑锦驰满怀热情与期待。“在院研究生会工作的这段日子，我收获了很多，结识了一群志同道合的伙伴，也看到了同学们在活动中获得的快乐和成长，这让我特别满足。”他的脸上洋溢着笑容。“以后我还想组织更多有意思的活动，把学术交流和趣味互动结合起来，让大家在轻松愉快的氛围里拓宽知识面、增进友谊。”他希望能通过这些活动，为同学们搭建起更广阔的交流平台，让大家留下更多美好的校园回忆。

在科研方面，郑锦驰的研究方向是超材料电磁波吸收，涉及仿真和实验相结合。

“为了提升文章质量，我一直在思考如何创新实验方法、改变材料类型。科研道路充满挑战，但我不会轻易放弃，会继续努力探索。”郑锦驰的语气中带着一丝坚定。

在尝试新的实验方法时，郑锦驰遇到了技术难题，实验设备出现了故障，导致实验无法正常进行，但他并没有因此而气馁，而是选择去查阅相关设备说明书，学习设备使用规范以及故障维修方法。遇到辛辛苦苦做了好几天的实验样品与理论存在很大差异的情况时，他也没有被困难吓倒，而是主动向实验室师兄请教，查阅相关资料去解决疑惑，成功推进实验。“当时真的很着急，实验停滞不前，心里特别难受。但问题解决的那一刻，我觉得自己又收获了不少经验。这次经历让我更加坚韧，也让我在科研道路上积累了更多解决问题的经验。”

谈到未来，郑锦驰的眼神里透着一股执着劲儿。科研于他而言，是一场充满未知与挑战的漫长征途。超材料电磁波吸收领域，是他日夜钻研的“战场”。“有时候实验不顺利，结果和预期差了十万八千里，心里真不是滋味儿，觉得特别挫败。只能重新检查步骤、找原因，一遍又一遍地尝试。但每次成功解决一个小问题，又觉得自己离目标近了一点，那种感觉就像是在黑暗里看到了一丝曙光。”

他渴望在研究生阶段能取得成果，发表高质量文章。为此，他在实验室里常常一待就是一整天。“课程少的时候，基本上从早到晚都在实验室待着，边看文献边做摘录，收集每篇文章的创新点以及思考当前领域内可开展的实验内容。晚上六点半是我们规定的打卡下班时间，但实际上往往十点多才是我打卡下班的时间。”

从高中时默默无闻的少年，一步步成长为如今在学生工作与专业领域都表现出色的硕士研究生，其中的艰辛与坚持，旁人或许难以完全体会。

“身边不少同学都在准备考公务员，我也想在这条路上试试。”考公务员是他职业生涯规划的重要一环。“前段时间买了资料后，才发现要学的东西很多，而且我的字一直写得不太好看，在考试中可能会吃亏。”说到这儿，他不好意思地挠了挠头，“但我已经下定决心了，每天都抽出时间来练字，哪怕进步很慢，我也绝不放弃。”他深知这是一场需要耐心和毅力的“修行”，但他眼中的坚定告诉我，他一定会为了这个目标全力以赴。

郑锦驰像极了怀揣梦想的追光者。从透明到逐光，他在逐梦的道路上坚定地奔跑着。未来的路充满了不确定性，但他那股子不服输的劲头和对未来的无限憧憬，也使人坚信：在不久的将来，能听到他在科研上取得突破、在学生工作中创造更多精彩的好消息。

作者：李卉森

21

优雅地付出也优雅地接受

——访 2022 级博士研究生罗海玉

温柔而坚定，用代码写给材料三行情书
知足且从容，体验人生不如就尽兴一点

粉小冶推荐语

她成绩优异，本科期间曾获 2 次国家奖学金、3 次学年一等奖学金、1 次校长奖学金(创新奖)；通过“本-博”拔尖创新人才培养计划选拔，保送至本校直博；获评“湖南省优秀毕业生”称号。

她聚焦科研，博士研究生期间，深入钻研材料计算方法，攻克材料扩散在原子尺度上的研究难题，在直博第二年便发表 SCI 期刊论文 5 篇，申请专利 1 项，申报软件著作权 1 项。

她探索创新，曾担任国家级大学生创新创业项目负责人，带领团队获评“优秀结题”；而后担任湖南省研究生科研创新项目负责人，积极探索材料物理的本质，指导材料设计。

她热爱生活，曾是学院舞蹈队队长、文艺部副部长，在舞台上大放异彩；以班级副班导师身份为学弟学妹提供学习指导与生活帮助；在担任学院极端环境粉末冶金材料研究所党支部副书记期间，努力做好表率，凝聚党支部力量。

她就是中南大学粉末冶金研究院 2022 级博士研究生罗海玉。

PMRL

2024年春节前，我作为“中南云麓谷”新媒体中心指导老师，领到了制作中南学子拜年视频的任务，开始和各个学院来自不同省份的学生联系出镜事宜。罗海玉便是我的第一个“目标”。收到视频时，我看到穿着红色毛衣、戴着红色发箍的她，笑意盈盈。

老话讲，美人在骨不在皮。罗海玉的美在两方面都占全了。每次在微信朋友圈里看到罗海玉的新动态，我总要和旁边的人放肆“显摆”一番：“看，小姑娘是不是特别好看！我学生！”

缘起：图书馆的“隔间大师”

2024年4月，由我组织策划的学校读书日游园会活动如期开展。活动前一晚，我突然很想录制一个第一视角的游园打卡Vlog视频，希望没能到现场参加活动的同学也有参与感，通过镜头感受活动氛围。当我萌生了这个想法，主角便立马有了人选——罗海玉。

不出所料，视频发布后，有很多同学在评论区留言说“很可惜没能现场体验”“好玩、爱玩”……活动宣传效果远超预期。

罗海玉是公认的漂亮姑娘，自然、灵动、落落大方。其实，美貌只是她最不值一提的优点。

从在微信上给罗海玉留言说打算采访她到确定采访时间，足足花了一个学期。我总想着，等静下心来再好好采访，结果一拖再拖。2024年暑假，我在忙完手头上的事务性工作，又赶完了比较急的几篇稿子后，迅速和罗海玉预约了采访时间，生怕自己又拖延到下一个学期。

“我感觉自己真的没什么可以拿出来说的。”罗海玉说道。在她看来，自己只是一个很普通的工科女博士，既没有足够多的学术成果，也没有在社会实践、学生工作或其他方面的大作为。我说：“可是你才博士二年级啊。”

也许是因为学科性质的差异，在我看来，材料领域的研究是在“金字塔尖”上。能够在材料领域深耕的每一位科研人都绝对值得一提。

高考前，罗海玉得了一场重感冒，虽然上了考场后也一直是鼻塞咳嗽的状态，但好在发挥正常，物理满分，总分达到中南大学往年的录取分数线。

“材料和化学沾边，就是它了！选！”在聊到选择材料专业的原因时，她回忆起初中时担任化学课代表的经历，那些形态各异的化学元素在她眼中宛如一个个神奇的小精灵，通过不同的配比能够组合成千变万化的物质，这种奇妙的变化让她深深着迷。

当她在学校专业一览表中看到“材料”二字时，心中涌起一股难以抑制的兴奋，直觉告诉她，这就是她梦寐以求的专业。就这样，2018 年高考后，罗海玉怀揣着对未来的无限期待，如愿成为中南大学粉末冶金研究院冶金材料类的一名本科生。

初入中南大学，罗海玉便感受到了与以往截然不同的学习节奏。她笑着说：“我之前一直在乐山读书，学习氛围相对轻松，没有感受到太大的学习压力。刚接触到大学的课程时，真的感觉有些‘上了强度’。”但罗海玉骨子里就有一股不服输的劲儿，在学习上十分好强。

大学一年级时，高等数学这门课程成了她需要攻克的第一道难关。面对复杂的公式和抽象的概念，她非但没有退缩，反而斗志昂扬：“高数越难我就越想学好它。”她深知，考试从来都不是靠运气，只有做好充分准备的人才能取得理想的成绩。

为了学好高数，很难在宿舍进入学习状态的罗海玉毅然将大部分学习时间都留在了潇湘校区的教室和图书馆中。

她常常感慨：“我们学校的书香气一直很浓，潇湘校区问渠长廊建好后，每天天蒙蒙亮时，就能看到同学们在那里专心看书，琅琅书声回荡在校园里；岳麓山校区三一楼门前的操场，也总有同学在大声练着口语，那股子积极向上的劲头让人深受鼓舞。之前住在升华学生公寓的时候，每天去二食堂，都能看到里面‘高朋满座’，有些同学甚至一边吃饭一边背书。在这样浓厚的学习氛围中，自己想偷懒都觉得不好意思。”

每次踏入图书馆，罗海玉都会被那种静谧而专注的氛围所触动。潇湘校区七层的图书馆，偌大的空间里总是座无虚席，同学们都沉浸在知识的海洋里，专心做着自己的事，或安静地看书，或认真地做功课，或仔细地查阅文献。

在这里，可以清楚地听到书页轻轻翻过的声音，或是笔尖划过纸张的沙沙声，整个世界只剩下对知识的渴望和追求。

临近考试周，图书馆的座位变得格外抢手。罗海玉每天五点钟就起床，简单洗漱后，便匆匆向图书馆奔去，只为能坐到一个心仪的位置。一旦去得稍晚一点，图书馆开馆前排队的长龙便会望不到尽头。

罗海玉格外喜欢图书馆开馆时，自己冲进图书馆的那一刻。那股子冲劲，不仅让她能够在人山人海中找到合适的位置，更给了她无限的学习动力。

也正是因为这股冲劲，她每次都能成功冲到前面，寻觅到对她来说最舒服的自习隔间。从此，她可爱的室友们便打趣地叫她“隔间大师”。

在图书馆的隔间里，罗海玉开启了一段充实而又难忘的学习之旅。她慢慢摸索出了一套属于自己的学习方法。课堂上，老师的教学节奏比较快，一旦学习状态不佳，就很容易跟不上进度。

所以，每次老师将教学课件发到班级群里，罗海玉总是第一时间下载下来。下课后，她便对着教学课件和课程教材，一遍又一遍地学习。她认真钻研老师上课讲解新知识点时给出的例题、课件上的练习题和教材章节后的课后习题。

考试前，她会对着买来的习题库，按照自己拟定的期末复习计划表，按部就班地静下心来做题。她的书总是比别人的要厚一些，因为每一页都承载着她的努力和汗水，被她翻看过无数遍。

“要不怎么是你成绩好呢，这么一点一点学出来的，知识不扎实才奇怪呢。”我不禁感慨道。对于“机会总是留给有准备的人”这句话，我深信不疑。

我想，这种相似的“学习观”，大概也是我觉得与罗海玉格外亲近的原因之一吧。

缘续：打破固有印象

大学一开始，罗海玉便积极投身于学生工作之中，然而，这不但没有拖慢她学习的脚步，反而使她练就了出色的时间管理能力。

她常常庆幸地感慨："能有机会参与学生工作，对我而言是莫大的幸事。大学生活，倘若只有学习，那便太过单调。这些学生工作经历，让我在与形形色色的人的交流互动中，不断拓宽自己的视野，也在与不同'灵魂'的碰撞中，变得越发自信、开朗。"

本科阶段，罗海玉担任院团委学生会生活部干事。在这里，她结识了许多优秀的学长、学姐。大家为了筹备一场会议、达成一个目标，齐心协力、并肩作战。

从前期策划到现场布置，再到活动的顺利开展，筹备活动的每一个环节都凝聚着大家的心血。在这个过程中，他们不仅增进了对彼此的了解，更建立起了深厚的友谊。学生组织团建时，租下的场地的厨房瞬间变成了欢乐的海洋，每个部门的同学都大展厨艺，一时间，锅碗瓢盆的碰撞声、欢声笑语交织在一起。

这些志同道合且有趣的灵魂，在一件件琐碎的小事中交融，让原本平淡的生活变得丰富多彩、妙趣横生。通过学生工作，罗海玉的社交圈子不断扩大，她认识了更多的人，同时也让更多的人认识了积极向上、充满活力的她。

"不仅是学长学姐在给我们指引方向，我也从优秀的学弟学妹身上学到了很多。"罗海玉由衷地说道。在学弟学妹们身上，她能真切地感受到那股蓬勃的"冲劲"，那是一种对知识的渴望、对未来的憧憬以及面对困难时勇往直前的勇气。这股"冲劲"也时刻提醒着她，无论在人生的道路上遭遇何种挫折，都要坚守初心，砥砺前行。

"冲劲"是罗海玉在采访中频繁提及的一个词。大学二年级专业分流后，她选择了粉体材料科学与工程专业，并始终保持着这股勇往直前的劲头。

凭借着优异的成绩，大学三年级时，罗海玉成功入选了"本-博"拔尖创新人才培养计划。在选择未来的研究方向时，她再次展现出勇于突破自我的决心。

罗海玉在博士研究生阶段师从刘文胜老师和梁超平老师，主要投身于材料计算方向的研究。她回忆道，当时课题组的刘文胜老师为她提供了多个研究方向以供选择，包括材料实验、材料表征和材料计算等。

由于罗海玉有着扎实的物理基础，并且对编写代码抱有浓厚的兴趣，经过深思熟虑，她最终选择了材料计算作为博士期间的主攻方向。“不留遗憾吧。”她笑着说。她热衷于尝试新鲜事物，不断为自己的人生增添新的体验。

于是，她毅然从零开始，踏上了学习“敲代码”的征程。大学四年级，罗海玉一边忙于本科课程的学习，一边努力推开“材料计算”这扇崭新的大门。

从最初对过往项目的计算复现，到在全新项目材料计算过程中的大胆创新与积极探索，仅仅不到一学期的时间，对数学、物理相关研究内容充满热爱的罗海玉便适应了新的学习节奏。她不仅顺利完成了毕业设计，还发表了自己的第一篇 SCI 论文。

那一刻，她的努力与付出得到了最好的回报，她也更加坚定了在科研道路上继续前行的信心。

材料计算涉及多方面、多尺度的研究。罗海玉的研究主要以密度泛函理论为基础，从材料最本征的原子、电子尺度出发，运用第一性原理计算获取材料的热力学、动力学性质，进而解释实验现象，同时为实验提供坚实的理论指导。

课题组之间的密切交流与合作，也为她的研究提供了许多宝贵的灵感与有力的支持。罗海玉的主要任务是通过材料计算获取原子在各种材料中的扩散数据，深入分析其物理本质，为材料设计提供科学依据。

她兴奋地说，每当自己编写的材料计算相关代码能够顺利运行，成功得出预期的数据时，内心便会涌起一股强烈的成就感，那是一种无法用言语形容的喜悦。

然而，漂亮姑娘的科研路上总是少不了质疑的声音。面对这些质疑，她没有选择争辩，而是用实际行动予以回应。“其实，我当时对自己的第二篇 SCI 论文寄予‘厚望’。”她坦诚地说道。

但现实往往不尽如人意，或许是因为当时研究的材料体系相对传统，并非热门领域，从开始撰写到最终发表，这篇论文耗费了她将近一年的时间。其间，她满怀期待地向许多心仪的 SCI 期刊投稿，却一次次收到拒稿的通知。

那段时间，她的内心备受煎熬，开始怀疑自己是否真的适合科研之路，是否能够在材料研究领域走得更远。

但罗海玉并没有被压力击垮，她深知，只有通过不懈的努力才能化解困境。于是，她沉下心来，一遍又一遍地修改稿件，不断打磨每一个细节。她查阅了大量的文献资料，与导师和同门反复讨论，力求使论文的内容更加完善、逻辑更加严谨。

功夫不负有心人，经过无数次的努力，她的第二篇论文终于成功投稿。这次经历让罗海玉更加专注于自己的研究方向，她秉持着今日事今日毕的原则，“如果有未处理完的数据，我一定要处理完才回去”。

每天晚上，她总是最后一个离开课题组办公室，在那里，她不断思考材料体系的选择、调整行文思路、培养写作风格。在这样日复一日的刻苦钻研中，那些曾经质疑她“皮囊大于内涵”的声音，逐渐销声匿迹。

2024 年 7 月，中国材料大会 2024 暨第二届世界材料大会在广州盛大开幕，罗海玉有幸参会并在分会场进行口头报告，分享自己博士研究生期间的研究成果。

站在答辩台上的她，身着得体的正装，自信且从容地展示着自己的科研成果。她的讲解条理清晰、深入浅出，赢得了台下专家学者和其他参会人员的阵阵掌声。

最终，她的报告获评“高水平学术报告”奖。这次大会上的成功展示，不仅让她得到了专家学者的高度认可，也收获了师门同学的一致肯定，这让罗海玉更加坚定了自己在科研道路上的前进方向。

缘定：保持生活节奏

“学习不能过度用劲，而是要收放自如。当然，娱乐也要适可而止。”罗海玉深谙生活的平衡之道。她的生活犹如一幅绚丽多彩的画卷，既有科研工作的严谨与专注，也有动静相宜的休闲时光。

从小到大，罗海玉的学习成绩始终名列前茅，这让不太熟悉她的同学常常误以为她保持好成绩的秘诀是从早到晚都在学习。

然而，在罗海玉看来，学习是一件极其依赖状态的事情。当她状态极佳时，思维活跃，学习效率极高，能轻松地汲取知识的养分。可她一旦感到疲惫，如果再勉强自己在知识的海洋中挣扎，反而会降低效率。

罗海玉有多种多样的放松方式。本科阶段，在图书馆学习累了，她就会在校园里漫步。

沿着玉带河，她缓缓走过中南讲堂，那充满艺术气息的建筑仿佛在诉说着一场场精彩的演出；途经情人坡，坡上的花草树木在微风中轻轻摇曳，似在低语着青春的故事；来到问渠长廊，长廊下的潺潺流水和周围的静谧氛围，让人心旷神怡。

一路上，新鲜的空气如同灵动的精灵，轻轻拂去她学习时紧绷的状态，让她备感惬意。她笑着回忆道："有一次学得感觉自己都快'自闭'了，那种被知识压迫得喘不过气的感觉太难受了，我就直接冲出图书馆，跑到麓南青年街的小型 KTV，放开嗓子大唱了两个小时。"

在那两个小时里，她尽情地释放着压力，随着音乐的节奏摇摆，将所有的疲惫和烦恼都抛到了九霄云外。释放后，她仿佛重新充满了电，状态瞬间回满，心情舒畅的她再次投入学习时，那些原本晦涩难懂的知识也变得容易理解了。

通过"本-博"拔尖创新人才培养计划的罗海玉，在博士研究生期间依然积极投身于学生工作。2023 年 11 月，党支部支委会换届后，她接过师兄王垚的接力棒，成了学院极端环境粉末冶金材料研究所党支部副书记。"和本科期间的学生工作还是有很大不同的。"罗海玉认真地说道，"比如本科在团学会工作时，大家常常一起筹备大型活动，那种齐心协力为了一个大型活动而努力的场景特别难忘；现在更多的是支委会成员一同组织党支部会议。而且党支部建设是一项非常严肃的工作，相关材料的整理更是容不得半点差池。"

刚刚接手党支部工作时，罗海玉还有些生疏，上一任党支部副书记王垚便热心地帮助了她。她对一次组织党支部同志参加院趣味运动会的经历印象深刻。

由于学科性质特殊，有些同志因为做实验而无法到场，这让罗海玉有些发愁。王垚师兄得知后，二话不说就帮她四处"摇人"，凭借他的人脉和热情，成功地凑齐了人员。

这次活动中，大家在各种趣味项目中相互协作，欢声笑语不断。活动结束后，来到现场参与趣味运动的党支部同志之间也建立起了深厚的情谊，大家的关系变得更加紧密。这种团队凝聚力让罗海玉深感欣慰，也让她更加热爱这份学生工作。

人生就是一场独特的体验，不如尽情地去感受。罗海玉说，她的梦想之一便是能够不受束缚地尽情去做自己喜欢的事。跳舞，便是她尽情释放自我的方式之一。

她是一个不太擅长用语言表达自己的人，内心丰富的情感常常难以找到合适的出口，而舞蹈就像是为她量身定制的宣泄与表达情感的渠道。

本科时期的她对跳舞充满了热爱，毅然加入了学院舞蹈队。有时，大家会一同前往地下停车场练舞。那里空间狭小，灯光昏暗，地面也不平整，但这些都无法阻挡他们对舞蹈的热情。

他们随着音乐的节奏舞动身躯，汗水湿透了衣衫，却从未影响大家享受跳舞时的专注与快乐。每天晚上回到宿舍，她也会抽出时间在自己小小的一方天地里练习喜欢的舞蹈。

在一次次的练习中，她的舞蹈动作越来越娴熟，自信心也在不断地增强。慢慢地，罗海玉在舞台上找到了更多的自信，她不再害怕在众人面前展示自己，也更加勇敢地去尝试更多的可能。

从舞蹈队队员到队长，罗海玉与志同道合的小伙伴们在毕业晚会等大型活动的舞台上光芒四射。他们精心编排的舞蹈，或激情四溢，或柔美婉约，每一个动作都饱含着他们对舞蹈的热爱和对生活的热情。

他们的表演赢得了台下观众的阵阵掌声和欢呼声，成了活动中最耀眼的存在。热爱可抵岁月漫长，她对舞蹈的这份执着与热爱，让她在学院“粉冶菁英”榜样模范评选活动中脱颖而出，获评“体艺明星”称号。

现在的她，除了跳舞之外，还会去健身房，尝试各种不同的运动方式，在挥洒汗水中感受生命的活力与美好。

宫崎骏的电影《魔女宅急便》中有句台词：“只有一个人在旅行时，才听得到自己的声音，它会告诉你，这世界比想象中的宽阔。”罗海玉也对旅行情有独钟。

一次，她去爬武功山，过程中，被沿途的美景所震撼。巍峨的山峰、茂密的森林、变幻莫测的云海，一切都让她感受到大自然的神奇与伟大。在旅行中，她不仅欣赏到了不同的风景，还结识了许多有趣的人，拓宽了自己的视野，也更加深刻地体会到了生活的丰富多彩。

罗海玉还拍了个小视频，别出心裁地用了当下比较火的转场形式。别人转场用的都是很酷炫的姿势，而她却另辟蹊径，用的是日常聊天时的表情包。

视频里，她一边喘着粗气，一边对着镜头调皮地切换着表情包，那种古灵精怪的模样让人忍俊不禁。这样充满个性、活泼可爱的她，大概没有人会不喜欢吧。

采访过程中，我们聊到了很多美食，罗海玉家乡的四川乐山跷脚牛肉便是其中之一。我很遗憾地说，上次去四川旅行，唯一没吃到的四川美食便是这个，回来后在购物平台四处寻觅好吃的调料包，打算自己在家做，过过嘴瘾。

第二天，罗海玉便向妈妈要了自家做时的调料包的购物链接发给了我。

罗海玉说，虽然湖南的美食相比四川更胜一筹，但是等到毕业后，还是想回四川找份专业对口的工作，这样可以多陪陪家人。

未来，罗海玉用代码写给材料的情书仍会续笔，而她也将保持对生活的热爱，温柔且坚定地奔赴每一场山海。

作者：李卉森

22 行动是最高级的语言

——访 2024 级硕士研究生吴承柽

事情做在前面，每一天都有计划

多探索敢尝试，在赛学共进中乘风破浪

粉小冶推荐语

她将创新创业竞赛视为挑战自我的舞台。作为团队负责人带领项目斩获第九届中国国际“互联网+”大学生创新创业大赛国家级银奖等重量级奖项；本人获评“湖南省创新创业优秀毕业生”“格林美创新实践个人奖”等多项荣誉。

她将学生工作视为锻炼能力的机会。她本科期间曾任院学生会副主席、年级长、班长等多项职务，在工作中勤勤恳恳、不乏创新，主办的活动广受好评，多次获评校“优秀团员”“优秀学生干部”等称号。

她将科研之路看作探索未知的钥匙。她第一次带领团队申报的大学生创新创业训练项目便获国家级立项、“优秀结题”，让她对机器学习领域有了初步的了解；在研究生阶段探索“高熵合金光热转换”，致力于填补此领域的空白，解决结合不牢固以及光热转换效率低等问题。

她就是中南大学粉末冶金研究院 2024 级硕士研究生吴承柽。

PMRI

一天中午，在学院办公楼前，我看到背着超大的电脑包、抱着厚厚一摞资料、脚步匆匆的吴承柽。我们相互打了招呼。她浑身散发着一种别样的活力，和我平日接触到的文静样子有所不同，我怔住了。

走过一小段路后，我回过神来叫住了她："承柽，你有没有兴趣分享下自己的故事呀?"她听到我的话，有些感慨地说："要是在本科刚毕业的时候接受这样的采访，我肯定会特别开心，那时候在创新创业和学生工作上取得了一些成绩，心里满是成就感。可现在，研究生都过去半学期了，我还在摸索，没什么新成果，总感觉像是在吃老本，心里挺忐忑的。"

我说："不如就当是好好聊聊天。"就这样，我们约定好了寒假采访的事。

缘起：试试水探探路

其实，与吴承柽正式"结缘"，是在党支部工作中。那时，承柽是我党支部新一批发展对象。由于我刚到学院，对一切还不太熟悉，也没来得及与大家深度接触，所以对她的印象停留在大家口中的"一位很厉害、全面发展的女孩子"。

后来，在寻找"对话·粉冶新青年"系列专访的人选时，其他老师向我大力推荐了吴承柽。她在大学生创新创业竞赛领域成绩斐然，是大家公认的"实创先锋"。也是从这时起，我就一直在找机会当面跟她约采访。

结果我因为种种客观原因，一拖就是半个学期，直到那天中午的偶遇。

吴承柽的科研探索之旅，始于大学一年级的一次充满机缘巧合的选择。2021 年春季学期，学院推行学业导师分配制度，这成了她开启新征程的契机。当时，大家对学业导师还不太了解，吴承柽和几位同学主动联系了陈超老师，并幸运地加入了他的学业小组。

那时的吴承桎，对科研的概念还很模糊，但内心却满是好奇与期待。加入学业小组不久，机遇悄然降临。陈超老师课题组的博士师兄准备带队参加“互联网+”大学生创新创业大赛，得知消息的吴承桎，瞬间被这个充满挑战的机会吸引。“我听说这个比赛很有名，就特别想去参加，觉得这是个难得的好机会。”吴承桎回忆道。当陈超老师说起这件事时，她几乎没有丝毫犹豫，与同学陈雨菲一起，满怀热情地报名参加，就此踏上了“质云三维——金属 3D 打印全球领航者”项目团队的“征程”。

初入团队，吴承桎切实感受到了理想与现实的差距。作为大一新生，她在专业知识和经验上与团队里的师兄师姐们有着极大的差距。在团队讨论中，那些高深的专业术语和复杂的项目思路，常常让她听得一头雾水。不过，吴承桎并没有因此而退缩，反而以更加积极的态度去面对接下来的项目工作。

在项目前期，她和陈雨菲被分配到战略规划和风险分析等基础工作上。这些工作看似简单，实则需要对项目有全面的了解。吴承桎深知这是自己学习和成长的机会，她极为认真地对待每一个任务。每次团队讨论，她都会全神贯注地听师兄师姐们的发言，努力理解项目的整体框架和目标。遇到不懂的问题，她会在会后主动向师兄师姐请教，哪怕问题再基础，她也毫不羞涩。据吴承桎回忆，师兄师姐们都很耐心地解答她的问题，还会分享一些自己的经验和见解，让她收获颇丰。

随着项目的推进，吴承桎在团队中的角色也在悄然发生转变。项目进入评审阶段，团队面临着一项琐碎但极有价值的任务——搜集所有“互联网+”大学生创新创业大赛国家级金奖项目路演的视频并转录为文字稿。这不仅需要耗费大量的时间和精力，还考验着大家的耐心和细心。吴承桎和陈雨菲主动承担起了这个任务。

那段时间，他们利用课余和周末的时间，全身心投入这项工作中。面对大量的视频资料，他们制订了详细的计划，每天安排好要整理的视频数量，确保工作有条不紊地进行。在整理过程中，他们会逐字逐句地听，遇到不清楚的地方，反复播放视频，仔细校对。

在吴承桎看来，这个过程虽然枯燥，但是也锻炼了她的耐心和专注力。

经过一段时间的努力，他们终于完成了任务。这段经历让吴承桎对项目有了更深入的理解，也锻炼了她的信息收集和整理的能力。更重要的是，她在这个过程中学会了如何在团队中发挥自己的价值，从一个旁观者逐渐转变为积极参与者。

她的努力和进步，大家都看在眼里，这也为她之后在其他团队中担任更重要的角色奠定了基础。

大学二年级时，吴承桎开始担任团队负责人，参与第八届中国国际“互联网+”大学生创新创业大赛。在王章维老师的指导下，她组建了“众铝新诚——高性能铝基复合材料先导者”项目团队。她说：“当时是我第一次带团队，我真的很需要有能力、能做事的队友，‘拉人’时也在思考这位队友未来在团队中扮演的角色。”

这个项目对吴承桎来说意义非凡。作为项目负责人，她不仅要统筹项目的整体规划，还要协调团队成员之间的工作，确保项目顺利推进。

项目初期，吴承桎面临着诸多难题。从项目方案的设计到团队成员的分工，每一个环节都需要她精心策划。为了设计出一个具有创新性和可行性的项目方案，她向许多有经验的学长学姐请教，参考了许多优秀的案例，反复修改方案。

在团队分工上，她充分考虑每位成员的特长和兴趣，合理分配任务，让每个人都能在项目中发挥出最大的价值。我说：“我就做不好领导者，看着达不到自己想要的效果时，就会很着急，你是怎么分配团队工作的呀？”

“尊重每个人的想法，大家一起讨论、改进，项目才能越来越好。”吴承桎说自己在分工时，会和每个成员单独沟通，了解他们的想法和期望，尽可能地让大家做自己擅长的工作。

在项目推进过程中，团队也遇到了不少困难，同类型的项目层出不穷，如何让自己的项目在“项目堆”里脱颖而出，成了摆在吴承桎面前的一道难题。她带领团队成员不断地分析和讨论，寻找项目的突破点。

为了准备路演展示，吴承桎与团队成员进行了无数次的模拟演练。她仔细斟酌每一句讲稿内容，不断优化逻辑结构，努力在有限的时间内将项目的亮点清晰地呈现给评委。团队成员们也积极配合，各司其职，为项目的评审答辩全力以赴。

吴承桎分享说：“在模拟演练时，大家会互提意见和建议，不断完善展示内容，每一次演练都让我们更加自信和从容。”

在团队成员的共同努力下，初次担任国家级创新创业竞赛项目负责人的吴承柽最终带领团队获得了铜奖。

我想，这个奖项的背后，是她无数个日夜的辛勤付出，是她在面对困难时的坚持与执着。也正是这次竞赛经历，让她积累了宝贵的项目管理经验，也让她更加坚定了在创新创业竞赛领域继续探索的信心。

缘续：极致的“J 人”思维

吴承柽在大二、大三学年留下了浓墨重彩的一笔，她在竞赛和学生工作上全面发力，将“极致的‘J 人’思维”展现得淋漓尽致。

我和吴承柽交流时，才深切感受到她强大的时间管理能力。每天晚上，她都会雷打不动地把第二天关于竞赛项目、学生工作、课程学习和其他工作的任务，按照重要程度和紧急程度一项项罗列清楚，精确到每个小时。

她说：“我是觉得提前规划好，第二天做事就不会乱。而且我确实作息十分规律，晚上十一点半睡，早上七点准时起。”

也正是靠着这种严谨的规划，在大二这个关键阶段，她在创新创业竞赛和学生工作两方面都取得了亮眼的成绩。

在竞赛方面，吴承柽成绩斐然。2022 年上半年开始，她带领团队参加了第八届中国国际“互联网+”大学生创新创业大赛。从 4 月的校赛到 6 月的省赛再到 10 月的国赛，吴承柽赛学共进，将力所能及的事做到了最好，终于斩获国家级铜奖。

这一年，吴承柽在陈超老师的邀请下加入了第十届“挑战杯”全国大学生创业计划竞赛的项目团队。当时，吴承柽想都没想就答应了：“陈超老师找我，我肯定得去啊！真的是很好的机会！”

加入团队后，她和大家一起努力拼搏。尽管最后只获得了湖南省二等奖，未能进入国赛，但吴承柽觉得收获颇丰：“虽然有点遗憾，但这个过程让我学到了很多，竞赛经验也多了一点。”

同年 6 月，吴承柽担任了张利军老师团队的创新创业项目负责人，开启了“基于机器学习方法的 Cu-Ti-Co-Sn 高强高导铜合金性能预测”的研究之旅。

“这是个全新的领域，虽然有挑战，但我特别想试试。”吴承柽说道。在项目中，团队成员分工明确，互相帮助，共同进步。文献检索是最基础的，后续在师兄师姐的带领下接触的“机器学习辅助材料设计”让她打开了新视野，许多实验技能也是从这个项目中学习到的。“大家一起合作，遇到问题就讨论。在这个过程中，每个人都进步了不少。”吴承柽现在想起还是会觉得很兴奋，每一次参加竞赛的机会，她都格外珍惜。

2023 年 4 月，吴承柽又将目光投向了材料热处理创新创业大赛。“参加这个比赛，就是想提升自己在材料热处理方面的专业技能。”她说道。为了准备这场比赛，她提前几个月就开始行动，深入学习热处理理论知识。虽然最终没能获得佳绩，但她拿到了见习工程师认证，也算是让自己多了一项专业技能。

也是在这段时间，第九届中国国际“互联网+”大学生创新创业大赛也在如火如荼地举行。根据赛事规定，上一届比赛的国家级铜奖项目可以直接参加湖南省一等奖的排位赛，吴承柽再次带领团队出征。

这一次，大三的吴承柽带领团队项目摘得了国家级银奖，但这并不是她本科阶段最后一次参与创新创业竞赛。

“其实，这次本来没想参加的，但是刚好有机会，我就抓住了。”虽然吴承柽曾有过第十届“挑战杯”全国大学生创业计划竞赛的经验，但是上一次参赛只是作为团队成员，对这项竞赛的整体把握还不充分。

尽管她很认真地带领团队准备路演，但还是未能进入国家级赛场，以湖南省一等奖的成绩结束了这一次征程。“说不遗憾那肯定是假的，但通过这次比赛，大家都得到了锻炼，我们对项目的发展方向也更清楚了。”她笑着说道。

在学生工作方面，吴承柽同样表现出色。大二时，辅导员傅航老师给了她担任院团学会学习部部长的机会。虽然没有大一的工作经验，但是吴承柽和副部长没有丝毫退缩，一起制订了详细的工作计划。

在吴承柽的带领下，这一年，部门有条不紊地组织了学术讲座、学习经验分享会、知识竞赛等丰富多彩的活动。“看到同学们在活动中既能学到东西，还能互相交流，我觉得特别有成就感。”吴承柽说。

在组织活动的过程中，她会根据每个成员的特长和兴趣分配任务：“每个人都有自己的长处，把任务分配好，大家就能发挥出最大的作用。”她说：“团学会或者其他组织的学生工作都不是一个部门能完成的，得大家一起配合才行。”在她的努力下，部门工作开展得十分顺利。

对吴承桎来说，竞赛、学业、学生工作、生活交织在一起，仿佛是本科期间的常态。也正是因为这些经历，使她的大学生活更加充实，而她也凭借自己超强的时间管理能力、极为活跃的思维，在各项任务中求索、求是、求新，绽放了属于自己的生命之花。

缘定：给自己插一面旗

踏入硕士研究生阶段，吴承桎本是满心期待地开启科研新旅程，然而科研之路却似乎从课题方向选择开始就有些坎坷。导师王章维对课题组学生寄予厚望，也期望她多涉猎不同研究方向，探索科研的更多可能性。

最开始，吴承桎参与了和东华大学合作的合金纤维课题。“刚接触这个课题时，我特别兴奋，期待能在这个方向上做出一些成果。”但随着研究的逐步深入，现实却并不尽如人意。

“其实我能做的就是材料熔铸以及微观组织表征这些实验，送过来的样本，我帮他们用设备测一下，好像也做不了什么额外的事。”吴承桎无奈地说道。

我问承桎，看见同级其他同学都在产出科研成果，会不会有些着急。“课题组肯定是希望我们的成果都是精品，但是有时候发文章还是挺看运气的。”出于种种原因，吴承桎和导师经过几次讨论后，决定调整研究方向。

此后，吴承桎在不断探索和尝试中接触了多个研究方向，但都不太符合预期。直到她在 10 月中旬确定了交叉领域的光热转换高熵合金课题。

“主要研究如何通过原位氧化技术结合高熵合金新材料，解决传统涂层材料与基体结合不牢以及光热转换效率低的问题。我还挺有兴趣的。”在确定这个课题的过程中，吴承桎查阅了大量的文献，了解了该领域的研究现状和发展趋势。“我花了很多时间去研究前沿的科研成果，发现光热转换交叉领域虽然存在挑战，但也有很大的研究空间。”她坦言自己很希望能够在这个领域的研究中有所突破。

同时，吴承桎还与导师和师姐、师兄们进行了深入的交流。“他们给了我很多宝贵的建议，让我对这个课题有了更全面的认识。”吴承桎回忆道：“我们组做的方向很多，有机器学习、疲劳研究、光热转换，还有难熔合金、硬质合金相关的。我和做相关方向的师姐、师兄交流，他们分享了很多经验，让我少走了不少弯路。”

在交流过程中，她不仅了解到这个课题的研究思路和方法，也明白了可能会遇到的困难和挑战。经过反复思考和权衡，吴承柽最终选择了这个课题方向，希望能在这个领域深入研究，为解决太阳能利用的实际问题贡献自己的力量。

我问她读研后怎么没有再加入学生组织，继续做学生工作。吴承柽坦言，大二身兼数职又参与各个创新创业竞赛时，虽然效率真的很高，但很多时候还是会觉得超负荷，“感觉自己像个不停旋转的陀螺，却又不敢停下。”

每当压力极大时，吴承柽都有自己的一套应对方法。“压力大的时候，感觉整个人都被乌云笼罩。”但她会通过听歌、遛弯、打球、看综艺等方式来进行自我调节。“最关键的是，我很少让自己陷入极其低沉的心理状态，有时候确实会遇到诸多不顺、感到无力，但我不会在潜意识里告诉自己这是倒霉，以福祸相伴随行的心态来面对就会好很多。当然，如果实在积攒太多压力，可能还是会去个没人的地方大喊两声。”

在学习和科研的道路上，吴承柽从本科阶段的懵懂逐渐走向成熟。在参与竞赛或是科研项目时，她也曾经历许多次失败，但她把每一次失败都视为成长的机会，学会从不同角度思考问题、寻找解决办法。

如今，在硕士研究生阶段面对更具挑战性的科研课题，她也毫不畏惧，做好了充分准备。“有种每到一个阶段、每做完一件事，就给自己插一面旗的感觉。我知道做科研肯定不会一帆风顺，但我有信心，只要坚持下去，就可以一步一步走得很扎实。”

吴承柽的每一段经历，都是她成长的印记；每一次挑战，都让她变得更加坚韧。我想，无论是过去还是未来，无论遇到怎样的困难，她都能凭借坚定的信念、积极的心态和出色的能力巧妙地化解。朝着光热方向“研途”攻坚的她，也一定可以在科研领域绽放更加耀眼的光芒，收获属于自己的精彩。

作者：李卉淼

23 未来不会被眼前的成绩定义

——访 2020 级本科生王佳骏

勤勉笃行，怀青衿壮志，多维探索实践
保持热爱，在心里种花，人生永不荒芜

粉小冶推荐语

他连续 3 年加权排名专业第 1 名，本科毕业后被保送至上海交通大学直接攻读博士；曾获国家奖学金、湖南省优秀毕业生、中南大学优秀毕业生、中南大学优秀学生标兵等 30 余项荣誉，多次被校级、院级官方媒体报道。

他参与了“粉末挤出 3D 打印技术”等多项课题研究，成功申请国家发明专利 2 项；作为项目负责人连续 3 年参加“互联网+”“升华杯”等大学生创新创业项目，获湖南省二等奖等诸多奖项，并成功将团队自行研发的 3D 打印新产品推广并实现商用。

他连续 3 年参加中南大学新生军训工作，先后担任军训团排长、连长，并在军训动员大会上作为带训教官代表发言，连续 2 年带领学院连队综合评分排名全校前 3 名，为学院斩获 12 项团体奖励。在担任班级委员等学生干部期间，他积极服务同学，并作为学院“辅学义工”，向同学们分享自己的学习方法和成果。

他就是中南大学粉末冶金研究院 2020 级本科生王佳骏。

PMRI

"森姐，我们采访时间约早一点吧。等你采访完我，我就去游泳了！"

在和王佳骏约第一次采访时间时，刚好赶上他暑假回老家，他有些不好意思地说，自己在家的伙食太过丰盛，体重噌噌上涨，而在回老家前，只要有空就会去游泳。

我笑着答道，"你这是为回家'涨秤'做了充足的准备啊。"

第二次采访时，我问佳骏这一周有没有坚持去游泳。王佳骏腼腆一笑："倒也没有天天去，但隔一天去一次是能够做到的。"

我想，自律的人，也一定会有"开挂"般的人生吧。

缘起：叛逆着成长

在每次办公室开会或者日常聊天说到有代表性的本科生时，总是有人提到王佳骏。

由于我负责的是学院博士研究生日常管理工作，与本科生的接触自然就少了许多。但王佳骏除外。也许是我曾借调至学校武装部，协助负责过三年全校军训的缘故，对退役大学生士兵、军训教官自训营参训同学有种自然的亲近感。当得知王佳骏是自训营的一员时，便对他多了几分关注。

与王佳骏的第一次辅导员日常工作接触是在 2023 年 12 月底的中南大学 2023 年大学生年度人物评选期间的院级推荐环节。对于推荐名单，评审小组反复商榷，毕竟王佳骏是本科生中少有的真正担得起"全面发展"四个字分量的学生，虽然最后学院推荐名单中没有他的名字，但是这也并没有妨碍王佳骏继续保持优秀。

第二次工作接触是在2024年的毕业季，王佳骏作为本科毕业生代表在院毕业典礼上发言，我也就不可避免地与他有了工作上的交集。“少年负壮气，奋烈自有时。”台上发言时的王佳骏意气风发，我想这样的中南青年，无论奔赴祖国何地都自当发光发热。

从小学到初中，王佳骏的学习成绩总是名列前茅。初中学校给了学生较为宽松的学习环境，没有以成绩为标准束缚学生的天性，而是以较高的自由度支持学生全面发展。这些外界条件的加持，让王佳骏在自由的学习环境中茁壮成长。

因为王佳骏的父母常年忙于工作，王佳骏小时候主要由外公照顾。佳骏说，“外公的爱是细水长流的”，现在喜欢玩的军棋、象棋，也都是外公教会他的。做饭、讲故事、接送幼儿园……没有什么与外公相处的特别事件，可就是这样每天重复着的“幸福感”，让他一生难忘。

2014年，王佳骏的外公被确诊患有癌症，时日无多。因为他小时候，外公总是带着他，宠爱着他，爷孙感情极好。起初，父母并没有告知佳骏外公病重的消息，慢慢地瞒不住了，才告知正在读初中一年级的他。

“人的一生就是不断遇见与不断离开的过程。”亲人离去的伤痛，是当时的佳骏不得不面对的现实。外公始终保持着乐观、豁达、不服输的精神，知道自己患癌也不沮丧，积极配合治疗。似乎也是因为一直以这样的好心态面对“病魔”，佳骏的外公比医生预言的半年存活期多活了近两年，直到2017年才离世。

成长路上，外公的乐观影响着佳骏，他始终保持着乐观向上的心态。他相信，一生中会遇到无数的困难，但是只要一直保持乐观向上，努力直面并应对，总会有办法战胜困难，变得更加强大。

他说：“乐观向上，是外公教会我的做人做事的法宝。只要有一段经历就是很美好的，不要患得患失。”

读初中时的王佳骏，其实也是个爱“犯错”的小孩儿。

当时班上有个同学对任课老师的态度一直不好，总是不辨是非，对老师出言不逊，事事“逆着来”。也许是因为性格，久而久之，王佳骏越发看不惯他的行为，想着找个理由“教训”他一下。有一次，便在食堂为争座位和他扭打了起来，狠狠地“收拾”了他一顿。

回忆起这件事，王佳骏有些后悔。大概男孩子的心中总会有“奥特曼”的正义感，只是小时候误以为通过打架就可以维护正义。

高中的王佳骏正值青春期，“叛逆”成了他这个时期的代名词。

以前，他有时间会去踢足球，去做更多自己想做的事，到了高中似乎整个人都被束缚住了。王佳骏就读的高中，高考升学率全国排名靠前，校园里多是书卷气，娱乐活动相比初中少了许多。习惯了在宽松环境里“肆意生长”的王佳骏，有了较大的落差感。他开始因为学习上的事与父母争吵。

王佳骏形容自己的高中时期是在“乐观的摆烂”中度过的。因为他的记忆力比较好，考试前突击学一学，成绩也不算差。

由于学校没什么娱乐活动，被压抑着“玩心”的王佳骏特别喜欢看课外书，尤其是小说。对他来说，小说比历史更加立体，更能记录普通人的生活。他也能在不同的小说中，大体了解不同地方的风土人情。

高中二年级的期末考试前，偷看《百年孤独》的王佳骏被班主任发现，他的家长被请到了学校。他笑着回忆道，当时老师也没说明是什么原因，母亲来时特别紧张，不知道发生了什么事情，慌慌张张地问他：“是什么情况？不是考试作弊吧？”

当母亲得知儿子是因为看小说被请家长时，长舒一口气，但依然很严厉地批评了他：“在学校尤其是课堂上看小说是违反学校纪律的，如果全体同学都这样，老师如何管理？所谓国有国法，家有家规，校有校纪，没有规矩不成方圆。因此，与规章制度相违背的事情得三思而后行。回家后再看文学书籍是没问题的呀。”

那时，最理解王佳骏的是他的语文老师。有一次，他有些胆怯地问语文老师：“我在老师眼里是不是不听话的学生？”

语文老师的答案，王佳骏记忆犹新。“不是这样的，知识不一定是从循规蹈矩的课本中才能获得。你的意识觉醒得比较早，这不是叛逆，也许只是对未知世界了解得更多一些。”

也正是因为从小喜欢看书，王佳骏对社会的了解相对全面，也对世界有了更多的渴望。对他来说，“学而不思则罔”，学习不仅是要思考学习的内容，更重要的是要思考世界。

缘续：人总会改变

2020年的高考，因为新冠疫情延期了1个月。王佳骏的高考成绩不算很理想，但也还在预料之中，再"叛逆"也是邻里口中的"别人家的孩子"。

一直盼着高考后"放飞自我"的王佳骏在高考延期的那段时间，心态波动极大。可高考后的他像是突然长大成熟了，因为自己的青春期"叛逆行径"对父母有了亏欠感。

王佳骏的父母都是工厂研发人员。小时候，佳骏也去过父母的单位，去"鼓捣"过能用的东西，但当时对材料没产生太大的兴趣。但也许是父母潜移默化的影响，在高考填报志愿时，父亲对他说，"中南大学粉末冶金研究院的名气很大"。这便成了他高考志愿的第一选择。

王佳骏的诚恳，是从父亲身上学到的。在待人接物方面，他一直希望能够用真心去对待他人。

他眼中的父亲"太过老实"，因为是从农村出来的，所以更能理解生活的苦难。生活中，无论是和谁打交道，佳骏的父亲都会坦诚相待。

回到农村家里，父亲的朴实、善良更是展露无遗。有一次，王佳骏一家三口在老家附近的饭馆吃饭，旁边一桌是农民工。父亲主动与农民工兄弟聊起"打工的行情如何、待遇怎么样"等话题，将身上带的烟全部分给了大家。父亲对路边的乞讨者也会心生怜悯，只要身上有现金，便立刻掏出来递给人家。父亲总是相信人心向善，觉得不到迫不得已，不至于走到乞讨这一步。

在王佳骏眼中，父亲不仅待人和善，还有许多特质。

"我爸太拼了，单位同事给他冠以'拼命三郎'的绰号。"听母亲说，佳骏小时候，父亲为了解决一个问题、做好一件事，经常工作到凌晨两三点。而进入大学后，虽然父亲已经年迈，但十点回到宿舍给家里打电话的佳骏，经常被母亲告知父亲还在加班。

在这样"拼"的家庭氛围影响下，现在的佳骏更加成熟懂事，他对待任何一件事都不愿意当"差不多先生"，而是努力去做到最好。他始终坚信"天道酬勤"，持续的努力终究会带来高效能的产出。

四年大学生活，王佳骏在点点滴滴的改变中悄然成长。

采访时，我问王佳骏："如果有一天你给自己写一篇自传，会从哪几个方面着笔？"佳骏想了一下说道："价值观的塑造、性格的改变、不同阶段思想的变化吧。"

在我刚来到院里工作时，便接任了中共中南大学粉末冶金研究院本科生二支部委员会书记一职，按照党支部对应学生班级党员的划分，王佳骏在经过培养、教育考察等环节后，由我所在党支部接收为中共预备党员。

思想深处的改变从不是一朝一夕的事。用王佳骏的话来说，他"一开始并不积极"。

刚来到中南大学时，身边十八周岁以上的同学都很憧憬未来加入中国共产党，成为"为人民服务"的一员。

但是，王佳骏却没有马上写下入党申请书。他希望，能在真正了解"中国共产党究竟是什么样的政党"之后，再郑重写下这封呈给党组织的"第一封信"。

大学一年级暑假期间，王佳骏开始深入研读历史书上一个又一个鲜活的故事。他不仅在字里行间对"四渡赤水"这样的军事战略深表折服，也在读了《共产党宣言》后，对唯物主义世界观和方法论有了初步的体会。

儒家思想中"美美与共，天下大同"的观念一直存在于王佳骏的思想之中。《毛泽东选集》《邓小平时代》《周恩来传》等书都是王佳骏升华思想的宝典。在深入了解中国共产党人的初心和使命后，他希望自己能够像先辈一样，尽己所能，真正为老百姓的生活做贡献，在专业领域为民族、国家发展奉献青春。

缘定：不设限才无限

2020 年 11 月，院 2020 级本科生卓越班学业导师分配工作完成，王佳骏成了熊翔老师科研团队的一员。他至今仍然记得熊翔老师在第一次给学业小组成员开会时说的："做科研也好，过生活也罢，人生既要有长远目标，也要把长远目标拆解开来，给自己树立短期目标，每一个短期小目标积累下来，长远目标也就自然而然地实现了。"

这句话给还处在懵懂期的王佳骏留下了极深的印象。

他给自己树立了保研的长期目标，分解到每学期的成绩中，再拆解至每一门课程。来到中南大学后的他在学习自由的环境里调整好了心态。在相信自己“高效率认真学不会差”的心态下，王佳骏的成绩越发靠前。

“我们做科研，发好文章，往往只需要一个‘好东西’，但科研成果的产业化不是这样，它需要每个组成部分都是‘好东西’。”熊翔老师的“课程思政”授课方式对王佳骏来说，受益极大。熊翔老师的课堂上不仅有深入浅出的专业知识，更有穿插其中的人生哲理。而这些也在一点一滴中影响着讲台下的每一位年轻人。

2021 年 3 月，大学一年级第二学期，熊翔老师课题组的博士师兄主动联系了学习成绩优异的王佳骏，问他有没有兴趣参加课题组的创新创业项目，以赛促学，多接触实际科研项目。

在详细了解了即将参与的科研项目后，王佳骏的“互联网+”之路由此开启。从最开始作为项目成员参与“互联网+”创新创业项目，到作为项目负责人带领团队获得校级特等奖、省级二等奖，王佳骏在超高温陶瓷领域的研究越发深入。

大学四年里，王佳骏开展了新型增材制造技术(粉末挤出 3D 打印技术)的原理论证、实验操作以及材料、装置与技术的改进与突破，成功打印出高性能、高复杂度硬质合金和超高温陶瓷样品，并通过相关质量监督检验中心检测。同时，王佳骏以此成果为依托，申请了两项国家发明专利。

王佳骏眼中的熊翔老师慈祥、随和。求学路上，熊翔老师向王佳骏提出过许多宝贵建议，并帮助他梳理未来发展道路与专业方向。

到了大四，王佳骏想着在读研究生之前到实验室系统地完成一项工作。本应在大学最后一学期才开始的毕业论文，他在大四一开始便着手进行。他主动联系了文青波老师并参与了“先驱体陶瓷”相关课题的研究工作。该课题实验对操作人员的耐心要求极高，而新手上路，总免不了磕磕绊绊。

“我怎么这么‘败家’，浪费科研经费。”最初，王佳骏每次去实验室都会“损坏”一个实验器材。老师和实验室的师兄、师姐耐心地安慰他，大家都是这么过来的。

慢慢地，从毛躁到耐心，以前一分钟急匆匆完成的事，现在宁可花三分钟慢条斯理地完成，不特别在意结果，而是更追求过程并做好细节工作。王佳骏说道：“做实验和做人一样，都得踏踏实实才行。对待任何一件事情都要有做到极致的要求，并制订计划、为之奋斗，然后坦然接受最后的结果，即使不完美，也要学会抵挡外界的诱惑，能够静下心来。只有脚踏实地、不断钻研，才能够体会到更深层次的知识，否则就只是浮于表面。”

也正是因为王佳骏的努力与踏实，他连续三年加权排名专业第一名，四十余门课程成绩均在 90 分以上。在逐梦科研的同时，王佳骏也热爱着生活。

余华老师的《活着》一书中的那句“人是为了活着本身而活着，而不是为了活着之外的任何事物而活着”，给了王佳骏极大的触动。余华老师在采访中说，每个人都会根据自己的阅历对这句话有不同的解读。

王佳骏的理解是：“那就过好每一天，不虚度光阴。”

新生军训期间，王佳骏听到了中南大学教官自训营的招募消息。他期待着能够体验军训教官的军事训练与日常生活，便第一时间加入了中南大学教官自训营。

晨课、早操……在日复一日的训练后，王佳骏终于取得了湖南省学生军事技能训练教练员证，并担任了中南大学 2021 年新生军训团排长。而后，他更是凭借优异的表现，被提拔为中南大学 2022 年新生军训团连长，连续两年带领学院连队综合评分排名全校前 3 名。

“在带新生军训的过程中，不少学生态度不端正或者老是犯错，我不愿意采用惩罚的手段让学生表面上服从，更想采用他们喜欢的方式让他们知道自己应该怎样改变。”学校 2023 级本科新生军训动员大会上，带训有方的王佳骏作为军训教官代表发言。他希望自己能够影响一些学弟学妹，让他们能够乐观向上地面对大学生活，让他们成为更优秀的人。

“辅学义工”是王佳骏的另一张人生体验卡。

大学二年级时，学习成绩优异的王佳骏加入了学院辅学义工团队，主要讲授物理、化学课程。对王佳骏来说，能把自己的学习方法和成果分享给其他同学并让大家受益，是一件很幸福的事。

本科的最后一学年，王佳骏又多了个班长的身份。他说，无论是作为班长还是作为教官，他都很乐意为大家做贡献。“赠人玫瑰，手留余香”，他愿意给别人带去玫瑰、芬芳、美好。

“所谓人生不设限，指的是人生中，如果你不自卑，不放弃，不在内心给自己设限制，那么就没有可以限制你发挥的藩篱。”王佳骏坚信：“世界只会给那些有目标的人让路。”

闲暇时，王佳骏会选择运动来放松自己、调整状态，跑步、游泳、打球等不限；有时会约着好朋友一起玩玩，吃顿大餐、看部电影，或者互相说一说心里话，聊聊偶尔的苦闷、迷茫；有时会看看书，看看纪录片，在历史的厚重感中寻找宁静；有时会听一些比较轻松的歌；有时也会参加各种活动，在活动中寻找快乐。

喜欢不断挑战自我、人生不设限的王佳骏最终选择了专业领域实力强劲的上海交通大学的直博机会，未来将从事光热调控材料的研究。他很喜欢博尔赫斯《慷慨的敌人》一诗中的，“愿你们所有的日子，都比不上明天的光辉！”对他来说，本科期间取得的各项成果是人生记事本中满满当当的一页，但翻过去这一页，等待着他的是无数需要探索的领域。

王佳骏希望自己永远善良，永远乐观向上，在博士研究生就读期间，面对任何困难都能够坚持不懈，真正在研究领域做出一点贡献。

作者：李卉森

24 “普信”从不是贬义词

——访 2021 级硕士研究生李千一

吃得苦，湘北启程敢闯会创

霸得蛮，数据炼金破壁攻关

粉小冶推荐语

她笃学奋进。作为学生骨干，她深度参与国家重点研发计划项目的核心资料撰写与答辩；在国内外学术会议上多次进行口头汇报；发表 SCI 论文 3 篇，申请国家发明专利 1 项。

她勇于创新。她带领本硕博创业团队，一路过关斩将，获“创青春”中国青年创新创业大赛国家级铜奖、省赛第一名等近 20 项省级以上荣誉。

她心怀桑梓。作为假期返乡青年，她积极投身春运志愿活动和当地宣讲活动；主动带动家乡青年创业，担任常德市女科技工作者协会理事。

她就是中南大学粉末冶金研究院 2021 级硕士研究生李千一。

PMRI

采访李千一的过程像在解一道多元方程，学术、创业、文艺、社交……每个变量都精彩得让人忘记时间。

她总调侃自己“普信”。但当你看到她在实验室调试设备时的专注，在答辩台上应对质疑时的从容，在科普课堂上点燃孩子眼神时的热忱，便会明白——这不是“普信”，而是对理想的虔诚。

缘起：当“霸得蛮”遇见材料学

有人说她是“数据炼金师”，用代码点石成金；也有人称她为“创业狂人”，在实验室与商业路演之间无缝切换。

但李千一更愿以“拓荒者”自喻：“我们站在材料科学与人工智能的交叉地带，这里没有现成的路，但每一个脚印都可能成为后来者的路标。”

这样的李千一，让人很难将她与“材料学女博士”的标签联系起来。

初次联系她进行采访，是在一个冬日的深夜。

电话那头，她发来一段语音：“稍等，我在实验室测最后一个数据，半小时后回复！”

果然，半小时后，她回拨的语音通话铃声准时响起，背景音是窸窸窣窣的键盘敲击声。采访过程中，她时而严肃地讲述科研细节，时而调侃自己“普信”的人生态度，也会时不时地提醒我：“稿子写完记得发我看看，万一我‘吹牛’吹过头了呢？”

在湘北小城安乡，澧水悠悠地蜿蜒穿过青石板铺就的老街，潺潺的流水声交织着市井的喧嚣，构成了一幅生动的生活图景。

澧水之畔，洞庭之滨，得天独厚的地理位置赋予了这座小城如诗如画的风光。这里稻苗青青，四季更迭间，田野里生机盎然；亚热带季风气候温柔地轻抚着这片土地，山川的缠绵与岁月的静好，共同滋养着李千一的童年。

外婆磨豆腐时，那醇厚的豆香弥漫在空气中，成为她儿时最温暖的嗅觉记忆；冬日里杀年猪时，邻里间的欢声笑语，热闹非凡，洋溢着浓浓的生活气息；夏夜，红灯笼剧院里咿呀的戏腔婉转悠扬，穿透夜空，为她的童年增添了一抹别样的浪漫色彩。

这座承载着“垸遗七千年古迹，水系一万里长江”厚重历史文化底蕴的小城，在潜移默化中，赋予了李千一骨子里湘妹子的韧劲——“霸得蛮”。

这三个字，恰似一颗生命力顽强的种子，悄然埋进她的性格深处，生根发芽，逐渐赋予她坚韧不拔与浪漫诗意交织的独特底色。

“北有安乡”，这是毛主席对这座小城的极高赞誉。而李千一也常常自豪地说：“安乡人骨子里就刻着‘霸得蛮’的基因。”这份与生俱来的特质，在她高考填报志愿的关键时刻，淋漓尽致地展现出来。

当时，家人都希望她能选择“稳定”的师范类或财会类专业，踏上一条安稳的职业道路。然而，李千一却在家人的期待与不解中，执拗且坚定地选择了材料学。她笑着说道：“都说材料学是‘天坑’，但我偏要去一探究竟，看看这‘坑’里到底有没有我所追寻的星星！”

这份近乎叛逆的勇气，源自她内心深处对未知世界的强烈好奇，也由此成了她与材料学结缘的开端。

初入中南大学粉末冶金研究院，李千一便真切地感受到了材料学的“坑”。

课程体系极为庞杂，从晦涩难懂的冶金原理，到充满挑战的计算机模拟；从微观层面的组织分析，到宏观角度的性能测试，每门课程都有着独特的难度与深度，正如她所言：“仿佛同时学了十八个专业，压力巨大。”

但随着学习的逐步深入，她渐渐发现，材料学这个看似艰难的“坑”里，实则藏着一片浩瀚无垠的星辰大海。从《材料科学基础》中微观结构的精妙绝伦，原子、分子间的排列组合蕴含着无尽的奥秘；到《高温合金制备技术》中宏观性能的严峻挑战，如何让合金在极端条件下依然保持稳定，成了激发她探索欲望的强大动力。

她笑着向我分享：“材料学就像是‘交叉学科的十字路口’，物理、化学、计算机、机械……各个学科在这里交汇融合，我们交一次学费，就能学到十八般武艺，实在是太值了！”

“那你是如何与高温合金结缘的呢？”我好奇地问道。

李千一回忆道：“那是在一次专业课上，老师给我们展示了一张航空发动机涡轮叶片的照片。当时老师介绍说，这片小小的叶片，在工作时温度超过1000℃，承受的离心力相当于挂上一辆卡车，而能让它在如此恶劣的环境里依然‘面不改色’地稳定运行的，正是高温合金。”

说到这里，她微微停顿，仿佛又回到了那一刻。“也是在那个时候，我突然意识到，材料学不再只是书本上那些枯燥乏味的公式，而是实实在在地支撑现代工业文明的基石，它的重要性和魅力深深地吸引了我。”

高温合金，简单来讲，是一类能在极端高温下保持强度的金属材料。它们以镍、铁或钴为基本“骨架”，在此基础上，加入铬、铝等多种元素，以此增强自身的抗氧化能力。由于卓越的性能，高温合金被广泛应用于航空发动机、燃气轮机等关键领域。如果将航空发动机比作“工业皇冠”，那么高温合金无疑就是这顶皇冠上最为璀璨的“明珠”。

然而，长期以来，我国在高温合金领域面临着严峻的挑战，高端产品大量依赖进口。“我们使用的每一片国产飞机叶片，背后都凝聚着无数材料人的心血，那是一场艰苦卓绝的‘破壁之战’。”李千一感慨道。

我好奇地向李千一打听：“在大家眼中，科研工作往往充满了枯燥，是什么让你对高温合金的研究如此着迷呢？”李千一告诉我，第一次在电子显微镜下观察镍基合金的微观组织时，她就被深深震撼到了——交错延伸的晶界，仿佛是宇宙中流转的星河，神秘而又美丽；析出的碳化物，宛如夜空中散落的钻石，熠熠生辉。

她的言语间满是对微观世界的惊叹与热爱，“原来，金属并非毫无生命的冰冷物质，它们在高温下‘呼吸’，在压力下‘生长’，有着自己独特的‘生命历程’。”这份充满诗意与浪漫的想象，如同火炬一般，点燃了她内心深处对高温合金研发的强烈渴望，让她决心投身高温合金的研发事业。

然而，李千一的实验室初体验并不顺利。

面对陌生的仪器、晦涩的术语和复杂的实验流程，她一度手足无措。“刚开始，那些仪器、术语和实验流程都让我摸不着头脑。”李千一皱着眉头回忆，

“我把问题都写在本子上，逮着师兄师姐就问。”

在李千一的科研成长路上，导师刘锋对她产生了深远的影响。刘老师总是反复强调系统思维与逻辑分析的重要性，常常对李千一说：“人做事情，就一定要专注认真，容不得半点马虎。”这些话语深深地刻在李千一的心中。

李千一回忆起一件令她印象极为深刻的事情：有一次，他们一起参加一个国家重点项目研讨会。会议结束后，李千一和其他人一样，想着先把笔记本收起来，等第二天再慢慢整理会议内容。可让她万万没想到的是，第二天一大早，刘老师就拿出了一份精心制作的流程图。这张流程图看起来十分朴素，却精练无比且清晰地概括了会议的所有重点内容，每一个关键信息、每一个重要环节都被梳理得简洁明了。

李千一感慨地说：“刘老师平时话不多，他的教导很少停留在语言层面，更多的是通过自己的实际行动，为我们学生作出表率。”

在跟随刘老师学习的过程中，李千一潜移默化地学到了一种对待科研和解决问题的宝贵态度——只要下定决心去解决，就一定能够找到办法。

受到刘老师的启发，这种“自我雕琢”的意识逐渐渗透到李千一的科研工作中。她对待实验的态度变得更加严谨认真，近乎苛刻。她开始将实验方案精心整理成 PPT，仔仔细细地梳理每一个步骤，反反复复地推敲每一个逻辑关系，不放过任何一个细节。

整理完成之后，她会带着这份凝聚着自己心血的 PPT，去找刘老师、黄岚老师或者团队内的其他老师逐条深入讨论其中的逻辑和细节。在这个不断交流、探讨与完善的过程中，她的实验方案得到了一次又一次的优化，科研能力也在不知不觉中得到了显著的提升。

高温合金无疑是李千一科研之路的起点。

这类金属材料能够在 600 ℃以上的极端环境中长期稳定工作，其卓越性能令人惊叹。她以航空发动机涡轮叶片为例解释：在温度超过 1000℃的恶劣条件下，普通金属早就化为一摊液体了，但镍基高温合金却能“毫发无损”，依然保持着稳定的性能。这种“超能力”源于其独特的微观结构——γ' 相强化。

李千一用“搭积木”向我比喻：“γ' 相就像一个个小巧的立方体，紧密嵌入基体中。高温下，它们能阻碍位错运动，阻止材料软化。”

然而，制备这类合金绝非易事。合金中含有十几种元素，每一种元素的比例稍有偏差，最终的合金性能就会天差地别。

她一边说着，一边展示了一组实验照片：成分不合格的合金在高温测试中，表面“千疮百孔”，惨不忍睹；而经过优化后的样品，表面却光滑如镜，性能优异。“我们的工作，就是在这纷繁复杂的元素组合中，找到那个独一无二的‘黄金比例’。”

2015 年，国家启动“材料基因工程”重点专项，旨在通过大数据和人工智能技术，加速新材料的研发进程。而这也正是李千一牵头申报的青年创新创业项目“热力智造：数据驱动高温合金高效研发”的核心方向。

缘续：实验室夜曲与数据库狂想

2021 年，李千一在导师以及多位材料领域资深专家的悉心指导下，凭借课题组长期积累的扎实功底，牵头组建并精心打磨了“热力智造”团队，全力打造了极具创新性的“热力智造：数据驱动高温合金高效研发”项目。

传统材料研发领域一直依赖“试错法”，这是一个漫长且成本高昂的过程。以新型航空发动机高温合金的研制为例，为了获得理想的合金性能，科研人员往往需要经历数万次的实验，耗费大量时间与资金。从实验到最终量产，通常需要长达 20 年的时间，成本动辄数亿元，这无疑极大地限制了新材料的研发与应用速度。

而“材料基因工程”的出现，带来了新的曙光，它旨在借助高通量计算、实验以及数据库技术，打破传统研发的瓶颈，大幅缩短研发周期，为材料领域的发展开辟新的道路。

项目启动初期，团队深入湖南某行业领先企业开展调研，这次调研让他们深受触动。在企业的生产车间里，一位经验丰富的师傅指着一台老式熔炼炉，无奈地说道：“我们一直都是靠经验来‘炒菜’，合金成分多一点或者少一点，全凭多年积累的手感，没有精确的量化标准。”

这种粗放式的生产模式，导致产品合格率始终在低位徘徊，难以得到有效提高。要知道，高温合金中包含 15 种以上的元素，并且每种元素的比例都需要精确到 0.01%，其调配难度超乎想象，寻找“完美配方”的难度甚至远超芯片制造。

这个过程与“调香”极为相似，多一滴或少一滴香料，最终呈现出的香味都会截然不同。这一现象让李千一和团队成员们深刻认识到，材料学迫切需要一场彻底的“数据革命”，以实现从传统经验模式向精准数据驱动模式的转变。

于是，李千一带领团队引入了一套先进的“材料基因”体系。

在开发过程中，团队成员广泛查阅了近 50 年来的相关文献，结合了大量的计算数据，并仔细参考了权威的高温合金手册，逐步构建起了一个庞大而精细的材料数据库。

当我问及如何平衡创业与科研这两项艰巨的任务时，李千一说二者并不矛盾，反而相辅相成。“我们就像是一群怀揣梦想的探索者，悄悄地在这个领域里尝试，成功了，这将成为我们人生中宝贵的经历；即便失败了，也能当作日后的谈资，激励自己不断前行。”

学生创业其实就是将科研过程中积累的理论知识提前应用到实际生产中，实现小范围的产业化。而在实际生产和应用过程中所遇到的各种挑战，又能为理论研究提供新的思路和方向，形成一种双向互动的良性循环，这与粉冶院一直倡导的产学研一体化理念高度契合。

传统研发就好比“盲人摸象”。科研人员需要反复试错合金成分、工艺参数，耗时耗力。而材料基因工程的核心，是通过人工智能建立“成分-工艺-组织-性能”的映射关系，让计算机来“预测”最优解，从而大大提高研发效率。

“这套系统的核心是‘用数据代替经验’。”李千一举例说：“某企业急需一款能够耐受 950 ℃氧化环境的高温合金，按照传统的研发方法，可能需要进行上百次的实验才能找到合适的配方。但我们团队利用自主开发的模型，快速筛选出 5 种候选成分，然后仅仅通过 3 轮实验，就成功锁定了最优解。”

在“神奇”的背后，是李千一团队经过千万次计算迭代，不断优化模型和算法的努力。为了更好地理解和运用这套全新的方法，李千一利用课余时间恶补机器学习课程，自学了 Python 编程，从基础语法到复杂的算法应用，一步一个脚印地夯实自己的技术基础。

“实验室的灯，亮过岳麓山的星。”

项目攻坚期，李千一和队友们常驻实验室。深夜的三一大楼，一片寂静，只有空调发出低沉的嗡嗡声。实验室中，电脑屏幕上滚动的代码与窗外零星闪烁的灯火相互交织，键盘的敲击声与鼠标滚轮的滚动声，共同构成了一曲独属于科研人的夜曲。

我好奇地问道："听说项目忙的时候，你们都长时间驻守在实验室，那压力肯定特别大，你是如何缓解这些压力的呢？"

李千一笑着回答："压力大的时候，我就会去爬山，岳麓山是我的首选。我背着包，沿着蜿蜒的山路一直往上冲，直到筋疲力尽。在这个过程中，所有的烦恼都被我抛在了身后，而且山风一吹，头脑瞬间变得更加清醒，很多之前想不明白的问题，也能找到新的思路。"

在一次实验中，团队有了重大发现，他们研制出了一种新型高温合金，其抗氧化性能远远超出了预期。然而，当他们满心欢喜地将这一发现提交到数据库中进行比对时，却惊讶地发现数据库中找不到任何与之类似的记录。

"当时慌吗？"

"肯定慌啊，毕竟这是一个全新的发现，没有任何经验可以借鉴。但我们没有丝毫退缩，大家迅速围坐在一起，展开了深入的讨论。我们反复检查实验步骤，仔细分析每一个数据，查阅了大量的文献资料，不放过任何一个细节。经过数小时的努力，终于找到了合理的解释，而这一发现也为项目的后续推进提供了关键的支撑。"

正是基于这项突破性的发现，李千一团队满怀信心地决定带着项目参加湖南省青年创新创业大赛。她心里十分清楚，在这个高手如云的赛场上，答辩环节往往是决定成败的关键。

为了能够将项目的研究成果完美地呈现给评委和观众，李千一在答辩准备阶段下足了功夫。她对答辩稿进行了无数次的精心打磨，从每一个观点的阐述，到每一个案例的引用，都力求做到准确无误、逻辑严密。

为了精准把握时间，把每一个观点清晰有力地传达给评委，她每天都会花费大量的时间进行练习，一遍又一遍地掐着秒表，反复调整语速和节奏，力求每一次陈述都能恰到好处。从最初的超时、卡顿，到后来能够精准地将答辩时间控制在三分钟以内，误差不超过五秒，这背后是她无数次的努力与坚持。

路演当天，站在台上的李千一既紧张又兴奋，面对评委们尖锐的提问，她深吸一口气，努力让自己镇定下来，凭借扎实的专业知识和充分的准备，清晰而自信地阐述了项目的创新点和社会价值。

功夫不负有心人，最终她的团队在大赛中脱颖而出，斩获湖南省青年创新创业大赛第一名，并成为湖南省工程类项目中唯一一个获得国家级奖项的项目团队。

回顾这段经历，李千一说在项目最艰难的时候，自己也有过短暂的迷茫和动摇。

那段时间，实验数据难以获取，团队成员之间的沟通和协作也变得异常困难，原本紧密团结的团队仿佛被打散在各个角落，项目整体进度大幅滞后。

但是，在这个艰难的时刻，团队成员们展现出了强大的凝聚力和坚韧不拔的精神。大家通过线上会议、远程协作等方式，努力克服地理上的限制，继续坚定不移地推进项目。李千一每天都会组织线上会议，与团队成员一起讨论项目进展，共同解决遇到的各种问题。

“想得即可得，最后一定殊途同归。”这句话始终如一地支撑着李千一。

项目推进过程中，大家各抒己见，互相鼓励，彼此分享经验和思路，共同寻找突破困境的方向。李千一深刻地感受到了团队合作的强大力量，每一个成员的坚持和努力都让她深受感动，也更加坚定了她继续前行的决心。

她说：“比赛的成败只是人生中的一个节点，无论结果如何，从这段经历中收获的应对挑战、团队合作以及在压力下保持冷静的能力，才是最宝贵的财富。哪怕比赛失败，人生轨迹可能会有所调整，但只要目标明确，努力的方向正确，最终都能实现自己的价值。”

缘定：材料诗人的“浪漫主义”

作为高温结构材料研究所第一党支部副书记，李千一把科研思维融入党建工作。

我问她：“你是怎么把科研和党建结合起来的呢？这听起来挺有难度的。”李千一笑着说：“其实一开始也有些棘手，但在党支部书记吴宏老师的带领下，我逐渐发现党建和科研有很多相通的地方。比如我提议的‘考勤积分制’，就是用量化的方式提高党员参与活动的积极性，让年终考评更透明。还有曾经策划的‘五校联合云共建’活动，我用高温合金的晶界来类比党员的凝聚力，大家都觉得很新颖。”

任职期间，李千一组织了很多有意义的活动。比如邀请企业代表和毕业生座谈，解决“产学研‘最后一公里’”的问题。有个签约航空企业的党员说：“企业导师直接告诉他们哪些技能紧缺，比上十场职业规划课都有用。”

说起担任党支部副书记以来印象最深刻的事，李千一讲起了那次党支部邀请偏远地区学生参观粉冶院的活动。在会上，由一位女孩子担任学生代表接受捐赠的书籍和其他物资。有一名小学生大声提问：“姐姐，冶金就是打铁吗？”周围人哄堂大笑，李千一也忍俊不禁。她笑着说：“冶金的本质确实是打铁。我们现在正在试图发明各种各样的方法，打磨出最合适的‘铁’。”她调侃道，“这个‘铁’软的可以贴在皮肤上，硬的则可以用来造火箭和大炮。”

“科研人不是孤胆英雄。”她说，“我希望通过学生工作，让更多人感受到科研可以很有趣，材料人也能很‘酷’。”

科研之外，李千一还是一位热爱探索的旅行者，用她的话来概括，就是“一个不会做科研的旅行者，不是一个好的美食博主和小说家”。我很好奇：“你那么忙，怎么还有时间去旅行呀？旅行对你来说有什么特别的意义吗？”

李千一开心地说：“旅行对我来说是放松，也是寻找生活平衡点的方式。”

在南昌，她站在滕王阁飞檐下，看赣江烟波与千年诗文交叠。石墙上斑驳的纹路足见古代工匠夯土的技艺。在武汉，她钻进吉庆街的老巷，蹲在竹凳上吃一碗热干面。芝麻酱的浓香裹着碱水面的韧劲，烟火气在舌尖上欣然跃动。在重庆，她迷失在洪崖洞的立体街巷中。导航在这座山城失灵，索性跟着火锅香气乱闯。红油翻滚的九宫格里，藏着这座城市热情四溢的魅力。在北京，她摸黑登上慕田峪长城。晨雾中，巨龙般的城墙起伏于燕山脊背，模糊的曲线承载着时间的痕迹……

我问她是如何平衡好旅行与科研的。李千一展示出了相机里的一张照片：武汉长江大桥的钢架上，一只蜗牛正沿着铆钉缓缓爬行。“你看，科研是钢，生活是蜗牛——走得慢，才能把每一步都烙进生命里。”

每一次旅行，李千一都会用文字与镜头记录下所见所感，将这些珍贵的经历融入自己的创作中，让作品更加充满生活的气息与旅行的灵感。

“我把这些经历融入创作里，文章还获过奖呢。”李千一匿名写的剧本被改编成短剧，小说也已卖出版权。她在视频网站分享的生活 Vlog 和探店日记，总播放量达 81.3 万次，她本人也受邀参加了长沙关键意见领袖（key opinion leader，KOL）分享会和湖南青年创业峰会。

她说："旅行让我开阔了眼界，也让我更清楚地认识自己。"正是这种对生活的热爱与探索精神，使得李千一能够在多重身份之间自如切换，活出了属于自己的精彩人生。

在毕业分享会上，她为学弟学妹写下寄语：愿你有好运气。如果没有，愿你在文献里学会慈悲；愿你有很多人爱，如果没有，愿你在工位上学会宽容。

"你看，岳麓山的山影像不像高温合金的应力曲线？"她忽然问道，我愣了一下。我的脑海中开始想象曲线的走势，而她却大笑着说："别当真！我瞎编的。其实科学和诗一样，都需要想象力。"那一刻，月光洒在她的实验服上，仿佛给这位"材料诗人"披上了星辰。

2024 年，李千一获 CSC 国家公派留学资格，先后收到了澳大利亚新南威尔士大学、美国普渡大学、英国伦敦玛丽女王大学等高校的博士全奖录取通知书。仔细思索后，她决定赴英国伦敦攻读材料学博士学位。

我问她："当时知道要去英国留学了，你有什么期待和担忧吗？"她打趣地说："我倒要看看美食荒漠能有多荒漠，到时候要是我又多了一个做饭的技能，那可就太好了！"

初到异国他乡，扑面而来的文化差异让她有些不知所措。街道上迥异的建筑风格、人们独特的生活习惯，都提醒着她身处陌生之地。

尽管她之前有一定的英语基础，但真正置身于全英文的环境中，听力和口语的实际运用还是让她感到吃力。"就拿语言来说，刚开始听力和口语都不太好，跟老师和同学交流都有点困难。但我告诉自己，一定要克服。于是我就多听、多说、多练习，慢慢地就适应了。"

文化差异的浪潮中也有不少有趣的"碰撞"。

在新学校的第一次组会，令李千一印象深刻。当时正值寒冬，不巧办公室的暖气系统坏了，习惯了国内室内温暖环境的李千一和其他中国学生一样，裹着厚厚的羽绒服，还戴着帽子，把自己捂得严严实实的。

一走进会议室，却发现外国友人居然都穿着短袖，神态自若地交流着。李千一和伙伴们面面相觑，满脸惊讶。一位外国友人注意到了他们的反应，幽默地说："Passion for Science！"引得全场哄堂大笑。

她逐渐适应了异国节奏：清晨煮一锅意面，午后在实验室调试设备，傍晚沿着考文特花园散步拍照。"用现金付账时兜里叮当响，像揣着一袋幸运硬币。”

异国求学的李千一有自己的压力舒缓方法——做湖南牛肉粉。当辣椒油泼进热汤的瞬间，雾气氤氲中仿佛回到安乡的早点摊。

“吃饱了才有劲和论文搏斗！”她说。房东太太常教她做英式司康，而她回赠自制的剁椒酱，跨文化的友谊在烤箱的香气中悄然生长。

如今，李千一早已习惯了在中西文化间自由切换，曾经的困难都化作了嘴角的微笑，笑容里，糅着安乡儿时的月光、中南难忘的星光、伦敦珍贵的阳光，还有她作为材料人熠熠生辉的曙光。

采访时，李千一提到家乡湖南安乡的“年味儿”：“过年时，家家户户打糍粑、熬糖稀，那股热气腾腾的劲儿，和实验室里的熔炼炉一模一样。或许我注定要和‘材料’打交道吧！”

从质疑“天坑”到领军创新，从实验室“小白”到创业赛场“扛旗者”，李千一用七年时间诠释了何为“炽热初心”。

在她看来，材料的研发是一场永无止境的“攀登”，山顶或许永远在云层之上，但每一步向上的足迹，都是对时代之问的回答。正如她在参赛文章中所写：“材料人的使命，不仅是探索未知的‘星辰大海’，更是让脚下的土地因科技而坚实，因创新而沸腾。”

或许，正是这份对未知的敬畏与好奇，让她在材料的星辰大海中，始终以初心为楫，一苇以航，驶向星辉深处。

作者：焦翊

25 “打怪”升级的团学干部修炼秘籍

——访 2021 级本科生宋辞

以少年冲劲为笔，蘸着成长的墨汁
以无畏闯荡为纸，绘就不被定义的人生

粉小冶推荐语

他是脚踏实地的“学生干部”，作为学院团学工作骨干成员，连续三年参与院学生组织建设，协助打造中南青年“四个面向”研学实践课堂等示范基地，获评校级优秀学生干部标兵、优秀团干、芙蓉学子·道德风尚奖(团队)等诸多荣誉。

他是为同学做实事的“知心学长”，作为 2022 级本科班级副班导，组织参与新老生交流会、学生骨干培训会等；以身作则，努力平衡学习与工作的关系，承担两项省级大学生创新创业项目，申请国家发明专利一项，先后斩获中国国际大学生创新大赛银奖、“挑战杯”湖南省大学生创业计划竞赛金奖等诸多奖项。

他是热心公益的学院“萌小青”，策划、组织参与各类志愿活动 30 余项，打造学院“雷锋故乡追梦支教团”示范志愿服务项目，累计志愿服务时长超过 400 小时，获校级优秀青年志愿者标兵等 8 项志愿表彰。

他就是中南大学粉末冶金研究院 2021 级本科生宋辞。

PMRI

“明天上午 9 点采访你吧?”2025 年农历大年初四晚上 10 点，我给宋辞留了言，他秒回了我：“好啊淼姐，我尽量起来。”

“什么，你平时几点睡几点起?”

“我是夜猫子类型的，喜欢大半夜干活，上午睡觉，一般凌晨 2~4 点开始睡。”

“那现在采访吧。”随即，我便拨通了宋辞的电话。

宋辞是学院里很得力的团学骨干。每次看见他的时候，他总是笑呵呵的，对谁都很有礼貌。印象最深的是一次学生干部换届大会，本就瘦瘦窄窄的他穿着一件偌大的廓形黑色厚毛呢长外套，由于衣服版型的关系，肩膀看起来宽宽的，显得宋辞更为消瘦。

那时，他还留着齐肩的长卷发，配上那一身装扮，看起来像是青年艺术家，总感觉虽然他学的是工科专业，但他的骨子里是极为细腻、有文艺气息的。

缘起：求知路上的成长蜕变

“你之前说你小时候叛逆，都干了些什么呀?”我好奇地问宋辞。

小时候的宋辞，就像一只自由的小鸟，在家庭的温暖怀抱里无拘无束地成长，这也让他养成了叛逆的性格。由于家庭的宠溺，他做很多事都顺着自己的性子来，不太听父母的话。

宋辞愣了一下，说道：“其实我一直不太愿意承认那是叛逆，总觉得就是被家里宠坏了，任性罢了。我家就我一个孩子，从小，爷爷奶奶疼，爸爸妈妈爱，要什么有什么，时间久了，性子就野了，爸妈的话，很多时候都左耳进右耳出。”

出生于山东枣庄的宋辞，可以说从小是含着“金汤匙”长大的。爷爷是国企的总经理，爸爸妈妈都是本科学历。他在家里备受宠爱，是家里最小的一辈，也是家里的独苗，可以说从小就是被宠着长大的。

“像玩游戏的时候，说好玩半小时，可玩得入迷了就停不下来，爸妈让我关掉游戏，我心里特别不情愿，就经常和爸妈吵架。”

这类小事时有发生，宋辞为此没少和父母起冲突。在宋辞的成长过程中，中小学时期遇到的老师们应当是他人生路上的引路人。

“那些老师都特别好，愿意听我内心的想法，教我时也很耐心。”无论是学习上的困惑，还是生活中的烦恼，老师们总是能给予他理解和帮助。在老师们潜移默化的影响下，宋辞改变了许多。

家人的宠爱虽让他在成长初期有些任性，但也让他拥有了敢于尝试的勇气。

宋辞的父母在教育他的过程中，有着独特的理念。他们认为，长篇大论的说教远不如让孩子在实际的经历中去摸索、去成长。所以，他们从小对宋辞的教育就是“试错”“躬行”，希望他能在一次次的尝试中，真正明白自己想要追求的东西，找到人生的方向。

小时候的宋辞并不理解父母的良苦用心。他觉得父母对自己的行为大多默许，因此做什么都好像没有边界。

但也正是这种看似宽松的环境，激发了他内心的一股“冲”劲。他想要证明自己可以做好每一件事，哪怕有时候这种证明带着一点“我命由我不由天”的意思。

小学期间学英语，当其他同学还在跟着老师唱英文歌、轻松认识单词时，宋辞的妈妈却对他有着更高的要求，“逼”着他认读并背会每一个音标。

那段时间，为了学会音标，宋辞没少和妈妈“斗智斗勇”。妈妈总是耐心地陪着他一遍又一遍地练习，而他却觉得枯燥又辛苦，甚至还偷偷抱怨过妈妈的严厉。可也正是妈妈的坚持让他打下了坚实的英语基础，培养了他对学习精益求精的态度。

每次考试前，爸爸妈妈都会对他说：“咱们只要复习过程做好了，结果都无所谓。”但宋辞却不这么想，他觉得这是父母不信任自己，认为自己做不好。于是，他暗暗较劲，偏要证明给父母看，自己一个人就能做好，而且能做得更好。这种不服输的态度，贯穿了他的学习生涯。

初中开学军训的第一天，阳光炽热，洒在每一个像宋辞一般大的同学充满朝气的脸庞上。班主任站在队伍前，大声问道：“有没有自愿担任班长的同学？”宋辞果断地举起了手，响亮地回答：“老师，我愿意！”

其实，小学时的宋辞性格有些内向，不太爱主动表现自己。但在那天军训时，听到老师的询问，他心里突然涌起一股冲动，想着不如尝试一下。反正大家彼此都不熟悉，没人竞争，自己说不定能行。

就这样，他成功当选为班长。也是从这一刻开始，他在担任学生干部的道路上一直前行，在协调同学关系、配合老师工作等方面不断学习、成长。

他逐渐明白，做好学生工作，不仅要有强烈的责任感，对老师负责，对同学负责，更重要的是要学会换位思考。在自习课上，面对小升初不久、纪律意识不强、说话声不断的同学们，宋辞没有选择用强硬的手段压制，而是自发地坐在讲台上自习，用自己的行动去影响大家。看到说话的同学，他会礼貌地提醒，渐渐地，班级里的说话声就消失了。

这段经历，让他深刻体会到了以身作则的力量。凭借着扎实的学习基础和不懈的努力，宋辞在中考中脱颖而出。他通过自主招生考试，以全市第十二名的优异成绩进入了市重点高中重点班。

刚进入高中时，他依旧保持着稳扎稳打的学习态度，成绩在班级里名列前茅。然而，随着高中学习生活的深入，他渐渐迷失了方向。

“用现在比较时髦的说法就是‘优绩主义’‘唯成绩论’。”在这种环境里，宋辞逐渐感到迷茫。

也正是在这个时候，服装设计成了他生活中的一抹亮色。

我问他，究竟是因为学业压力大而一时兴起，还是确实打小就有这方面兴趣。宋辞说：“我对服装设计的喜爱其实是从小就有的。父母年轻时对音乐和设计也有着浓厚的兴趣，虽然没有从事相关行业，但这种爱好潜移默化地影响了我。再加上山东高考的竞争异常激烈，高中学习压力巨大，我又在重点班，身边的同学都在拼命学习，我就把服装设计当成一种心灵寄托了。”

服装设计，在他眼中，可以联通艺术史、民族文化、风土人情等，让他在平凡的生活中感受到“美”的存在。

高二期间，因为觉得校服不好看，他每次上学都不穿校服。作为副班长，他的这个行为自然引起了老师的注意。每次晨读，班主任老师都会点他起来，笑着打趣道：“宋大班长，今天又是因为什么事情‘忘记’穿校服了啊？”面对老师的调侃，宋辞有些不好意思，但他内心对美的追求却从未改变。

幸运的是，那时他有一群好朋友。“每次，我们都会讨论很多关于服装、艺术、设计等美学方面的问题。”

这些交流就像一束璀璨的阳光，照进了宋辞心中，让他重新拾起了对生活的热爱与激情，也让他在迷茫中找到了属于自己的一片小天地。

缘续：尝试无限种可能

高考的结束，如同一场盛大旅程的转场。在他眼中，远方充满了未知与可能。

“你喜欢服装设计，最后怎么选了材料学专业？”宋辞说自己当时有诸多考量。

高考分数是一个重要限制因素，这让他的选择范围有所缩小。他原本对工业设计满怀热忱，一心想报考相关专业，然而与自己高考分数相匹配的学校有限。但了解后发现，在设计领域，有许多非科班出身的人也能凭借自身才华和努力取得非凡成就。而且，材料学专业并非与设计毫无关联，它也具备一定的“艺术成分”，同样可以为他打开探索美的大门。再加上了解到中南大学材料学科评级为 A+，在全国排名前列，专业实力强劲。综合这些因素，宋辞毅然决然地将中南大学放在了第一志愿，满心期待着在这个全新的环境里开启丰富多彩的大学生活。

初入大学校园，当宋辞看到院团委学生会青年志愿者协会（简称“院青志协”）招新时，心中顿时涌起一股亲切感。作为山东省枣庄市义工联盟的一员，志愿服务早已成为他生活的一部分，院青志协就像一个久违的“老友”，让他毫不犹豫地确定了自己的选择。

也正是这个看似简单的决定，让他与志愿服务、学生工作结下了不解之缘，开启了一段意义非凡的大学时光。

大一期间，宋辞对周围的一切都充满了探索的欲望。对他而言，大学是一个无比广阔的试错平台，绝不能仅仅局限于学习书本知识，而要勇敢地涉足各个领域，去尝试未曾经历过的事情，只有这样，才能在不断的摸索中找到自己真正热爱并愿意为之奋斗一生的事业。

“我其实也和每一位初踏入大学的新生一样，不了解专业，也不知道未来会选择什么行业。但我始终相信，只要踏实做好当下的每一件事，时间、时代终会给予你一个肯定的答案。”在院团委学生会这个温暖的大家庭里，他收获了许多宝贵的经验和美好的回忆。他成功加入院青志协，成为一名干事，而接到的第一个任务便是举办 2021 级青年志愿者交流会。

筹备交流会的日子里，宋辞和部门其他成员忙得不可开交。他们一起精心策划活动流程，四处奔波准备物料，从宣传海报的设计到活动场地的布置，每一个细节都凝聚了大家的心血。

在这个过程中，他们遇到了不少困难，宋辞积极地参与其中，主动承担了许多烦琐的工作。比如物料采购时预算紧张，宣传推广效果不佳，但他和伙伴们没有丝毫退缩，一起想办法解决问题。

终于，交流会顺利举行。看着一个个优秀的学长学姐自信地站上讲台，分享自己在志愿服务中的感人故事，宋辞深受触动。“有个学姐在分享时说，‘志愿服务是润物细无声的爱心善举，志愿服务社会、奉献爱心，人人可为、处处可为’。这句话对我触动挺大的。”

也正是因为这句话，宋辞暗暗下定决心，一定要为学院志愿服务工作贡献自己的力量，将这份爱心传递下去。

大二时，宋辞担任了院青志协会长，肩上的责任更重了。

他接手了英雄岭村的支教任务。支教团的历史可以追溯到 2018 年，最初与望城区某社区建立了联系，后来因为种种客观原因，对接对象转至英雄岭村，此后支教团每年都会定期前往支教。

宋辞刚接手时，对之前的支教情况了解甚少。当时，院团委书记张翠老师提出打造一个既能结合学院学科特色，又具有创新性的学院志愿服务品牌的要求。他查阅了大量资料，参考了许多优秀案例，酝酿了很多策划案，但总是觉得不够满意，这些策划案一次次被他搁置。经过长时间的思考和探索，他最终决定在支教团活动中融入科普知识。

“我是觉得，从科普入手是个不错的方向，可以让小朋友们了解材料知识，激发他们对材料科学的兴趣，同时也能体现学院的学科特色。”

每次看到支教队员们为孩子们精心准备的精彩课堂，看到孩子们那一双双对知识充满渴望的眼睛，他都备受鼓舞，内心也收获了许多。他更加深刻地体会到“志愿服务社会、奉献爱心，人人可为、处处可为”这句话背后的深刻含义，也明白了志愿服务的价值不仅仅在于传授知识，更在于传递爱与希望。

大三学年，宋辞担任院分团委学生副书记一职，开始接触到许多团建、党建的工作，也更加深入地参与学院的学生工作。

他在这个过程中发现，为同学做实事，为集体做贡献，能让他内心充满成就感和幸福感，他也深深地爱上了这份工作。

“李先念同志曾说：‘党员干部，要吃苦在先，享受在后；大众利益在先，个人利益在后。’这句话对我影响很大。”作为团干部和党员的宋辞将这句话铭记在心，希望自己能以优秀前辈为榜样，结合自己的专业知识，真真正正为人民做出实实在在的贡献，为国家的发展贡献一分力量。

在院分团委任职的三年时间里，无论是大大小小的活动策划，还是烦琐的日常事务，宋辞都深度参与其中。

例如，在院分团委工作涉及的评奖评优环节，递交佐证材料的文书工作十分烦琐，常常让大家头疼不已。

为了提高工作效率，减少麻烦，宋辞吸取过往学生工作中的经验教训，在各部门的工作例会上提出一定要做好工作留痕，并做到每月一总结，及时梳理好每项工作的完成情况及宣发状况。他对自己也提出了严格的要求，每一项评奖评优的通知，他都会仔细审核，整体浏览完后，有针对性地为每一个要上报评选的佐证材料制作详细模板，再发给各部门，确保各项材料格式一致、符合要求。

这些措施大大减少了返修工作量以及对接过程中的信息误差，提高了工作效率，也让整个评奖评优工作更加公平、公正、公开。

回想起学生工作的这段经历，虽然说长不长，说短不短，却像一把神奇的钥匙，打开了宋辞成长的大门，锤炼了他的心态。

在学生工作中，他每天都要和性格不同的人打交道，要遇到各种各样的事情，这就需要他具备良好的心态去应对。

遇到棘手的工作安排或是临时交办的工作，他首先会换位思考，站在老师和同学们的角度去理解他们的处境，多一分理解，就能少一些矛盾。其次，他会做到问心无愧，对于不是自己的问题，他不会过度内耗自己，而是专注于尽力完成交给自己的每一项任务。他会充分考量方案执行的结果，同时做好应急预案。即使在执行过程中出现问题，他也能迅速调整策略，及时补救。

对宋辞来说，只要初衷是为同学服务，并且为此进行了周全的考量，尽力做了准备，那么结果如何也就没那么重要了。

缘定：以持之以恒书写进阶之路

“流水不争先，争的是滔滔不绝；我们即便普通，但只要不放弃，都会随着时代潮流不断向前。”宋辞对待学习、工作、科研同样抱着持之以恒、脚踏实地的态度。

在学习上，宋辞的钻研精神或许得益于他从小养成的习惯，在面对每一个知识领域的问题时，他喜欢独立思考，凭借自己的力量去尝试解决。

他坚信，只有通过自己一步步艰辛地探寻，才能真正将知识掌握、吃透、融会贯通。随着对材料学专业学习的逐渐深入，他越发渴望对这个领域有更深入的了解，试图在其中寻找到真正适合自己的方向，挖掘出属于自己的一片天地。

自踏入大学校门起，宋辞便积极投身于学术探索的浪潮中，不断尝试多方面的学科竞赛，同时也踊跃地参与大学生创新创业项目。

大一那年，他报名参加了全国大学生数学建模竞赛校级选拔赛，与机电院的同学组队。在备赛过程中，他们面对复杂的数学模型和实际应用场景，常常围坐在一起热烈讨论，思维的火花不断碰撞。为了能找到最优解，团队成员常常熬夜查阅资料、反复推演计算，经过数天的努力，最终斩获校赛三等奖。

这次经历让宋辞真切地感受到学科竞赛的独特魅力，也让他明白了团队协作的重要性。

同年 7 月，宋辞作为中南大学暑期“三下乡”社会实践团队第二负责人，深入乡村。在张翠老师的悉心指导下，他们克服了诸多困难，顺利完成实践任务，最终获评“优秀团队”，这些经历也成为他大学生活的精彩开篇。

刚接触材料相关科研课题时，磨金相、调整合金粉末比例等基础工作，既烦琐又单调。每次磨金相都需要高度集中注意力，长时间保持同一姿势，过程十分枯燥；要时刻关注温度，不能有丝毫分心；调整合金粉末的比例更是容不得半点差错。

这些工作让宋辞感到十分乏味，对科研的热情也一度消减。但他骨子里那股不服输的劲儿，驱使他不断尝试新的方向。他开始探索新能源电池、3D 打印等领域，每转换一个方向，都充满了未知与挑战。

在研究新能源电池方向时，他查阅了大量的文献资料，尝试了各种不同的材料和工艺，但实验结果却总是不尽如人意。无数次的失败并没有让他退缩，反而激发了他的斗志。在探索 3D 打印领域时，复杂的工艺参数和难以控制的实验条件，让他吃尽了苦头。

但他始终坚信，只要坚持不懈，就一定能找到适合自己的科研方向。慢慢地，宋辞接触到了将编程代码与新材料研发相结合的研究方向，对于动手实验兴趣不大的他来说，计算材料学是个不错的选择。

起初，面对老师和师兄提供的参考论文、编程语言学习资料里密密麻麻的专业术语和复杂代码，宋辞只觉得“头大”。他利用课余时间钻研各类论文，遇到不懂的问题，就主动向老师和师兄请教。

大二时，宋辞以第二负责人身份参与申报 2023 年度湖南省大学生创新创业项目，成功立项，并最终获评“优秀结题”。

同年 9 月，在第九届中国国际“互联网+”大学生创新创业大赛校赛中，他担任第二负责人，和本院同学组队探索钠离子电池产业化的进程。在项目推进过程中，他们不断创新思维，提出了许多新颖的想法，但由于课程繁多，他没有合理安排好时间，最终只获得了校级一等奖。

进入大三后，宋辞的努力开始全面开花。他作为项目负责人，在张利军老师的指导下，带领团队申报并获批 2024 年湖南省大学生创新创业项目立项。宋辞充分发挥自己的组织协调能力，带领团队成员深入研究，不断优化方案。

同时，他在多项赛事中作为核心成员取得优异成绩，包括中国国际大学生创新大赛银奖、铜奖，“挑战杯”大学生创业计划竞赛省级金奖等。

在粉冶院的四年，宋辞收获满满。大三面临各大高校夏令营面试、推免环节，确定深造学校时，和张利军老师做过课题研究的他陷入了纠结。既想留在熟悉的环境，又渴望去更广阔的天地。

家在山东的宋辞，心里还是有未来回到北方发展的考量。难以抉择时，宋辞为自己制定了一个“决策平衡单”。

对他来说，地理位置是考虑的第一因素，导师及科研方向是第二因素，而后才是其他方面。在综合考量后，宋辞决定前往北京理工大学深造。导师靳轲的研究方向与他的想法非常契合，偏向高熵合金以及机器学习辅助新材料开发，这些让他更加坚定了到北京理工大学深造的决心。最终他成功保研至北京理工大学前沿交叉科学研究院，从事先进材料成型理论与技术研究。

确定了保研去向的宋辞，在大四学年，凭借过往在学生工作上的付出与努力，获得了学校“优秀学生干部标兵”答辩的机会。

他对照评选细则调整答辩内容，反复检查表述细节，多次模拟答辩路演，从肢体语言的运用，到语速语调的控制，再到回答问题的思路，每一处答辩的细节，都做了精心的准备。最终，宋辞顺利获评。

“爱出者爱返，福往者福来。真正为大家服务的人，不求回报，也会终有回报。”这份荣誉是对他的大学四年学生工作和自身能力的认可，也为他的本科学生干部生涯画上了一个圆满的句号。

宋辞说：“其实特别感谢学校和学院给我提供了成长平台，让我能从懵懂新生一路成长为合格的团学干部。”

采访快结束的时候，我问了个“难题”。

“你觉得张翠老师和彭仕亨老师在先后担任院团委书记时的工作方法有什么不同？”宋辞笑了笑答道：“这是能说的吗？”

面对张翠老师这样思维活跃的老师，他会努力落实老师的想法；而面对彭老师，他则像与亲切的学长交流一样，积极提出自己的点子，与老师碰撞出思维的火花。同样，在学生工作中，面对组织内的学弟、学妹，他会以亲切学长的姿态进行平等沟通，理解他们的工作并给予建议。

从毛头少年到积极向上的青年，宋辞蘸着成长的墨汁，以无畏闯荡为纸，不断寻找自我、突破自我，绘就不被定义的人生。

在未来的日子里，无论是在北京理工大学的求学路，还是硕士研究生毕业后的就业路，宋辞都将凭借自己的坚持和努力，勇敢地去尝试，坚定地去追求，靠着那股儿时便有的“冲劲”，在成长的道路上不断遇见更好的自己。

作者：李卉淼

26 人生缓缓自有答案
——访 2024 级硕士研究生姜雨坤

静待花开，在误打误撞间进步
几番探索，于稳扎稳打中前行

粉小冶推荐语

他现任院研究生会主席、学工部记者团负责人，统筹十余场校级活动，以“逆旅播种”的信念在学生工作中开辟新篇章，五年来撰写推文、新闻稿百余篇，审编稿件超过两千份，打造校园宣传标杆；当选为中南大学研究生代表大会常任代表，成为跨学院协作的枢纽。

他曾是“寻光计划”骨干教师，以音乐为桥，点亮视障儿童的星空，累计授课百余课时；牵头组织“福麓攸降”暑期支教，为留守儿童带去知识与陪伴，用行动诠释“教育是双向治愈”。

他三个月极限备考硕士研究生，以日均 14 小时的高强度学习印证“寒窗苦读终有甘”；立志将材料学科研成果与教育理想结合，未来或扎根高校培育英才，或投身企业，但始终笃信“走一步看一步，自有花期”。

他就是中南大学粉末冶金研究院 2024 级硕士研究生姜雨坤。

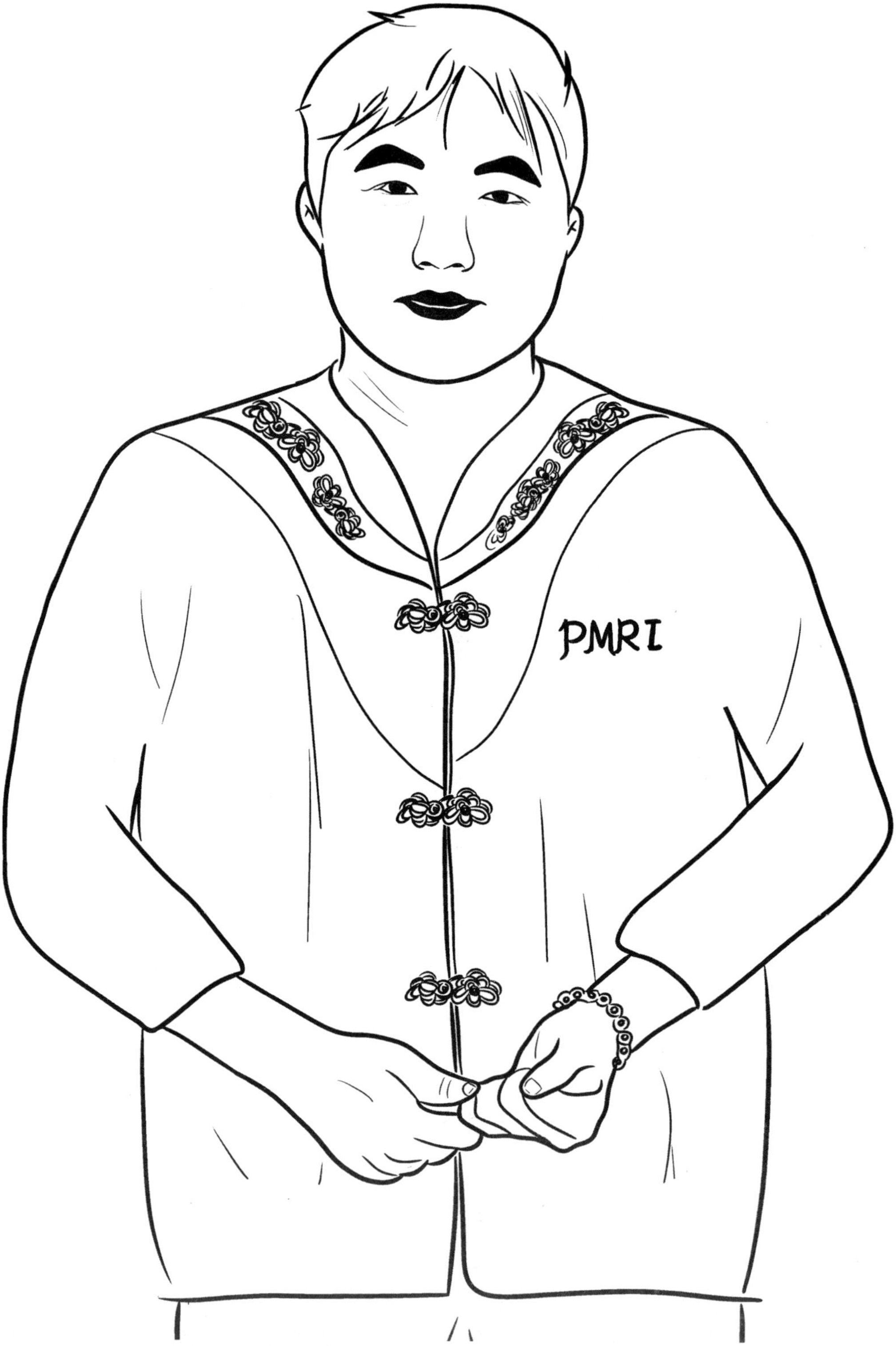
PMRI

"他这个人应该挺靠谱的。"这是我对姜雨坤的第一印象。

他是我刚调来粉冶院时最先认识的一批学生干部。当时正值各项专项事务性工作交接，而我也刚刚接手校学工部记者团指导老师的相关工作，对记者团的运转逻辑、具体人员分工等都不太熟悉。

姜雨坤既是时任记者团学生负责人，又是粉冶院的学生，一来二去的工作接触，我们的联系频率就从这里开始高了起来。

每次谈到各项工作时，他总是会一次性回复很多信息，说当前的情况、说他想怎样改进。他是有想法的人，这与我不谋而合。于是，我们都在各自的工作范围内开始了大刀阔斧的"改革"。

缘起：误打误撞来了中南

姜雨坤与我都是东北人。老话说，出了东北，东三省的人都是一家人。即使素未谋面，我们之间的距离也在无形中被拉近了。后来我请姜雨坤一同撰写"对话 · 粉冶新青年"的系列稿件，来来回回的沟通过程也十分顺畅。

他是那种能够给人提供极高情绪价值的学生。正因如此，在"对话 · 粉冶新青年"系列撰稿期间，他给我的情绪价值，能够让我在面对繁重的稿件压力时，更快地调整心情。

2025 年春季学期开学前，我们约定了采访时间，也将这一次采访定义为本书的"收官之作"。

而我们也是第一次如此正经地面对面交流。

姜雨坤身形高大，笑容爽朗，说起话来更是把东北人的身份暴露无遗，带着熟悉的口音和语调。

“像你这样大大方方的，应该是东北家长最喜欢的那种孩子了。”

“哈哈哈，东北家长最常说的话就是‘大大方方的’，是吧!”

他的东北口音像浸了松油的火把，在长沙温软的空气里噼啪作响。当他说起“大大方方”四个字时，尾音总带着冰糖葫芦似的晶亮弧度。

他说话的时候总是带着笑意，做什么事都出奇地乐观，我猜他的家庭环境肯定很好。“是的呀，我家虽然不是什么大富之家，但是幸福感很强。”

谈到家庭，他脸上的笑容更灿烂了。“我爸爸妈妈对我进行的是一种‘散养式教育’，他们不在乎我的成绩，也不强求我要怎么样，他们最常说的就是，你开心就行。但是这也搞得我现在有点‘佛系’，这不太好。”

“我在学习方面也没让家长操什么心，可能也是我们家乡那地方太小了。一个小小的县城，估计还没有长沙市的一个区大。我们那边只有一所重点初中、一所重点高中。当地的人也不多，基本家家都是独生子女家庭，学业竞争压力很小，我也顺风顺水地读了重点学校，考上了 985 大学。也没补过什么课，兴趣班倒是上了不少。”

这个从小县城走出来的男孩，至今记得家乡唯一那所重点高中冬天的模样——晨跑时呼出的白雾能把整条跑道染成哈达，教室暖气片上永远烤着湿透的手套，翻书声混着粉笔灰在阳光里沉浮。

他说他是一个能“坐得住”的孩子。从六岁开始学钢琴，锻炼“坐得住”的本领，一直到考完钢琴十级。

他凝视着自己宽厚的手掌，那些被琴键磨平的指纹里藏着某个夏夜——蝉鸣撕扯着纱窗，电风扇把琴谱吹得哗哗响，一个小胖墩坐在钢琴旁，指尖倾泻出翩翩纷飞的音符。没想到他还有这样的技能，想想那画面还真有种“张飞穿针”的反差感。也怪不得他总有一些让人意料之外的细腻和温柔。

但他说他的温柔更多的还是来自他的妹妹。

“我和妹妹差了 12 岁，我俩都属马。当时爸爸妈妈就问我，想不想要一个弟弟妹妹。我特激动地说我想要一个妹妹，后来才知道爸爸妈妈当时没想好要不要二胎，所以都看我的态度。可以说她是在我们全家的期待中出生的，是我们一大家子的宝贝。”说到这里时，他的神情格外温柔。

“那你上学离家这么久，又特别远，妹妹这么小，不会把你忘了吗?”我开玩笑地说道。

“哈哈哈，以前我倒也不敢说。但自从备战考研以后，每天都要给家里打电话、打视频，虽然相隔两千公里，但还是天天见面呀。”在与我聊起妹妹时，他的声音更轻，也更加温柔。

视频通话时的某个夏夜，他像往常一样抱怨长沙阴雨连绵的天气。小丫头忽然把脸贴在镜头上：“哥哥那里下雨了吗？我给你送伞好不好？”像素模糊的画面里，她高举的玩具伞还粘着米粒——那是晚饭时偷偷藏起来的“武器”。

姜雨坤现在的学生工作可以说是风生水起，在记者团连任了三届主席，可以说是“三朝元老”。同时也在粉冶院任研究生会主席，沟通各个学院开展活动，也策划了全校性的大型活动。上个学期更是当选为中南大学第九次研究生代表大会常任代表。

“那你肯定从小就是班长之类的学生干部吧？”我理所当然地问道。

但事实却恰恰相反。他从小都是按部就班地学习，当过的最大的“官”也只是个课代表。他说，初中、高中时课业压力其实没那么大，但是小县城的学校，压根没有什么学生会，课余时间只顾着忙里偷闲。也是到了大学，才觉醒了学生工作的意识。

“我其实到现在都感觉挺梦幻的，阴差阳错地来了中南，学生工作一路走来也都充满了缘分。上了大学以后，和原来顺风顺水的生活真的完全不一样了。”

“具体怎么个阴差阳错呢？”

姜雨坤本来是打定主意想当老师的，高考志愿自然是填的师范类院校。不过当时的分数只能报考师范类的211院校，他心里总觉得有一口气堵着。高考之后又觉得高中学习实在是太辛苦了，他的原话是“不想再做卷子了”。于是就从志愿中取消了选中的东北师范大学。

因为我没什么喜欢的专业，也没什么想做的职业，报考就成了全家人的烦心事。辗转反侧找了很多人咨询，这才定了填报的学校。因为想离家远一点，走出东北，就在中南大学和大连理工大学之间毅然决然地选择了中南大学。

但到了填专业这一步，可是彻底成了无头苍蝇。更加阴差阳错的是，病急乱投医的他从网上搜索到，中南大学的材料、冶金专业很好，他来不及多想就填报了这两个专业。填了之后才了解到这是所谓的“天坑”专业。

不过好在他比较乐观，他最擅长的就是“走一步算一步”。对于“误入天坑专业”的说法，他有自己的解读。实验室里通明的灯火常让他想起高中冬夜的路灯——那些照亮他走向重点大学的橘色光晕。按他的话来说，就是：“误打误撞来了中南，又因为身在‘坑’里，就想着做做学生工作。没想到也做出了一点成绩。”

刚刚进入中南大学，就是为期一个月的军训。姜雨坤之前都是走读，甚至没来得及感受第一次住校的不舍，就被军训“折磨”得沾枕就着。而当时学院团学会的招新安排在了晚上，如果去听宣讲就可以不参加晚上的拉歌，那铁定是要去逃避一下的。

当时就被学院团学会几十个部门的宣传看花了眼。因为我比较擅长钢琴，在艺术方面有一定造诣，就报名了文艺部。可是因为没有相关的工作经验，报名的人又很多，只能遗憾落选。但缘分也就在这里，当时学院青年新媒体中心刚成立一年，报名的人不多，他就被调剂到了青媒中心，到新闻部做干事。

从此，命运的齿轮开始转动，姜雨坤也正式开始了他的学生工作之路。

缘续：“天选”宣传人

刚刚进入大学，最让姜雨坤头疼的不是学业，也不是学生工作，而是通勤太不方便。从麓南校区去潇湘校区还可以赶校车，但是去岳麓山校区就不行了。当时新闻部干事比较少，只有四个人，因此他基本每周都要去岳麓山校区参加一次活动，负责拍照写稿。这可难倒了不会骑车的姜雨坤。走路去一次岳麓山校区，彻底磨掉了他所有的脾气，只能老老实实学骑车。足足学了一个学期，才勉强上路。

在新闻部的时候，第一次出任务就是拍篮球赛。本来就没怎么用过相机，拍这种动态的场景难度就更高了。还好当时我摸索到了拍照的诀窍，只要狂按快门，拍得足够多，总会有一张好的。写稿倒是不在话下，“别看我是工科生，但我高考语文可是拿下了 128 分的高分，不仅在艺术方面有些积累，文学方面更是有一定修养。”

不过他还是对没加入艺术类学生组织耿耿于怀，于是百团大战时加入了 Erase 音乐社团，但巧合的是，同样也加入了社团的新媒体团队，彻底和宣传工作挂上了钩。社团的工作比较轻松，没有新闻部那样繁重的工作，不过也换了赛道，开始做推送和海报。完全没有经验的我，第一次做推送时，看了B站上很多教学视频，也问了许多有经验的同学，这才勉勉强强做了出来。

“我当时就感受到，不同高中对人的培养还是不一样的。上大学以后，我发现大家都有很多技能，有的会摄影，有的会做推送，有的还举办过大型活动。而我在高中除了学习就是玩，没学过什么技能。但因为已经加入了这些学生组织，来不及自怨自艾了，只能更加努力地学习，丰富自己的各种技能。”

“但你后来怎么没有留任新闻部，反而去了微信部呢？”我疑惑道。

他解释说：“因为我有做推送的经验，当时微信部又缺人，我大二就留在了微信部。当时还特别有干劲，为了招新也是用尽了办法。果然，招新人数大爆发，相比去年直接翻了一番。这也是第一次让我感受到管理一个部门的辛苦，尝到了‘权力的滋味’。我当时心想，我在青媒中心两个部门都任职过，那之后留任主席团肯定是顺理成章的事。于是更加努力地工作，立即执行并反馈指导老师的安排。”

也是在大二，姜雨坤开启了他的另一项工作——志愿服务，在一个挂靠在Erase社团下的志愿组织做志愿者。

“寻光计划”主要是以大学生为主的公益团队，到长沙特殊教育学校教视力障碍的小朋友弹吉他和尤克里里。因为之前学过吉他，又有当老师的想法，姜雨坤就到“寻光计划”当起了老师。但由于教吉他的老师较多，没有老师教尤克里里，他就教起了尤克里里。

“挺不好意思的，其实我参加这种公益活动的动机也不是那么纯粹。当时是想着多做做好事，也能给我小妹积积福。不过真正开始教学以后，我才切身感受到了公益活动的魅力。因为对方是有视力障碍的小朋友，所以他的动作、指法都要听我指挥。在课堂上，他会无条件地相信我，我也就会更加耐心地指导他。这种与陌生人之间充满信任的联结十分触动我，我也从此开始了我大学生活的支线副本——公益活动。”

有了两周一次的“寻光计划”，我也开始对志愿活动产生了浓厚的兴趣。于是我在大二暑假作为负责人组织同学开展了暑期实践项目，去株洲攸县面向留守儿童支教，我们的团队名叫“福麓攸降”。

“所以你到底还是实现了从前的愿望，当上了老师。”我恍然道。

“是呀，也算是过了一把老师的瘾。”当时正值暑假，攸县的气温高达40摄氏度，我们顶着炎炎烈日奔赴攸县。因为攸县的学生比较少，年级又比较多，从一年级到初三都有。上午和下午分别有四个年级上课，这就导致一个老师要教不同的年级，备课量剧增。

支教的时候，四个男老师挤在一个办公室里打地铺。最让他记忆犹新的，是放学以后向当地村民借摩托车去镇上买零食的经历。几个人晃晃悠悠地走走停停。走到一半摩托车突然抛了锚，我们只得硬着头皮去老乡家借绳子拉车，最后三个女孩子在前面骑着还能用的摩托车，拉着半路熄火的摩托车，四个男生则轮流扶着车慢慢往镇上走。

就这样一步一停地晃到镇上时，天空也蒙上了面纱。不过好在夏天昼长夜短，即使到了下班时间，天色也没完全暗下来。万幸的是，加油站的工作人员正在和朋友闲聊，下班晚了一些，我们才加了油，轻松地回去了。

小镇并不是很发达，唯一的大型超市已经倒闭，门口广场上也被跳广场舞的老年人占领。我们一部分人去小超市采购，剩下一部分人则去学生推荐的奶茶店买奶茶。奶茶店卖的还是小时候喝的速溶冲粉奶茶，但对于吃了好多天农家菜的我们来说，可以说是琼浆玉液。

功夫不负有心人，“福麓攸降”团队最后拿到了优秀暑期实践团队的奖项，姜雨坤也作为负责人荣获“优秀实践个人”称号。

开学返校后，姜雨坤留任学工部记者团。“记者团负责审核学工网的投稿和制作军训简报，那你不就又干起了老本行？”

“是这样的，这辈子都和宣传工作分不开了，要不然我说咱俩有缘呢！”

刚刚留任学工部记者团，姜雨坤就迎来了两个问题。一个是招新问题，记者团人数较少，年级分布不均，因此人员安排并不妥当。但当时姜雨坤刚刚“走马上任”，能做的十分有限，只能把这个念头埋在心里。另一个问题，则是军训稿的审核与整理。

数以百计的稿件，每一篇都有各自的特点。要从中筛选并润色，最后整理成简报发给各学院。这么大的压力，就这么落到了他的身上。还好有同学们一起承担，大家并肩作战，共同应对难关。

后面也就是日常性的审稿、反馈等工作，他做得得心应手。

缘定：走一步看一步

而就在大三下学期，本来准备考研的他，总是觉得使不上力。对前途的迷茫扰乱了他的内心，当初报志愿时的场景又一次重现。不想被考研的浪潮所裹挟，他决定放弃复习，转而投入工作。

"因为当时课都上得差不多了，时间比较充裕，就可以更专注地投身学生工作。"于是，他又在记者团留任了一年。在过去的一年里，他已经对记者团的工作了如指掌。但他也看到了团队青黄不接的现状，便开始大刀阔斧地"改革"了起来。

首先，就是重新划分了部门的分工和职责。把原来职能相似的部门合并，重新设立部门分管其他事务。同时，为了应对部门内部青黄不接的现状，大量招收大一同学。招新后，多次开展培训，让大一同学成为记者团的生力军。

除了学生工作，他也开始为找工作做起了谋划。首先是找毕业的学长学姐咨询是否有推荐的企业，以及他们对各个公司的评价。还专门报名了学校的简历优化课，即使是一小段自我介绍都要字斟句酌，想把一切都做得尽善尽美。

最后，他拿到了两个单位的录用通知书，工资待遇都很不错。

"既然你已经拿到了两个单位的录用通知书，怎么又回头选择了考研呢？"我好奇道。

"主要还是我的心理原因吧。因为当时周围的朋友都在考研，即使想要出去玩也找不到人，课程又安排得比较少，每天都有很多的空闲时间。我就想着，反正资料都买了，不如考考看。"

当时刚刚 9 月，虽然回过头来开始重新复习，但其实内心也不是特别坚定，复习的进度特别缓慢，直到 9 月底才收了心，彻底地投入考研复习中。

姜雨坤的同学都说，他考的是最有"性价比"的研究生，因为他只复习了 3 个多月就成功"上岸"了，但个中艰辛只有他自己清楚。他每天早上 7 点半就起来开始复习，一直学到 11 点半，中午吃饭时也要做几道政治题。下午 2 点起来喝一杯黑咖啡，一直坚持到凌晨 12 点半，中间只留了两个小时的休息时间。

"我当时玩手机都玩得没意思了，刷小红书刷着刷着又看起了知识点，在各个视频平台‘冲浪’时，也总是会点进各种考研视频。拿起手机不是背单词就是做题，根本没心思玩手机了。”

“那你每天这样高强度地复习，也不放松一下吗？”

姜雨坤当时有个爱好，他复习的时候，总是觉得自己的书桌太单调，就想着要装点一下自己的学习环境，于是开始插花。他每天晚上到花店买一小束鲜花，自己搭配，插到书桌上的花瓶里。他说看见这么美的花，心情也会好一点。热爱生活的人，总会过得轻松一些。

而他自己说，整个考研的过程，给他带来更多的，是拉近了和家人的距离。从前很少给家人打电话，按爸爸的话说，没钱了才能想起来找他。而备战考研以后，朋友们都在各自努力。于是，他开始和父母交流自己每天的进展，分享做模拟题拿下高分的喜悦，也倾吐复习不到位的痛苦。就算是下楼打印材料的工夫，也会给家里打一个电话。

“我这个习惯一直坚持到了现在，如果有一天没打电话，我爸保准在睡觉前给我打个视频，我妈也会问我怎么今天没打电话。我也开始反省自己之前实在是疏忽了他们很多，现在这样我很喜欢。”

我很少见到这样乐观的人。我问他考研过程中印象最深刻的事是什么。

“其实我考试的分数并不高，所以复试的时候就特别紧张，总感觉复习不到位。

我就趁着那天天气好，出门转转，路上看到池塘里的小乌龟都纷纷爬到岸边，排队晒起了太阳。我当时心里就想着，它们都上岸了，那我也能‘上岸’。出一趟门回来也收了收心，自己的紧张情绪也消减了不少。”

就这样，姜雨坤顺利通过了复试，成功在中南“续费”了三年。而我也在这时来到了粉冶院，认识了他。

我最开始是觉得他在工作方面挺靠谱的，而且我也是做宣传工作的，两人的距离也在无形中拉近了。后来相处久了，我更加了解他，我们之间从师生关系开始转向朋友关系，他说话也不那么“恭敬”了，总是三言两语就把我逗得不行，我说他是天生的段子手。

在姜雨坤的生活中，他更像一个不倒翁。圆圆的内里总是装着千奇百怪的想法，而且特别容易被环境触动，需要外力才能“坚定”下来。他好像没什么特别的爱好，学习也能学下去，工作也能做得有模有样。就像他总是挂在嘴边的

“走一步看一步”。乐观的心态帮助他度过一次又一次的难关，遇到天大的事也都能睡一觉以后，重整旗鼓再出发。

和他的对话总是很愉快。

提及对未来的规划，他说他以后想回家工作，离父母近一点。但东北没有什么材料企业，就想继续深造，回东北的大学当个老师。

“当然了，如果有企业愿意高薪聘请我的话，那我就头也不回地‘向钱看’。”

回看他的五年中南生活，充满了偶然与必然的交织、阴差阳错的选择、坚持不懈的努力、乐观豁达的心态，最终成就了他今天的模样。他不仅在学生工作中找到了自己的价值，也在志愿服务中感受到了人与人之间的温暖与信任。

无论是误入“天坑专业”，还是“阴差阳错”地走上学生工作的道路，他始终以乐观的心态面对每一个挑战，“走一步看一步”地静待属于自己的那段花期。

作者：李卉淼

后记
Postscript

成如容易却艰辛

万事开头难。

这篇后记存在于我连续七周的待办事项中，却迟迟没有动笔。我总想找个环境安静、内心平静的时刻认真酝酿后潇潇洒洒地写上个几千字，将这本书的出版过程写下来，写给被采访的每一位同学，写给翻开这本访谈录的每一位读者。当然，也写给自己。

这本书列入计划是在2023年秋天。当时想的是向其他同类型的著作成稿方式学习，在我列出采访名单之后，请学生记者们采访相应同学，成稿后汇编，齐活。可是总得提供个模板吧，我也不能全凭一张嘴描述我希望最后的采访稿是什么样子的，这样的沟通效率太低了。

于是，我便请时任学校新闻中心记者团负责人王馨瑶同学与我一同采访一位“粉小冶”，由馨瑶执笔，写一个模板出来。2023年底，我们用四个小时采访了本书的第一个采访对象湛紫章同学。馨瑶由于学业、实习安排比较满，撰写初稿的“战线”有些长。2024年春节前，有些“坐不住”的我很快联系并采访了因为此前不久的学校大学生年度人物评选答辩活动而刚刚开始

PMRI

熟悉的黄绍祯同学。随后用三天时间写出了本书的第一篇成稿《黄绍祯：写人生剧本要一笔一画》。

是的，万事开头难。从出版选题确定到这一篇的第一版成稿用了整整4个月。

写完这版成稿是在2025年1月29日晚上，当时我异常兴奋。即便我在很多非工作场合都不是很想和人打交道或者多说话，但是在采访黄绍祯的过程中，我似乎找回了之前担任本科生辅导员时，和我可爱的2018级、2019级建筑城规类专业弟弟妹妹们亦师亦友亦姐的相处节奏。也正因如此，我与黄绍祯同学更为熟络，也会隔三岔五向他请教一些材料学专业基础知识。

发给黄绍祯审稿后，我便扯了张A4纸，开始沉浸式地制作“浩浩汤汤”的假期采访成稿计划日历表。

第二篇的主人公是王垚同学，不过这一次成稿用了七天。采访结束后的第二天，我的颈椎病犯了。

在我坚持坐在书房码字20多分钟后，“退堂鼓”响了。我的全身都在抗拒，抗拒继续写稿、抗拒动脑思考、抗拒坐在这里、抗拒按部就班地完成出版计划……“这样吧，我休息一个小时，也好好想想怎么推进吧。”我对自己说。

我的骨子里似乎总是带着些传统属性。相比同龄人来说，我不太能快速接受电子设备所拥有的高级功能并熟练使用。比如对我来说，手机几乎只用于微信、通话、购物这几个APP上，不会用ChatGPT、文心一言、DeepSeek等人工智能APP，也没有学习使用它们的驱动力。再比如，我不习惯采访时录音，而是固执地在白纸上将听到的关键词记录得密密麻麻，再梳理成稿逻辑。采访中的其他信息，就只是靠着脑子的瞬时记忆支撑着我写完稿件。

种种因素交织成了我脑海中的决策平衡单。我告诉自己，即便万事开头难，这个假期无论如何也要完成三篇稿件。

现在想起，总觉得当时的意志力和信念感强得离谱。之前颈椎病犯了，站也不是，坐也不是，躺也不是，无法完成任何需要脑力和体力的事。但那个假期，我确确实实完成了三篇完整稿件，也完完全全放弃了那份假期采访成稿计划日历表。

3月初，颈椎病的症状逐渐减轻。刚开学那几天，我重新思考了成书周期与推进计划。考虑到后续有系列出版安排，光靠我一个人来写，在产出数量、质量和周期上都未必可控，也想试着培养学生记者，便陆续联系了洪子璇、焦翊、姜雨坤三位同学。

在我入职粉冶院并接手学院宣传工作后，成了学院青年新媒体中心的指导老师。洪子璇同学当时是青媒中心副主任，分管新闻部。我想着：那就从“头”抓起吧。于是，我便邀请子璇一起承担采访与撰稿的工作。后来，在同事们与同学们的推荐下，又邀请了公认文笔较好的焦翊同学与时任校学生工作部记者团负责人的姜雨坤同学。

考虑到三位同学理应以学业为主，我没有给大家布置特别多的任务，只对成稿质量提出了明确要求。虽然成稿周期比较长，但令我欣慰的是三位同学所承担的最后一篇稿件质量都比最初版本有了明显提升。同时，姜雨坤同学还充当了我的情绪价值提供者。尤其是计划向出版社交稿前的3个月，我与雨坤的沟通极为频繁，他在书稿撰写、其他专项工作等方面都为我提供了极大的帮助。

万事开头难的还有本书的插图。

我不是艺术类科班专业出身，只是因为求学期间本硕专业分别是城乡规划学与建筑学，与设计相关，毕业后保持着画图、做设计的爱好，也就偶尔做一些相关的事。比如入职粉冶院后，借着建院周年庆举办“粉冶文化节”的契机，设计了“粉大冶”IP形象，并陆续产出系列形象与文创周边。再比如2024年6月为建筑城规类专业毕业生们送出了亲手绘制的人像纪念图。但在之后长达7个月的时间里，都没有动笔画过人像。

书稿快见曙光时，我就动了为这本书配上28张插图的心思。于是，我又一次给自己定下了“浩浩汤汤”的人像插图计划日程表。不出意外的是，第一张就卡住了。在纸上都找不准人物骨骼形体的我，更别说在平板上难上加难地控笔绘画了。

那就先从自己开始画吧。一遍又一遍画，一遍又一遍擦，反反复复磨出了第一张图，看着完全不像自己的人像，有种与图上的自己面面相觑的尴尬。

删了重来……没事，再来……

在画到自认为成图质量还算过得去的样子后，便算开了这个头。其间，我跟本书编辑杨贝老师说，“我争取交稿的时候一并把图交过来。”“没事啊，不着急，可以先交稿，你慢慢画图。”“不行，我得一起交，不然我得拖到明年。”而后我便三天打鱼，两天晒网地开始了画插图的“艰难旅程”。

2025 年 3 月 1 日，20 万纯中文字符数的《对话·粉冶新青年》按时交稿。

从上报选题计划到慢慢成稿再到三审三校最后到定稿出版，从插图绘制到成书排版再到封面设计最后到校色印刷，本以为这一次的出版路会较自己上一本独著《高鑫水的求职笔记》的更为轻松。可一路走过，却似乎与四年前的出版路一样走得扎扎实实。虽然每一次都离“完美”两个字相距甚远，但也选择放过自己。

感谢的话总是难以在现实生活中说出口，那就在这里说吧。

感谢 26 位“粉小冶”。没有你们的大力支持，就没有这 26 篇稿子、26 篇人物小传、26 篇让我印象深刻的人物故事。是你们的高度配合，让这本书的成稿过程无比顺畅。

感谢洪子璇、姜雨坤、焦翊、王馨瑶同学。没有你们的大力支持，我一个人怎么都走不到这本书的完成阶段。

感谢院党委副书记黄曦老师与办公室各位辅导员同仁。没有你们的大力支持，不会有这本书的选题计划与采访对象的人选确定。是你们的通力协作，才有了极好的创作氛围。

还要感谢编辑杨贝老师。多次合作，多次愉快，消息秒回，金点子极多。

更要感谢院领导班子对本书及学生工作的大力支持。

那么，下一个四年见吧。

李卉淼

2025 年 2 月 28 日